本书研究获
国家自然科学基金重点国际（地区）合作研究项目（71420107026）
国家自然科学基金青年项目（71704138）
中国博士后科学基金特别资助项目（2017T100585）
中央高校基本科研业务费专项资金
资助

科研合作网络的链路预测研究

张　斌/著

科学出版社
北　京

内 容 简 介

科研合作网络是图书情报学领域的一个重要研究对象。本书介绍了科研合作网络的链路预测的基本理论和方法；借助中文社会科学引文索引（CSSCI）数据库，从中选取七门学科并构建合作网络，分析其网络结构，概括出我国人文社会科学领域的合作特点；针对所构建的合作网络，分别研究了静态链路预测和动态链路预测的预测效果；结合基础理论和实证结果，讨论了网络结构和链路预测的关系、网络演化与链路预测的关系等问题。

本书适合于从事信息管理、图书情报及相关领域的理论和实践工作者阅读参考，也可以作为高等学校相关专业硕士研究生和博士研究生的教学参考书。

图书在版编目（CIP）数据

科研合作网络的链路预测研究 / 张斌著 . — 北京：科学出版社，2018.6

ISBN 978-7-03-057852-5

Ⅰ. ①科… Ⅱ. ①张… Ⅲ. ①图书情报工作—研究 Ⅳ. ① G250

中国版本图书馆 CIP 数据核字 (2018) 第 129651 号

责任编辑：林 剑 / 责任校对：彭 涛

责任印制：张 伟 / 封面设计：无极书装

科学出版社 出版

北京东黄城根北街 16 号

邮政编码 :100717

http://www.sciencep.com

北京九州迅驰传媒文化有限公司 印刷

科学出版社发行 各地新华书店经销

*

2018 年 6 月第 一 版 开本：B5（720 × 1000）

2018 年 6 月第一次印刷 印张：11

字数：250 000

定价：108.00 元

（如有印装质量问题，我社负责调换）

序

科研合作是以科学研究为目的而形成的合作关系。20世纪以来，科研合作在各个领域中日益频繁，甚至表现出了跨地域、跨机构、跨学科合作程度逐渐增强的趋势，亦成为解决重大科学问题的主要途径。对于科研合作规律和机制的研究，是科学学、科研管理和图书情报学领域长期以来持续关注的一个重要问题。

在情报学理论研究中，科研合作网络兼具社会网络和知识网络的双重属性，其网络演化的内在驱动因素，包括了人际交往、知识交流等机制，是非常重要的研究对象。科研合作网络是较早得到关注的一类复杂网络。很多学者都对其进行了深入研究，通过捕捉网络的静态结构和动态演化的特征，发现了复杂网络的很多新性质。随着近十几年网络科学的发展，各种聚类技术，如模块度、派系过滤算法、连边社团检测算法等被用于识别科研合作网络的社团结构，推动着科研合作分析走向更为精细的层次，并拓展到交叉学科合作趋势、研发群体科学等新的问题上。

与此同时，在一个网络中，如何通过已经观察到的节点之间的连接，来重现因为数据缺失而尚未观察到的连接，或者预测未来将要出现的连接，即复杂网络的链路预测问题，受到了不同学科领域越来越多的关注。链路预测的理论和方法在逐步建立和完善中，它有助于重新认识复杂网络的结构和功能，并在网络重构、网络演化模型评价、推荐系统等方面发挥着重要作用。链路预测作为一种新兴的兼具理论研究和实践应用的技术手段，理应受到图书情报学界的关注，并应用到知识网络，特别是科研合作网络的研究中。

知识网络的模型、结构与动力学机制等，是我以及武汉大学信息资源研究中心长期关注的课题。我们在2012年承担了国家自然科学基金面上项目“知识网络的形成机制及演化规律研究”，以此为依托，在2015年以“大数据环境下的知识组织与服务创新研究”为题申报国家自然科学基金重点国际（地区）合作研究项目并获批准。通过近六年的深入研究，这些项目已取得了很好的成果。张斌博士在读硕士和博士期间参与了这些项目的研究工作，取得了一些有益的成果，发表了多篇学术论文，最后以“科研合作网络的链路预测研究”为题完成了博士论文。

科研合作网络的链路预测研究是一个交叉学科研究方向，涉及计算机、社会学、统计物理、复杂性科学、图书情报学等多个学科领域。该书作者综合运用信息计量学、统计学、社会网络分析、链路预测、数据挖掘与可视化等理论与方法，就科研合作网络的结构链路预测效果、网络结构与链路预测的关系、网络演化与链路预测的关系等四个方面进行了探索性研究。综合来看，该书在三个方面取得了进展并具有一定特色：

一是构建了图书情报学视角下科研合作网络的链路预测的基本理论框架。该书通过不同链路预测指标和算法对不同学科合作网络进行静态和动态链路预测实验，并对预测效果进行比较研究，得出了对实际预测有一定指导作用的理论结论。在构建网络演化模型前，可以通过结构相似性指标来观察在合作网络中的链路预测效果，从而分析关于影响连接建立的主要特征；在构建网络演化模型后，可以利用链路预测理论设计量化评价方法，来评价所构建的模型及其演化机制的优劣。

二是通过对科研合作网络的网络结构和链路预测的研究，得出了一些基本规律，对选择合适的预测方法有一定参考价值。本书总结了不同类型网络的结构差异，将网络结构的改变程度与链路预测效果的变化情况进行关联分析，揭示预测算法性能和网络结构特征之间的关系。研究验证了当聚集系数很大时，最近邻的局部预测指标的预测效果会很好；随着聚集系数增大，稀疏网络中有叠加效应的局部随机游走指标的预测效果会比较好；稠密网络中 Adamic-Adar（AA）和资源分配指标的预测效果会比较好；网络结构的扰动对于 Katz 指标的预测结果影响最小。

三是将链路预测应用在我国人文社会科学合作网络上，有助于探索我国人文社会科学合作的一般规律和机制。研究发现，不管是对整体学科合作网络的静态挖掘，还是对核心作者合作网络的动态分析，合作关系的建立并不倾向于度择优机制，这意味着在构建演化模型时，应充分考虑科研合作网络兼具社会网络和知识网络的双重特点，来设计择优机制。

科研合作网络的链路预测毕竟是一个复杂的研究课题，而且科研合作网络的类型多样、结构复杂、动态变化，这都加大了研究难度，该书中的一些成果尚留有较大改进的空间。但我们也应该以宽容的心态看待一个年轻学者在学术道路上的成长过程，多给一些鼓励和支持，给他更多的时间来改进和提升。

张斌的本科、硕士和博士都就读于武汉大学，我更作为他硕士和博士期间的指导教师，和他交流有年。他勤奋好学、思想敏锐，具有探索精神，能够利用新知识、新方法和新工具来解决实际问题。该书是在他的博士论文基础上完成的。在本书付梓之际，他嘱我作序，写下上述感想，谨表祝贺。

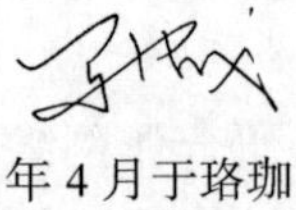

2018 年 4 月于珞珈山

前　言

科研合作网络是由科研合作关系所形成的网络，是一种典型的社会网络，其最基本的节点就是参与科研合作的人。同时，科研合作网络还是一种典型的知识网络，是知识交流的产物，是一种建立在社会关系上的交流、转移、共享知识资源，特别是隐性知识后形成的网络结构。科学家在一篇论文上进行共同署名，可以看作完成了一次合作，这是显性表征。虽然合著论文并不代表科研合作的全貌，但却是行之有效的测量手段。本书讨论的科研合作网络具体指代作者合著网络。科研合作网络是较早得到关注的一类复杂网络，很多复杂网络新性质的发现都应归功于对科研合作网络的研究。在大数据时代，面对海量的科技文献信息，借助网络科学理论与方法，图书情报学界对于这一问题又重新有了巨大兴趣。

研究科研合作网络的结构和演化，可以用来分析学者之间的相互影响、合作的演化机理、知识传播和发展脉络等问题，这为我们观察到的科研合作和知识交流现象提供了解释，同时也为科研合作的演化动态和发展趋势奠定了预测的基础。然而，刻画网络结构特征的统计量非常多，不同的演化模型和机制也有各自的适用性，很难用一个统一尺度来判断哪个更加优秀。近些年，复杂网络中的链路预测方法受到越来越多的关注，链路预测在网络重构、网络演化模型评价、推荐系统等方面有着重要应用。链路预测作为一种新兴的兼具理论研究和实践应用的技术手段，有必要得到图书情报学界的关注，并应用到知识网络，特别是科研合作网络的研究中。

本书的选题正是在这样的学术前沿和实践需求的背景下提出来的。本书选择我国人文社会科学合作网络作为研究对象，在分析网络结构的基础上思考其中的链路预测问题，合作网络不涉及异质网络情形，主要实现以下目标：①研究合作网络的静态结构特征和动态演化特征，在此基础上，研究基于结构相似性的链路预测方法在合作网络中的预测效果；②一方面研究不同网络结构对链路预测效果造成的影响，另一方面识别和分析合作网络中的异常链路，研究异常链路对网络连通性造成的影响，揭示网络结构与链路预测之间的关系；③研究科研合作网络演化的内在驱动因素，建立利用链路预测来构建和评价网络演化模型的理论框架。

对应上述研究目标，本书的主要内容是：从图书情报学的角度梳理和总结链路预测相关理论和方法，借助中文社会科学引文索引（CSSCI）数据库，尝试从链路预测的角度对真实的科研合作网络进行分析，从科研合作网络的结构、科研合作网络的链路预测效果、网络结构与链路预测的关系、网络演化与链路预测的关系这四个方面展开研究，挖掘我国人文社会科学领域的合作特点，在此基础上为科研管理人员提供较为合理的政策建议，提高科研合作效率和生产力，具有重要的理论意义和实践意义。

在理论方面，对科研合作网络进行链路预测研究，可以产生对实际预测工作有指导作用的理论结论，并有助于建立图书情报学角度的链路预测的理论框架。目前有关科研合作网络（以至于知识网络）的演化机制的提法较多，如富者愈富、好者变富、马太效应、累积优势、同质性等，但大部分研究都是通过演化模型生成模拟网络，将模拟网络的某些统计特征量与真实网络进行对比，来说明所提出的演化模型能够描述真实网络的演化过程，缺乏评价这些演化模型的研究。借助链路预测的理论框架和评价方法可以从另一个角度来观察真实网络及其演化过程，这是对以往通过理论分析和数学建模形成的演化模型研究的有效补充。

在实践方面，科研合作网络的未知链路和未来链路可能代表着被忽略的或潜在的合作关系，而异常链路可能是影响到整个科研合作网络的连通性的重要合作关系。识别和分析这些链路，并结合相关的背景知识，可以为科研管理工作提供重要依据，从而制定出较为合理的科研发展战略，进而提高科研合作效率和生产力。这些工作属于科研管理工作的一部分，同时也是图书情报学领域长久以来所进行的一项实践工作，具有重要的应用价值。

科研合作网络的链路预测研究是一个十分必要但又很有挑战性的课题。有别于以往研究科研合作网络的描述模型和过程模型，本书研究采用链路预测思想来挖掘真实科研合作网络中被忽略的或潜在的合作关系，并利用识别出来的链路来分析合作网络中重要的合作关系和组合，从另一个视角来补充和完善科研合作网络的结构与演化的研究。研究从一开始的对象选择、数据获取、切入点的确定，到后面实证研究和理论构想，无时无刻不面临着巨大挑战。将链路预测应用在我国人文社会科学合作网络上，结合具体场景进行深入分析和探讨，这本身就具有很强的实用价值，有助于揭示链路预测方法本身存在的优势和局限性，相关结论对实践工作也有一定参考价值。然而，由于时间、知识结构以及本书篇幅的限制，还存在着许多有争议或有价值的问题值得进一步深入思考和研究。

本书是国家自然科学基金重点国际（地区）合作研究项目“大数据环境下的知识组织与服务创新研究”（项目编号：71420107026）、国家自然科学基金青年项目“心智空间视角下科学知识生成与演化机理研究”（项目编号：71704138）和中国博士后科学基金特别资助项目“科研合作网络的演化模型与动力学研究”（项目编号：2017T100585）的研究成果之一；同时，得到“中央高校基本科研业务费专项资金”资助。

感谢我的硕士生和博士生导师马费成教授，给我充足的时间去学习、思考和转变，耐心为我答疑解惑，一步步引导我走上科研道路，并且在我工作后还给予巨大的物质和精神支持。感谢黄长著教授、朱庆华教授、胡昌平教授、李纲教授、陆伟教授等在本书初稿时，给予的大量修改建议。我的师妹李亚婷、贾茜、戴怡清，参加了本课题的实证研究，在数据收集处理、算法分析、模型构建等方面做了大量工作，尤其是牺牲了宝贵的节假日时间，在此表示感谢。

在课题研究过程，尤其是本书成稿过程中，参考了许多学者的论著，他们的成果为本书提供了丰富的素材和理论支撑，书中都以参考文献的形式进行了标注，如果有不慎遗漏的，亦表示特别的歉意。

张　斌

2018 年 4 月于珞珈山

目　录

第1章 知识网络的链路预测

长久以来，人们一直在研究文献单元、信息单元、知识单元之间的内在联系，从而可以更好地组织、导航、检索和利用文献信息资源。这一研究路线主要是对文献信息等显性知识进行组织、管理和优化，形成了以文献计量学、科学计量学和信息计量学为核心的研究领域。近些年，科学知识网络（简称知识网络）逐渐成为图书情报学、计算机科学、管理学、教育学、心理学等诸多领域共同关注的热点问题。在具体的研究中，以 de Solla Price（1965）为代表的统计物理方法和以 Brookes（1981）为代表的认知地图构想，反映和奠定了当前的两种主流研究思路（刘向等，2011），并且在知识网络的结构和演化问题上取得了很多研究成果（张金柱等，2012）。

研究知识网络的结构和演化是厘清知识发展脉络，对知识的发展趋势和演化动态进行预测的基础。然而，刻画网络结构特征的统计量非常多，不同的演化机制和模型也很难判断孰优孰劣。最近几年，复杂网络的链路预测方法受到越来越多的关注，链路预测在网络重构、网络演化模型评价、推荐系统等方面有着重要应用。科研合作网络是知识网络的一种，也同样是复杂网络，因此本书先从图书情报学的角度梳理和总结有关知识网络链路预测方面的研究成果，以分析当前国内外研究现状。

1.1 链路预测的研究思路与方法

给定某个时点 t 下的网络 $G(V, E)$，其中 V 为节点集合，E 为连边集合。链路预测的目的在于预测未来一个时点 t'（$t' > t$）下节点之间新的连边（未来链路，future links），或者挖掘当前网络中缺失的或者未被观察到的连边（未知链路，missing links）。链路预测可以被看作是一项统计分类任务，它的分类对象是网络中的节点对。以检索式 TS=("link prediction") 在 Web of Science（WoS）的 SCIE 和 SSCI 中进行检索，时间跨度为 2000 ～ 2017 年，检索时间为 2018 年 1 月 14 日，共获得 478 篇文献记录，它们主要集中在计算机、工程、物理、通信等科学领域，近年来研究呈现快速上升趋势，如图 1-1 所示，并有成为图书情报学领域新兴热点的趋势。

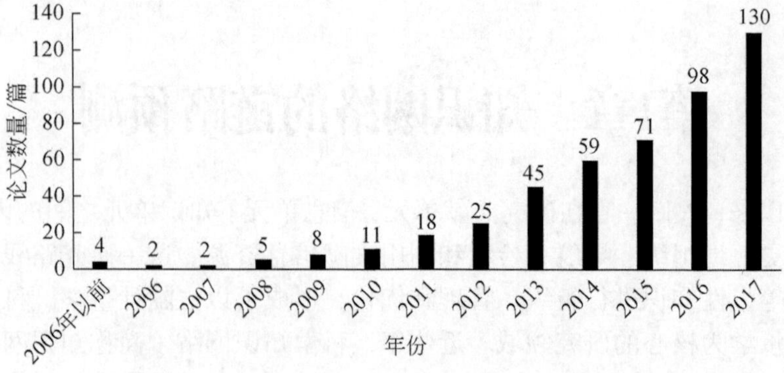

图1-1　链路预测研究论文时间分布

使用 CitNetExplorer（van Eck and Waltman，2014）对这 478 篇文献间的直接引证关系进行聚类并可视化，如图 1-2 所示。其中，被引得分前三的文献作者及内容是：① Liben-Nowell 和 Kleinberg（2007）提出基于网络拓扑结构的相似性定义方法，将这些指标分为基于节点和基于路径的两大类，并分析了若干指标在物理学合作网络链路预测中的效果；② Lü 和 Zhou（2011）关于复杂网络中链路预测问题的综述；③ Zhou 等（2009）分析 10 种基于节点局部信息的相似性指标在六个真实网络中进行链路预测的表现。这 478 篇文献存在两个大的类群，分别包含了 198 篇和 140 篇文献，代表了链路预测研究的两大分支，即未知链路预测和未来链路预测，类群展开如图 1-3 和图 1-4 所示。下面基于链路预测相关的高被引文献来回顾基本的研究思路与方法。

早期关于链路预测的研究思路和方法主要基于马尔可夫链和机器学习（Sarukkai，2000；Zhu et al.，2002），这在计算机科学领域已有较深的研究。而在 Lü 和 Zhou（2011）给出的关于复杂网络链路预测的综述中，基于网络结构的链路预测主要有三种研究思路与方法，如图 1-5 所示。

第一种研究思路是基于相似性（similarity）进行链路预测。相似性表达的是一种接近程度（proximity），其研究的前提假设是两个节点之间的相似性越大，它们之间存在链路的可能性就越大。刻画相似性的方法有很多，其中最简单的是利用节点的属性。在社会网络中，如果两个人具有相同的年龄、性别、职业、兴趣、爱好等，就说明他们很相似；而在知识网络中，如果两篇论文具有相似的标题、关键词、主题词、摘要等，也可以说明它们很相似。基于节点自身属性来判断相似性的确可以得到很好的预测效果，如论文相似性检测，但在很多情况下获取这些信息并不容易。目前讨论更多的是基于网络结构信息的相似性链路预测方

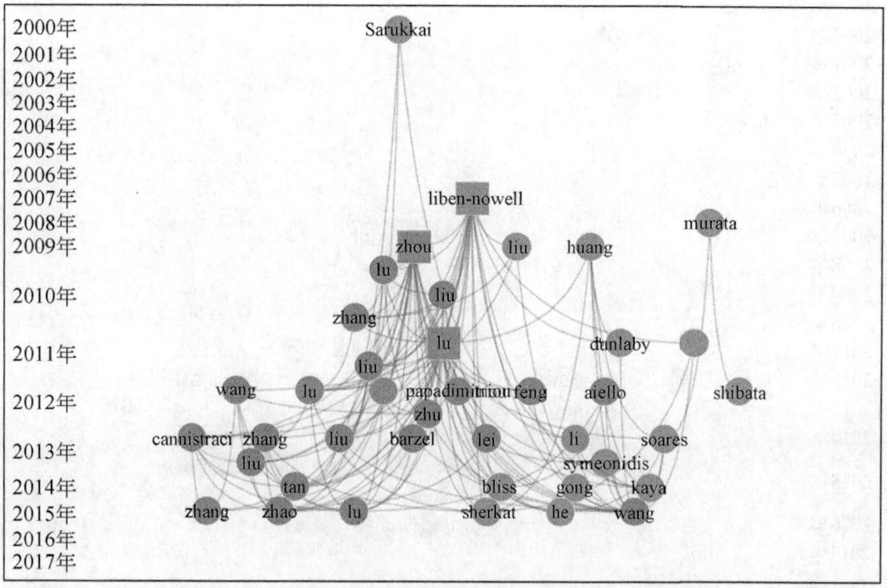

图1-2　链路预测相关文献间的引证关系可视化

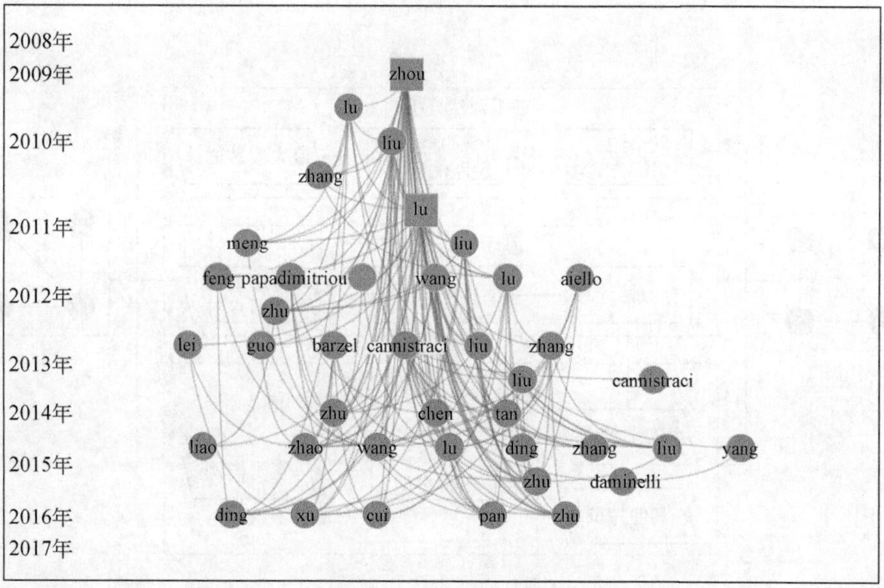

图1-3　链路预测相关文献中的最大类群展开

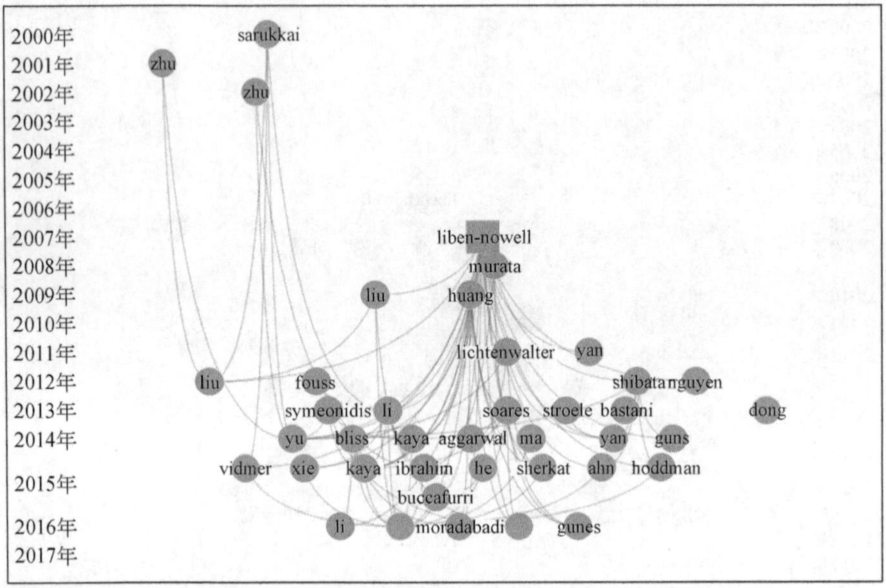

图1-4 链路预测相关文献中的次大类群展开

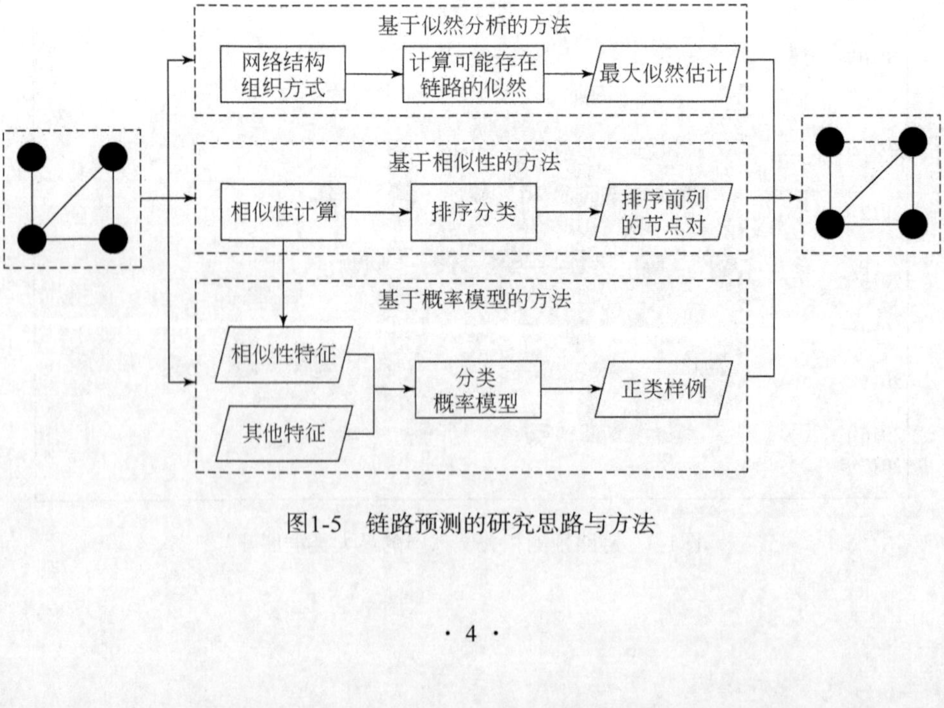

图1-5 链路预测的研究思路与方法

法，其中最简单相似性指标是共同邻居，即两个节点如果有更多的共同邻居就更可能产生连边。在社会网络中，如果两个人拥有更多相同的朋友，那么这两个人很可能也是认识的（Kossinets，2006）；而在知识网络中，有更多共同合作者的两个科学家在未来合作的可能性较高（Newman，2001a）。

第二种研究思路是基于似然分析进行链路预测。Clauset 等（2008）提出了一种利用网络的层次结构进行链路预测的方法，在具有明显层次结构的网络中，如恐怖袭击网络、草原食物链等，预测的精确度表现较好。Guimerà 和 Sales-Pardo（2009）提出了一种基于随机分块模型（stochastic block model）（Holland et al.，1983）来预测网络缺失连边和识别错误链路的方法。随机分块模型是一种基于最大似然估计的方法，其基本思想是网络中的节点可以分为若干模块，而两个节点之间存在连边的概率只由它们所在的模块决定。

第三种研究思路是基于概率模型（probabilistic model）进行链路预测。其基本思路是建立一个含有一组可调参数的模型，之后使用优化策略寻找最优的参数值，使得所得到的模型能够更好地再现真实网络的结构和关系特征，网络中两个节点产生连边的概率就等于在该组最优参数下它们之间产生连边的条件概率。

上述三种研究思路的立足点和研究对象的不同导致了研究方法和应用范围存在明显差异。目前，关于第一种研究思路探讨得最多，应用范围也最广，其相似性指标也有不同的划分标准，如：①基于邻居节点和基于路径的（Liben-Nowell and Kleinberg，2007），②基于局部信息、基于路径和基于随机游走的（吕琳媛，2010），③基于局部、全局和类局部的（Lü and Zhou，2011）。对于具体预测指标和方法可参照相关文献，在此不做详细展开。基于结构相似性进行链路预测只涉及网络的结构信息，相似性指标计算起来会比较简单，但不同指标在不同网络中的预测能力却不一致，其预测的精确度取决于对网络结构特征刻画的好坏。基于似然分析进行链路预测由于要针对整个网络结构，计算复杂性较高，不太适合在规模较大的网络中应用。而基于概率模型进行链路预测，不仅使用了网络结构信息，还会涉及节点属性信息，计算复杂度更高，且需要数据库的支持，但其优势在于具有较高的预测精确度。三种研究思路各有所长，受益于知识网络的结构和演化相关研究成果，基于网络结构的链路预测方法有望得以运用。

图书情报学领域充满了各式各样的知识网络。从知识节点上看，论文、作者、概念是最常见的三种节点类型。从知识关联上看，共现关系和引证关系是最重要的两种关联关系，其他诸如耦合、共被引、互引网络等体现的依然是共现关系和引证关系，只是构建方式稍显特殊。根据网络中是否含有不同类型的连边，可以将知识网络划分为同质网络（homogeneous network）和异质网络（heterogeneous network）。表 1-1 列举了知识网络类型和典型代表，这里不再详细对单一网络展开介绍。这些知识网络规模不一，有的规模还极其庞大。因此，在链路预测问题上主要采用的是基于相似性进行链路预测的思路以降低计算的复杂性，同时也会引入一定的语义和属性信息来保证预测的精度。

表1-1 知识网络类型和典型代表

<table>
<tr><th colspan="2">网络类型</th><th>典型代表</th></tr>
<tr><td rowspan="5">同质网络</td><td>无权有向网络</td><td>引证网络</td></tr>
<tr><td>无权无向网络</td><td>各种网络的二值特殊形态</td></tr>
<tr><td>加权有向网络</td><td>作者互引网络、期刊互引网络等</td></tr>
<tr><td>加权无向网络</td><td>合作网络、共词网络、耦合网络、共被引网络等</td></tr>
<tr><td>二分网络</td><td>科学家 - 论文二分网络、疾病表现 - 致病基因二分网络</td></tr>
<tr><td colspan="2">异质网络</td><td>作者多重交互网络</td></tr>
</table>

1.2 同质网络的链路预测

同质网络中只存在一种类型的连边，因此二分网络也是一种同质网络。大部分聚焦在同质网络的链路预测研究，主要是在引证网络、合作网络和共词网络等方面进行了探索，本节就它们中的研究成果进行梳理。

1.2.1 引证网络

科学引文索引创始人 Garfield（1955）认为，引证行为体现了知识的前后承接关系，利用引证网络可以实现领域知识内容结构上的聚合。引证网络是最早提出的一种知识网络形态，它的主要研究对象是学术论文。论文之间的引证关系一经发表一般不会出现再变动，绝大部分都会服从时间先后关系，且大部分论文都经由相关主题的其他文章来引用，很少出现相互引用，网络中没有环状结构。理论上讲，这种引证关系一定要满足时间先后关系，且不出现相互引用，在时序上具有单向无回路的特征。但在实际情况中，由于存在优先出版等导致出版周期错乱的因素，引证网络中存在极少的不符合理论情形的连边。这些单向关系无法使用无向网络中的相互关系或共现关系进行刻画，因此需要借助有向网络的形式。

引证网络是一种无标度网络。Barabási 和 Albert（1999）提出了通过引入增长和择优连接机制构建增长网络模型（简称 BA 模型）来解释真实网络无标度特性出现的内在机理。事实上，这一思想可以追溯到 de Solla Price（1965，1976）

和 Simon（1955）的研究，只不过当时使用的是累积优势和马太效应来描述这一过程。当然，还有其他的因素影响着引证网络的演化过程。例如，时间效应会在一定程度上平抑度择优所导致的马太效应的负面影响（刘向和马费成，2012）；知识学习和知识引证通常还是基于局部知识领域（马费成和刘向，2013；刘向等，2013）。因此，真实的引证网络往往是由多种机制混合作用而成。

学术论文中的引证与被引证体现出了同质性（homophily），使得大量文献得以分群。在一些文献中，聚类效应被当作一种特殊的同质性，即拥有共同邻居的节点被看成是拥有相似的网络环境。同质性体现了节点间的相似性及相容性能对它们之间是否形成连边产生重要影响（McPherson et al.，2001）。显然，论文间的引证关系倾向于产生在具有相似内容的文献之间（Cheng et al.，2009）。在文献计量学中，通常会使用文献耦合和共被引两种方法来揭示论文的主题相似性，以及相互之间的作用和联系。文献耦合和共被引都建立在相似的假设基础之上，即具有耦合关系和共被引关系的论文可以认为它们在学科内容上存在某种相关性。

引证网络的形成机制非常复杂，而同质性的存在使得可以利用链路预测来探究网络结构的形成机制。无向网络中三个节点的相互关系非常简单，在已经拥有共同邻居的两个节点之间产生连边，只能形成一种新结构，称为三角形结构（Rapoport，1953）。而在有向网络中，同样考虑三个节点，情况就复杂得多（Brzozowski and Romero，2011）。在不考虑互惠连接机制和具体节点间连边的情况下，引证网络的三角形结构可分为前馈回路和反馈回路两种。Milo 等（2002）引入模体（motif）来描述网络中反复出现的相互作用基本模式。相比三节点结构而言，四节点结构更加复杂。Milo 等（2002）发现在很多网络中，四节点的双风扇结构和双平行结构是非常显著的。实际上，可以将这些识别出来的模体看成网络生成和演化过程中在特定限制条件下形成的特殊局部结构。于是，在引证网络中三个节点和四个节点的情况下可得六种子图结构，如图 1-6 所示。

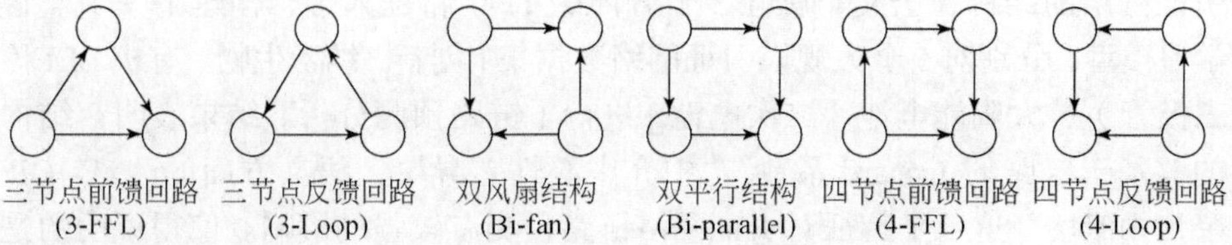

图1-6 六种含有回路的最小子图

Zhang 等（2013）提出的势理论（potential theory）为强化上述假设和描述引

证网络演化提供了一种可能解释。按照势理论，只有双风扇结构和双平行结构是可定义势的。其又根据同质性的理论，双风扇结构比双平行结构具有更强的同质性。不妨假设：如果一条边的添加能产生更多的双风扇结构，那么这条边存在的可能性就越大。这一假设得到了链路预测实验结果的强有力支持，即通过双风扇结构进行预测会得到准确的预测效果。需要说明的是，这一假设是一种局部驱动机制，它暗示着一个局部的层级结构，而节点会倾向于在局部以层次结构的方式进行自组织。

上述实验结果还表明，双风扇结构的一个显著优势在于它具有高度的预测稳定性，对网络结构不敏感。不妨对双风扇结构进行分解，如图 1-7 所示。显然，不管以哪条虚线方式进行划分，都一定可以找到节点间的耦合关系或共被引关系。结合这两点，可以得到一条简单的推论：双风扇结构保证了对耦合关系和共被引关系分析的有效性。当然，这一推论还需要进一步的验证。同时，通过双风扇结构对引证网络进行预测的效果还需要大量实证研究加以检验。

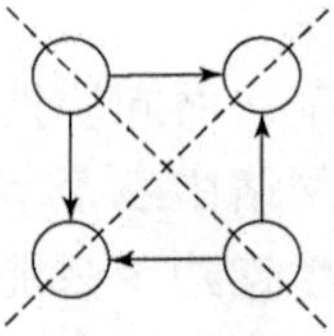

图1-7　双风扇结构分解

引证网络除了基础数据的结构信息，还会涉及作者、期刊及文章内容等外部信息。因此，引证网络不仅可以基于局部结构进行预测，还可以巧妙地利用外部信息，以及将外部信息和结构信息融合起来做机器学习，从而提高链路预测的精确性。Popescul 和 Ungar（2003）提出了一个统计关系学习模型并应用于引证网络，对科学文献的引证关系进行预测。O'Madadhain 等（2005）利用网络的拓扑结构信息及节点的属性建立了一个局部的条件概率来进行预测。Shibata 等（2012）从引证网络的结构、语义、属性 3 个方面的 11 个特征入手，构建了一个监督机器学习模型，分别对 5 个大规模引证网络数据集 [创新、纳米生物、有机 LED（发光二极管）、太阳能电池、二次电池] 进行了链路预测分析。结果表明：结构方面的“基于链路的 Jaccard 系数”“中介中心性差异”，语义方面的“TF-IDF 向量余弦相似性”这三个特征对引证网络链路预测有较强的影响。值得说明的是，不同类型的研究领域需要不同的模型来对应，很难建立一个通用的学习模型。研究中涉及的数据集可以大致划分为两种类型，即多问题研究领域（创新、纳米生物）和单问题研究领域（有机 LED、太阳能电池、二次电池）。由于引证论文一般会有局域世界限制，因此多问题研究领域的链路预测会存在一定的障碍。此外，Shibata 等（2012）还指出了这一研究存在的两个局限性：一是引证了还未正式发表的论文，会使得引证网络的拓扑特性发生改变；二是虽然链路预测可以帮助显示应该被引却被遗漏的文献，但真实的引证关系是由人的个体行为来决定的，如果将专家判断加入学习模型中，预测结果的准确率有望得以提高。

1.2.2 合作网络

合作网络是针对知识创造主体之间的合作关系而构建的无向网络，是真实网络系统表达的最简单的一种方式。合作关系隐含着知识在某种社会关系之间的交流、转移、共享，把知识研究的对象扩展到了拥有知识的人、项目和组织，基本可以列入共现关系网络的类别。一般来说，科研合作可以分为作者、机构、国家 / 地区三个层面（Abbasi et al.，2011），由于作者从属于他所服务的机构，机构在地理上又位于其所处的国家 / 地区，因此机构之间和国家 / 地区之间的合作网络，实质上都是作者之间的合作网络。在具体研究中，合作网络可以通过合著网络来直观呈现。

学者已经针对合作网络的结构问题取得了大量成果，接下来的问题就是：在当前时间 t 下，一个给定合作网络会在未来时间 t' 时演化成什么样子？为了捕捉这种动态变化特征，学者从宏观视角上对网络增长和合作行为进行统计和建模分析（Barabási et al.，2002；Jeong et al.，2003；Newman，2004），之后又聚焦到个人的合作行为研究上（Kretschmer，2004；Liu et al.，2005；Yan and Ding，2009）。利用链路预测可以用来进一步推断和分析合作网络的演化过程。Liben-Nowell 和 Kleinberg（2007）在 arXiv 上获取了物理学中的五个领域的论文预印本，并从中抽取了作者合作信息。假定合作网络为 $G=\langle V, E\rangle$，连边 $e=\langle u, v\rangle \in E$ 表示节点作者 u 和 v 在某一特定的时间 $t(e)$ 时完成了一次合作。令 1994 ～ 1996 年的子网络为训练集，令 1997 ～ 1999 年的子网络为测试集，将前者表示为 $G_{\text{collab}}=\langle A, E_{\text{old}}\rangle$，$E_{\text{new}}$ 则表示仅在测试集中存在，在训练集中不存在的连边 $\langle u, v\rangle$ 集合，即新产生的合作关系，其中，$u, v \in A$。进一步地，将合作次数在三次及其以上的作者确定为核心作者。他们以随机预测、图 – 距离预测、共同邻居预测作为基准，对多种预测指标进行评估，发现在这些预测指标中，不存在单一明确的最优指标，但是大多数指标都显著优于随机预测，这表明网络拓扑结构中确实包含了非常有用的信息。

Liben-Nowell 和 Kleinberg（2007）的研究针对的是单一学科领域的作者合作网络。其中，在基于路径的方法中，Katz 指标（Katz，1953）及其变体和低秩逼近的预测效果很好；而在基于节点的方法中，仅考虑节点共同邻居的方法和Adamic/Adar指标（Adamic and Adar，2003）的预测效果也非常好。而Guns（2009）认为链路预测中的训练网络并不一定要是测试网络的一个旧的快照，也可以将两个或者多个网络一同训练。对此，Liben-Nowell和Kleinberg提出过的一个思路是，可以将论文标题、作者所在机构和地理位置信息加入计算中对预测结果进行微调。Guns在具体实施时，以安特卫普大学为例，训练集由三个子网络组成：第一个网络是合作网络，由该校学者在2001～2003年发表论文时形成的作者合作关系构成；第二个网络是部门网络，当作者归属于同一个部门时，由作者节点间形成连接关系构成；第三个网络是物理位置网络，当作者工作地点相互接近时，由作者节点间形成连接关系构成。需要说明的是，部门网络和物理位置网络的密度比测试网络（2004～2006年）高得多，因此作为单一训练网络来进行预测，其准确率非常低，而和合作网络（2001～2003年）一起，则有助于提升准确率和召回率。

Guns和Rousseau（2014）对非洲、中东和南亚的城市间科研合作进行了研究，构建了在三个连续时间段（1997～2001年、2002～2006年、2007～2011年）下疟疾和肺结核研究领域中的合作网络，通过链路预测和机器学习来发现潜在的富有成效的合作。在具体操作中，先构建了加权合作网络，之后根据不同预测指标计算出节点对之间的相似性，这些数值表示给定节点对在未来产生连接的可能性。为了确定每个预测指标的相对价值，对旧的数据进行随机森林分类训练，而同样的分类器用在新的数据上可以产生预测结果，最终将排名前n的预测结果作为科研合作建议进行推荐。

Yan和Guns（2014）使用图书情报学以2001～2010年发表在59种期刊上的论文数据集来研究作者、机构、国家/地区层面上合作网络。数据集被分为两个时间段（2001～2005年、2006～2010年），如表1-2所示。所构成的网络中，作者合作网络和机构合作网络都很稀疏，而国家/地区合作网络则很稠密。研究中使用到了四种评价指标：准确率和召回率、ROC曲线、AUC、nDCG，对这三个层面的合作网络在八种预测指标下的预测结果进行了评价[①]。在基于邻居信息的预测指标中，择优连接（preferential attachment，PA）相似性预测结果表现较好；而在基于拓扑结构的预测指标中，Katz指标预测结果表现较好。研究结果显示，针对该特定的数据集，国家/地区合作网络的预测结果要优于作者合作网络和机构合作网络，同时还给出了所预测的在三个层面下排名前十的合作组合。

① ROC曲线和AUC具体介绍见2.4.4.2节。

表1-2　不同层面上的合作网络

时段	作者合作网络			机构合作网络			国家 / 地区合作网络		
	节点	边	密度	节点	边	密度	节点	边	密度
2001 ～ 2005 年	9 659	10 509	2.2×10^{-4}	3 010	530	1.2×10^{-4}	149	1 479	0.13
2006 ～ 2010 年	12 766	16 588	2.0×10^{-4}	3 783	785	1.1×10^{-4}	151	2 836	0.25
2001 ～ 2010 年	16 657	21 527	1.6×10^{-4}	4 836	1223	1.0×10^{-4}	164	3 012	0.23

1.2.3　共词网络

共词网络是由论文关键词之间的共现关系构成的一种表达科学领域知识结构的知识网络。共词网络是由共词分析（Callon et al.，1983）衍生而来，属于共词分析方法体系（李纲和巴志超，2017），偏向从微观层次去描述由关键词表征的科学知识发展过程，其本质还是对 Brookes（1980，1981）认知地图构想的体现。关键词是知识实体的一种，一般可以视为是科学知识研究的最小粒度。在认知地图构想中，每个知识单元会像一个节点或地址，处于创造它们的逻辑位置上，通过相应的关系与其他节点连接，形成一个有机整体。关键词的使用与作者的认知息息相关，因此关键词自身蕴含的意义一方面可以指代科学知识，另一方面可以表达作者认知状态，能很好地代表认知地图中的知识单元。

在以往的共词网络研究中，关键词所体现的“符号学”意义大于它的“语义”意义，若对关键词所处的具体语境不予考虑，这暗示了研究核心是跟踪各个学科领域的知识结构和动态发展，而不是单个关键词的特殊价值，关注重点在于节点的中心性、网络的整体特征（如度分布、密度、社区识别、连接机制等）（张斌，2014）。静态的共词网络反映的是特定科研群体的认知结构（Milojević et al.，2011；滕立等，2013；张斌和贾茜，2014a，2014b），动态的共词网络则反映的是特定科学主题随时间的演化过程（彭陶等，2012；叶鹰等，2013）。科学主题演化的微小变化最终都会从关键词上得以体现，如新发表的文章带来了新的共现词汇，或者增加了已有共现词汇的词频。如果新发表的文献集中于同一科学主题，那么相似词对之间的共现频率则会增加，这正是利用非相关文献进行知识发现的逻辑基础（安新颖和冷伏海，2006；郝丽云和郭启煜，2006；张云秋和冷伏海，2008）。重要关键词的迁移可以反映主题间知识交流情况，关键词向其他主题的迁移活动可能与主题的兴起和衰落具有紧密联系。

因此，可以将不同的链路预测方法应用在共词网络的演化分析中，用来挖掘未知链路、预测未来链路和对网络演化过程建模，如基于结构相似性的排序分和时序方法，可以发现科学概念未来的共现趋势。Choudhury 和 Uddin（2016）利用网络结构相似性特征和时序演化信息，构建了共词网络的链路预测的一个监督学习模型，用来探索网络演化机制。研究发现，这一监督分类方法在对链路进行分类后，可以准确地预测关键词之间的未来链路，大大增强了共词网络的静态结构信息和动态演化信息的价值。

1.2.4 二分网络

很多同质知识网络还能以二分网络的形式呈现，如合作网络可以是以参与者和事件为两个分离集的二分网络（Zhang et al.，2006a），人类疾病网络可以是以身心机能失调表现和致病基因为两个分离集的二分网络（Goh et al.，2007）。二分网络形式众多，像科学家－论文二分网络，可以用科学家－术语、科学家－被引论文等进行替代。科学家代表了知识创造过程中的主体，论文、术语、被引论文等代表了知识创造过程中的客体。利用二分网络研究主客体间的结构特征和演化过程，有助于探讨知识创造活动的规律。在二分网络中应用链路预测，可以解决一些推荐系统的问题。

许多学者曾经考虑一个分离集为科学家的二分网络。Goldstein 等（2005）较早地研究了在同一个群组中的成员更倾向于合作这一效应，并以科学家－论文二分网络为例，构建了演化模型。之后，Morris 和 Goldstein（2007）在此基础上又进行了改进。针对二分网络的链路预测问题，Chua 和 Lim（2011）对 Clauset 等（2008）提出的层次结构模型进行了改造，并应用于二分网络上，并以 ICDM 会议[①]的科学家－论文二分网络，以及 SIGKDD、SDM、ICDM、WSDM 四个会议联合所得到的科学家－论文二分网络为例，发现采用二分网络层次结构模型，不仅预测精度高于针对简单无向网络层次结构模型，而且能更好地再现真实网络的结构特征。Guns（2012）也针对科学家－论文二分网络、科学家－术语二分网络分别进行了研究。当然，对于使用二分网络能否真正地提高预测效果还存在争议（Guns，2011），因此需要大量实证研究加以检验。

1.3 异质网络的链路预测

当前大部分研究都聚焦在同质网络，即网络中只存在一种类型的连边。但现实中大部分的知识网络都是异质网络，即网络中有很多不同类型的连边。Börner 等（2004）提出过一个科学家－论文网络同步增长模型，其连边有三种类型，分

① ICDM 会议全称为 Industrial Conference on Data Mining。

别是论文间的引证关系、作者间的合作关系、作者和论文间的使用和生产关系。Börner 等主要考虑的是这一异质网络的演化过程，并以在 1982 ～ 2001 年发表于 *Proceedings of the National Academy of Sciences of the United States of America* 上的论文数据进行了验证，但并没有从链路预测的角度来考虑演化模型评价问题。

在异质网络中，节点和连边的异质特性使得链路预测变得更加困难。不同类型节点之间的连接具有不同的含义，可能具有不同的形成和演化机制，同时还会相互影响，也会导致各自在链路预测中的作用也不同。因此，异质网络中的链路预测是一个新颖且富有挑战的问题。Sun 和 Han（2013a，2013b）针对异质网络提出了基于元路径（Meta-path）的链路预测模型。元路径是用来描述异质网络中，两个节点对象之间的连接路径，用来研究两个节点对象在元层次上存在的关系。不同的元路径代表了两个节点对象之间可以通过不同类型的节点和连边建立不同的关系，如表 1-3 和图 1-8 所示。

表1-3　作者之间的元路径类型（长度4以内）

类型	元路径	语义解释
1	A－P－A	作者 a_i 和作者 a_j 是合作关系
2	A－P→P－A	作者 a_i 的论文引用了作者 a_j 的论文
3	A－P←P－A	作者 a_i 的论文被作者 a_j 的论文引用
4	A－P－V－P－A	作者 a_i 的论文和作者 a_j 的论文在相同的地点发表
5	A－P－A－P－A	作者 a_i 和作者 a_j 的合作者是同一个人
6	A－P－T－P－A	作者 a_i 的论文和作者 a_j 的论文具有相同的术语
7	A－P→P→P－A	作者 a_i 的论文所引用的论文引用了作者 a_j 的论文
8	A－P←P←P－A	引用作者 a_i 的论文的论文被作者 a_j 的论文引用
9	A－P→P←P－A	作者 a_i 的论文和作者 a_j 的论文引用了同一篇论文
10	A－P←P→P－A	作者 a_i 的论文和作者 a_j 的论文被同一篇论文引用

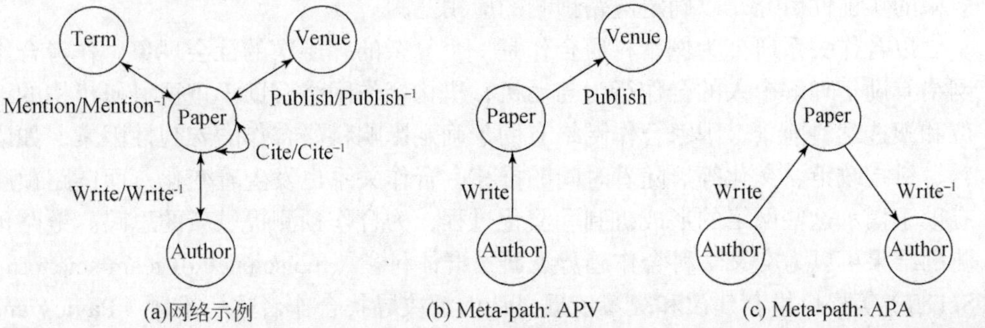

图1-8　异质网络与元路径示例

显然，不同的元路径具有不同的语义来描述节点之间的接近程度。基于元路径的拓扑特征，设计监督学习模型来学习不同元路径上节点对象之间的接近程度和每一条元路径的权重，来进行链路预测，可以应用在作者合作（Sun et al.，2011；Zhang，2017）和引证关系（Sun et al.，2012）的预测上。目前，国内也有学者（黄立威等，2014；康文杰等，2014）对此予以了关注。

对于异质网络中的多重关系网络，如作者多重交互网络，通常是将节点对之间的多重关系经过加权处理，转换成为单一关系（Liu et al.，2013a），之后再进行后续研究。有关多重关系网络的链路预测方法可以参考 Yang 等（2012）的研究。

此外，不同知识实体所构成的网络也是一种异质知识网络。例如，在现代药物发现的过程中，需要对化学基因组，化合物和药物以及身体里的多种蛋白靶标和基因之间的复杂相互作用进行理解。Chen 等（2012）通过从众多数据库中获取公开数据，对涉及药物靶标相互作用的数据进行整合和语义标注，知识实体关系包括了化合物 - 基因、药物 - 药物、蛋白质 - 蛋白质、药物副作用等，之后构建了一个异质网络。他们构建了一个统计模型，命名为语义链路关联预测（semantic link association prediction，SLAP），其中，关联分值的计算是基于邻居节点的拓扑和语义信息。他们利用 SLAP 来预测该异质网络中的未知链路或缺失链路，以此来识别药物靶标对和确定间接的药物靶标关联。鉴于这属于医学信息学研究范畴，这里不再赘述。

1.4 现状述评

通过上述回顾和梳理可知，图书情报学领域对于科学知识网络的链路预测问题的专门研究在近年有成为研究热点的趋势，成果多刊发在 *JOI*、*Scientometrics*、*Journal of the Association for Information Science and Technology* 等权威期刊上。已有的研究多是描述各种链路预测指标在不同类型知识网络中预测效果的实证性研究，以确定链路预测的应用范围。

以合作关系研究为例，科研合作是一个复杂的多层次的社会现象，作者合作网络有助于理解个人的合作行为与动机，机构合作网络有助于审视科研机构的地位和塑造学科前景，国家合作网络有助于确定影响科研合作的宏观性因素，如语言、科技政策、文化等。随着时间的推移，合作关系也发生着变化。而链路预测有助于揭示这些网络的形成机制和演化过程，为合作预测提供新的思路。链路预测的结果可以为交叉学科合作趋势、研发群体科学（the science of team science，SciTS）等提供推荐建议和决策依据，从而解决寻找合作者这一难题（Pavlov and Ichise，2007）。

由此可见，链路预测可以在一定程度上将知识网络的结构和演化研究提升到应用层次，并最终运用到预测和决策中去，有着重大的实践价值。这里总结出如图 1-9 所示的研究框架，以下将从研究方法和研究内容两个方面指出研究中尚需要进一步深化之处。

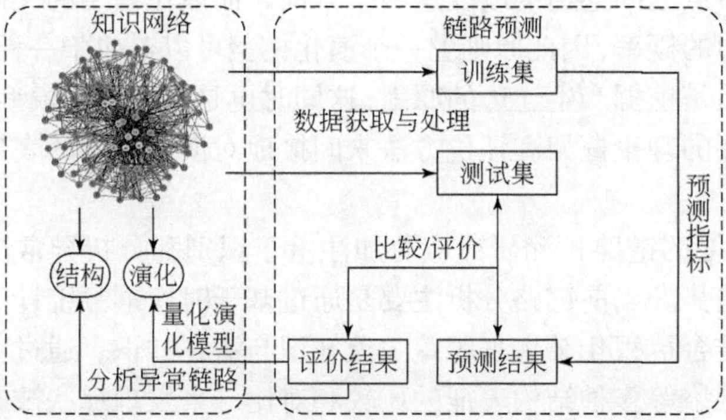

图1-9 研究框架

在研究方法上，Liben-Nowell 和 Kleinberg(2007)在此方面作了开创性的论述，后续研究也基本上遵循着他们的研究思路展开。基于结构相似性来进行链路预测，这种方法简单可靠，对于结构相似的网络具有一定的普适性。基于似然估计和概率模型进行链路预测方法所取得的成果也是很大的，虽然它们的研究框架要远远复杂于基于结构相似性的研究框架，但它们除了能提供链路预测的结果之外，还能对网络结构起到深刻的揭示，如层次组织形态、网络分块结构等。此外，还应重视对机器学习方法的吸收、改进与整合。

在研究内容上，知识网络是研究知识关联关系、探索发展脉络、追踪创新趋势的有效途径。知识网络的结构和演化为观察到的知识交流现象提供了解释；而链路预测可用来检验科学理论能否对尚未观察到的现象进行预测和评价。

1）知识网络的链路预测研究目前仍以预测指标的选择以及预测精度的提高研究为主。知识网络有很多不同类型，不同的预测指标也有其优缺点和适用范围。因此，首先需要找到适合相应知识网络类型的预测指标，在此基础上，找到一种合适的途径来整合不同的预测结果。对于预测精度高低的考察，取决于结构相似性的定义是否能够很好地抓住目标网络的结构特征。以学科合作网络为例，不同学科合作网络的拓扑结构差别很大，而网络结构对于预测指标的选择有着重要影响。目前还没有对算法性能和网络结构特征之间关系较深入的研究。就目前研究结论来看，并不存在单一明确的最优指标。因此，在对预测指标的评价和推广上还需要考虑具体实际情况。

2）知识网络的链路预测研究较少涉及利用链路预测来量化和评价演化模型问题。目前，学者认为真实网络内在的演化机制决定了呈现出的纷繁有趣的网络特征。传统针对演化机制的研究更多的关注在知识发展的描述模型和过程模型上，通过统计和仿真的手段对演化过程和演化机制进行解释。网络演化主要是节点的出现和消失、节点之间连边的改变这两个方面，而演化模型的关键是给出两个节点之间产生连边的概率，因此原则上一个演化模型可以对应于一种链路预测方法。链路预测的本质是挖掘产生连边的原因，这同时也是网络演化模型所关心的问题。但借助链路预测的理论框架和评价方法来间接地对演化模型的表现进行定量比较的研究较少。

3）知识网络的链路预测研究应更加注重于识别和分析异常链路，以发现知识热点和创新趋势。当前链路分析主要是通过基于时序词频统计、聚类分析等统计物理方法并结合可视化结果来跟踪主流知识与潜在知识。通过对引证网络、合作网络和共词网络等多种结构表征的比较和对比，来发现那些被忽略的连接和潜在的联系。然而这通常是一种事后方法，有明显的时滞。考虑到一篇文章发表之后，作者、参考文献、关键词这些属性信息就确定了，断边重连机制无法应用其中。但如果通过某种方法得到一条连边存在的可信度、重要性或可能性，那么就可以用它来预测知识的创新和发展趋势。链路预测的一个重要应用就是链路分析。针对网络中已有的连接的节点对，可以用相似性指标来评价连边存在的可信度或者重要性；针对网络中还未产生连接的节点对，节点对间的相似性可以用来预测产生连边的可能性。即使在实际的知识网络中没有这些连边或者是弱连接关系，但它们对于科学家而言也是很重要的，至少给科学家提了个醒，即是否忽略了一些具有潜在意义的知识链路。这为开展科学研究和指导知识生产提供了重要依据，同时也是情报和知识管理领域长久以来的一个核心问题。

当前关于知识网络的链路预测研究零散地分布在统计物理、计算机、复杂网络、图书情报等领域专家学者的研究成果中。这里从图书情报学角度，以同质网络和异质网络为分类基础，重点梳理了本领域中最为熟悉的一些知识网络的研究现状，并进行初步的系统化。从十多年的发展情况来看，知识网络可以作为链路预测研究的理想载体，而链路预测也是分析知识网络的有力工具。以此为基础，围绕知识网络的结构和演化模型发展，从链路预测角度开展应用性研究，是今后图书情报学领域在知识网络研究中应该着力的方向。

第2章　相关概念和基本理论

2.1　科研合作网络

科研合作网络是由科研合作关系所形成的网络，是一种典型的社会网络，其最基本的节点就是参与科研合作的人。同时，科研合作网络还是一种典型的知识网络，是知识交流的产物，是一种建立在社会关系上交流、转移、共享知识资源，特别是隐性知识后形成的网络结构。科研合作网络具有社会网络和知识网络的双重属性。

2.1.1　社会网络

社会网络是由社会行动者及他们之间关系构成的网络（刘军，2014）。其中，行动者可以是个人、群体、组织乃至国家，而关系可以是多方面的、多层次的、多种类型的。简单来讲，社会网络就是指一群人或一个团体按照某种关系连接在一起而形成的网络结构。早期的社会网络分析，是作为一系列分析社会结构的方法而出现的，是社会学领域研究中发展较为成熟的方向。

小世界网络的提出，使得社会网络分析在社会学、管理学、信息学等诸多领域迅速蔓延，并取得了很多丰富的研究成果。小世界网络对应着社会学中著名的“六度分离”（six degrees of separation）实验，但该实验在当时的环境下，很多信件在传输的途中丢失了，从而造成了数据的不完整（Milgram，1967）。随着信息技术的发展，大规模数据处理成为可能，也日益精确，从而带动了复杂性研究的发展，如信息自组织（马费成，2012），并且延伸到网络动力学的研究中。

科研合作网络本质上是一种社会网络，它的最基本的节点是参与科研合作的人。Katz 和 Martin（1997）对“科研合作”进行过定义，即科研合作是研究者为了生产新的科学知识这一共同目的而在一起工作。然而，研究者在一起工作达成什么样的程度就可以算成进行了科研合作呢？这一问题并不存在一个统一答案，而是要根据待解决的问题来制定相应的判断标准。

事实上，很多学者认为合著论文是科研合作的基本表现形式。Smith（1958）较早地发现了合著论文不断增长的现象，认为这可作为衡量科研合作的间接测定方法。其后，de Solla Price（1963）及其他学者（Balog，1980；Gordon，1980）纷纷对 Smith 的研究结论给予支持，认为合著论文的增多可以代表着科研合作的增加。但合著论文能否充分代表科研合作，则是学者一直争议的问题。合著论文存在大量“名誉合著者”的现象，但尽管如此，也不可否认这一指标对于科研合作测量的适用性。首先，合著关系不会改变且可测度，通过访问数据库，研究人员均能够轻松地获得该信息；其次，这是一种简单、易操作的合作量化方法，并且通过大量数据集的统计分析能够得到比个案更加有效的结论；最后，通过合著关系的测度并不会影响实际的合作结果，保证了研究的真实性（Subramanyam，1983）。

随着对社会网络的研究深化，从网络视角出发，为研究科研合作提供了另一种思路。科研合作网络会随着时间的推移而演化。为了捕捉这种动态变化特征，早期的研究着重从宏观视角上对网络结构（Newman，2001b，2001c，2001d）、网络增长与合作行为（Barabási et al.，2002；Jeong et al.，2003；Newman，2004）进行统计和建模分析，之后又聚焦到个人的合作行为（Kretschmer，2004；Liu et al.，2005；Yan and Ding，2009）研究上。从行动者角度来看，科研合作可以分为作者、机构、国家 / 地区三个层面（Abbasi et al.，2011），由于作者从属于他所服务的机构，机构在地理上又位于其所处的国家 / 地区，因此机构之间和国家 / 地区之间的合作网络，实质上都是作者之间的合作网络，而节点之间的关联表现为作者之间的共现关系。

早期的研究受限于网络规模，研究方法也仅限于描述性统计。随着近十几年网络科学的发展，各种聚类技术，如模块度（modularity）（Newman and Girvan，2004）、派系过滤（clique percolation）算法（Palla et al.，2005；Palla et al.，2007）、连边社团（link communities）检测算法（Ahn et al.，2010）等，被用于识别合作网络中的社团结构。社团结构是一种介于宏观和微观之间的网络特征，它推动了科研合作分析走向更为精细的层次（Perianes-Rodríguez et al.，2010），从而可以研究交叉学科（Moody，2004）、研发群体科学（Wuchty et al.，2007；Börner et al.，2010）等问题。

2.1.2 知识网络

知识是一个广泛而抽象的概念，在古希腊时代，西方哲学就已经使用这一概念去界定认识论上的争议。在人类漫长的历史长河中，逐步形成了不同的学科领域和知识门类，它们在高度分化的同时又趋于融合，构成庞大且复杂的知识系统。科学文献的急速增长和老化，使得科研人员很难独立地从事研究，也使得要获取所需知识，并对知识热点和创新趋势做出相应判断变得越来越困难。在知识系统中，一群协作的知识创造主体为了实现共同目标，会在某个感兴趣的量上达成一致，从而导致知识结构在一些确定的或者不确定的时间点上发生跳变，跳变所产生的新结构既可能是确定性的，也有可能是随机性的，表现为稳定结构和突生结构，从而实现知识的创新与扩散。

知识网络是一个宽泛的集合概念，在更多的情形下被称为信息网络（Newman，2003）。不同领域对“知识网络”的认识、理解和界定有所不同（马德辉和包昌火，2008），通常会在“知识网络”前添加某一限制性定语，指向某一类别知识网络，如组织知识网络（陈红，2005）、企业知识网络（马德辉，2006）、科学知识网络等。本书所讨论的科学知识网络，承接的是情报学理论研究中的学术观点和研究成果（赵蓉英和邱均平，2007；赵蓉英，2007；赵蓉英等，2007），指的是由科学知识节点和知识关联构成的一类网络。其中，最为经典的就是学术论文之间的引证网络，其很大优势在于可获得丰富且准确的数据。

在科学知识网络中，知识节点是指知识单元的存储载体，也可以称为知识实体（knowledge entities），包括书刊、论文、专利、情报片段（段落、句子或词）等；知识关联是指知识单元之间的连接关系，表现为载体间的引证关系、共现关系等。对知识单元影响力的测量被称为实体计量学（entitymetrics）（Ding et al.，2013）。文献计量学将论文作为基本实体（essential entity）使用已经很久了，可以用来测量期刊、作者、机构、国家 / 地区的学术影响，这些可以称为评价实体（evaluative entities）；而在科技论文中，知识实体是知识单元的微观载体，包括了关键词、主题、学科分类、数据集、关键方法、关键理论和领域实体（如生物医学实体包括基因、药物和疾病）。知识实体可以直接用来挖掘和分析知识的使用和迁移，最终促进知识发现。不管是评价实体还是知识实体，都可以从时间维度（temporal）上捕捉动态变化，或从空间维度（spatial）上进行地理差异分析，如图 2-1 所示，而这也会影响以内容为基础的引文分析（Ding et al.，2014；祝清松和冷伏海，2014）。

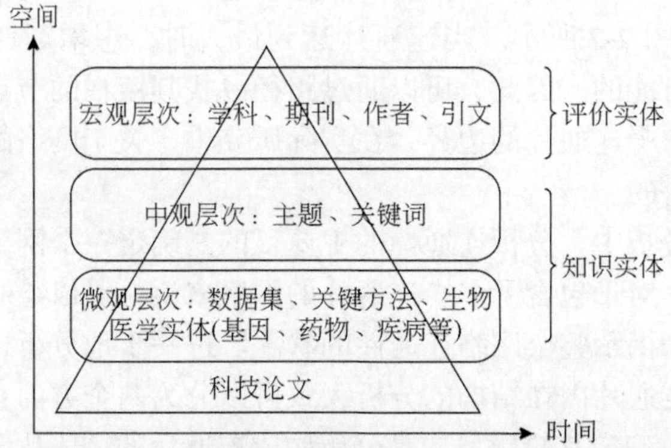

图2-1　实体计量学

需要说明的是，知识网络是知识交流网络化（Seufert et al.，1999；杨思洛，2011）的产物，是一种建立在社会关系上交流、转移、共享知识资源特别是隐性知识后形成的网络，本质上还是社会网络，而传统的引证关系是知识交流有向化的一种显性表征。在建立知识网络时，人与知识是密不可分的，知识网络具有牢固的社会属性，因此，作者互引和作者合作网络也是知识网络的典型代表。于是，科研合作网络为研究科学知识交流提供了一个重要媒介（Logan and Shaw，1991；Luukkonen et al.，1992；Schubert and Sooryamoorthy，2010）。

2.2　刻画网络的核心指标

2.2.1　拓扑结构

近年来，人们研究的网络规模越来越大，很多实际网络往往包含数十万甚至百千万以上的节点，网络拓扑结构具有复杂的不规则性。因此，在刻画网络的统计特性上提出了很多新的概念和方法，并且开始利用统计物理中的许多方法，如平均场理论、郎之万方程、主方程、渗流理论等（毕桥和方锦清，2011）。对此，Albert 和 Barabási（2002）专门发表了关于"复杂网络的统计力学"的文章。通常，对于网络拓扑结构特征的衡量主要包括连通性、稀疏性、凝聚性、均匀性、同配性等方面，用于揭示网络的整体结构特征（汪小帆等，2012）。

2.2.1.1　连通性

在无向网络中，当所有节点都通过路径相连时，该网络就是连通的。而很多实际的复杂网络往往都是不连通的，里面存在着大量的孤立节点，但通常会存在若干个连通片，也称为成分（component），其中还会有一个最大的连通片，它包含了该网络中相当大比例的节点。如果这种连通片存在，可以称为巨片（giant component），如图 2-2 所示。当连通片达到最大时，想增加任何新的节点而不破坏关联性是不可能的。因此，可以通过路径寻找其潜在的节点成员以验证它们的连通性来确定一个连通片的边界。在实际研究中，关于网络的拓扑结构性质往往是针对巨片来讲的。

在社会网络分析中，分析连通性的主要目的是确定一个网络是由多少个连通片和孤立点组成。对于包含了多个连通片的网络来说，可以绘制出该网络中连通片规模的分布，来揭示整个网络连通性的状况。进一步地分析还需要考虑连通片的内在结构。对连通片内在结构的分析大致可以分为两个方面：一是根据连通片的"核"（cores）确定其轮廓；二是分析构成连通片的"团伙"和"圈子"（林

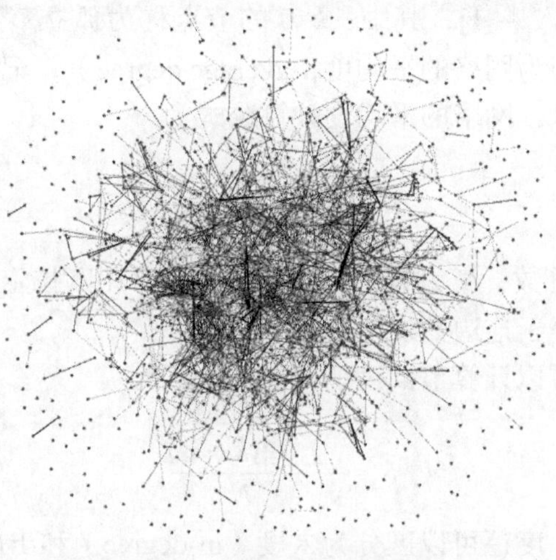

图2-2　实际网络中的巨片

聚任，2009）。这些内容现在已经可以借助很多社会网络分析软件来完成。

对于有向网络和无向网络来说，在确定其连通片时有所差异。对有向网络，可以分为两类：强连通片（strong components）和弱连通片（weak components）。强连通片是指构成路径的各条连边有序排列在一条连续链上，没有任何方向上的改变；而弱连通片是指不管构成路径的各条边的方向，只考虑是否有关联。而在无向网络中则没有连通片的强弱之分，只有“简单连通片”（simple components），即一切连边都是无方向，所有路径形成可识别的关联。

另外，网络分析是以图论和拓扑学为数学基础的，而网络规模尺度的差异会造成在图论和网络科学中相关表述产生细微不同。在图论中，去除某个节点可以使一个图从连通变为不连通，那么该节点称为割点（cut-vertex）；而去除某条连边可以使一个图从连通变为不连通，那么该连边称为桥（bridge）。但在网络分析中，对于很多复杂网络，单单是去除某个节点或某条连边，并不能对连通性产生本质影响。因此，通常要考虑的是，去除多少比例的节点和连边，会对连通性产生本质影响；反之亦然，如果要添加节点和连边，也会对连通性产生巨大影响，特别是对稀疏网络而言。

2.2.1.2　稀疏性

网络的稀疏性可以通过度、平均度和密度来刻画。度（degree）是指与某个节点相关联的连边的数目。严格地讲，度应称为关联度（degree of connection），是刻画单个节点属性最重要的概念之一。给定一个网络，节点数为 N，节点度值的

取值范围为 $k \in [0, N-1]$，其中，k=0 的节点称为孤立节点。将网络中所有节点的度取平均值，即为网络的平均度（average degree），记为$\bar{k}$。

节点 v_i 的度为 k_i，网络的平均度计算公式为

$$\bar{k}=\frac{\sum_{i=1}^{N} k_i}{N}=\frac{2N_l}{N}$$

式中，N_l 为连边的总数；N 为节点总数。其关系可用欧拉定理来说明：在任何图中，节点度的总和等于连边数的两倍。

在此基础上还可以计算节点度的方差，公式为

$$S_k^2=\frac{\sum_{i=1}^{N}(k_i-\bar{k})^2}{N}$$

在有向网络中，度还可以区分为入度（in-degree）和出度（out-degree），前者是指直接指向某一节点的连边的数目，后者是指由此节点直接指向其他节点的连边的数目。在社会网络中，入度可以说明被接纳程度（receptivity）或受欢迎程度（popularity），而出度可以说明一个人的影响力大小，有更多的外节点的人表面他有许多朋友（或关系）。

密度是指网络中节点之间实际存在的连边的数量与可能存在的连边的最大数量之比，它度量了网络中节点之间联系的紧密程度。对于一个拥有 N 个节点的无向网络中，最多可能拥有 $N(N-1)/2$ 条不同的连边，所以密度 ρ 的表达式为

$$\rho=\frac{2l}{N(N-1)}$$

式中，l 为节点之间实际存在的连边的数量，$0 \leqslant \rho \leqslant 1$。

有向网络密度的计算必然有所不同，因为从节点 A 指向节点 B 的有向连边，与从节点 B 指向节点 A 的有向连边是不同的。因此，有向网络中最多可能拥有 $N(N-1)$ 条不同的连边，有向网络密度的表达式为

$$\rho=\frac{l}{N(N-1)}$$

值得指出的是，密度的测量依赖于网络的规模，它使得不同规模网络的密度难于比较（Friedkin，1981；Snijders，1981）。实际的复杂网络所具有的一个最大特点就是网络是稀疏的，即网络实际存在的连边数要远远少于理论上的最大连边数。如果每个节点的度数有一个上限，那么，整个网络的连边数就受到节点度数的限制。这意味着，在其他因素不变的情况下，规模大的网络的密度要比规模小的网络的密度小。在实际网络中能够发现的最大密度值为 0.5（Mayhew and

Levinger，1976）。

网络规模的增长会表现在节点和连边数量的增加上，如图 2-3 所示。当有新节点加入到网络中来，至少会增加一条连边，它的一个典型例子就是引证网络，如一篇论文的发表，在多数情况下会引用已发表的文献。而在网络演化的过程中，很多老节点也会产生新的连边（Dorogovtsev and Mendes，2002）。这种现象在合作网络中比较普遍，如科学家合作网络（Barabási et al.，2002），相当规模的论文是由已发表过论文的作者完成的，这种情况下，网络节点数量并没有增加，增加的是连边的数量或权重。

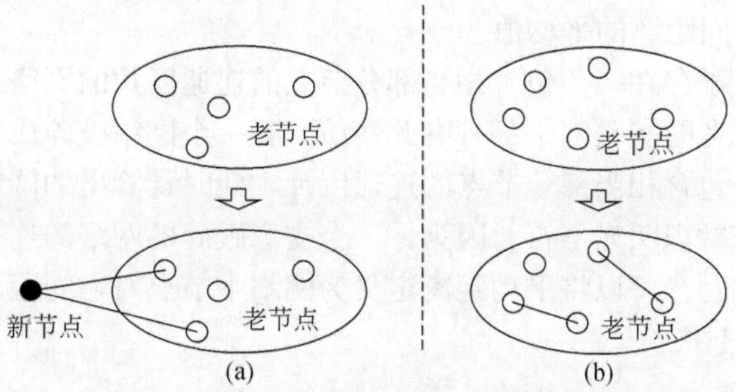

图2-3　网络的加速增长

许多实际复杂网络的演化过程，通常会表现出“初期以连接新节点为主、后期以连接老节点为主”的边加速增长特征（Sen，2004），网络的平均度会随着时间的推移而增加，有些网络还会服从稠密化幂律（densification power law）分布（Leskovec et al.，2007）。这里不去深刻解析产生这种现象背后的内在机制，但它提出了一个问题，即在实际网络中，哪些老节点之间会产生新的连边，而这种可能性又是多少。

2.2.1.3　凝聚性

网络的凝聚性可以通过平均距离（average distance）和聚集系数（clustering coefficient）来刻画。平均距离又称平均路径长度（average path length），记为 L，等于所有节点对之间距离 $d(v_i, v_j)$ 的平均值，即

$$L=\frac{\sum d(v_i, v_j)}{N_a}$$

式中，$0< i, j \leqslant N$，N_a 为节点对的数目，即连边的总数。

对无向网络来说，可能存在的最多节点对数目为 $N_a=N(N-1)/2$，上述公式改

写成：

$$L=\frac{\sum_{0<i,j\leqslant N}d(v_i,v_j)}{N_a}=\frac{2\sum_{0<i<j\leqslant N}d(v_i,v_j)}{N(N-1)}=\frac{\sum_{0<i,j\leqslant N}d(v_i,v_j)}{N(N-1)}$$

而对有向网络来说，可能存在的最多节点对数目却为 $N_a=N(N-1)$，又因为 $d(v_i,v_j)=d(v_j,v_i)$，计算结果和无向网络一致。

需要说明的是，很多大型的实际网络往往是不连通的，此时就可能出现节点对之间不连通的情形，即无路径可达，这意味着该节点对的距离无穷大，此时网络的平均距离也为无穷大。为了避免计算时出现上述发散问题，通常只计算存在连通路径的节点对之间距离的平均值。

这种计算方法对于存在一个包含相当部分节点的连通巨片的网络来讲是合适的，但却不能保证所有的实验网络都具有此性质。若一个网络破碎成非常多小的成分，也不存在一个包含相当部分节点的连通巨片，此时计算出的网络平均距离就会非常短，但这与常识明显不符。因为，一个支离破碎的网络的连通性是很差的。为了解决这一问题，可以将平均距离定义为网络中节点对之间距离的调和平均数，即 L=1/GE。其中，

$$\mathrm{GE}=\frac{2}{N(N-1)}\sum_{0<i<j\leqslant N}\frac{1}{d(v_i,v_j)}$$

此时，节点对之间的距离为无穷大时，其倒数为 0，由此得到的网络平均距离一定为有限值。如果认为节点对之间发送信息的效率与其距离的倒数成正比，此时，GE 就反映出了网络中节点对之间发送信息的平均效率，称为全局效率（global efficiency）（Latora and Marchiori，2001）。一般而言，效率越高的网络，其信息传输性能越好，也在一定程度上反映出网络连通性越好。

网络的直径（diameter）是指所有节点对之间距离的最大值，即

$$D=d_{\max}(v_i,v_j)=\max\{\mathrm{d}(v_i,v_j)\}$$

如果一个网络是连通的，那么它的直径可以测定；但如果不是，那么有的节点对之间的距离就没有界定，或者说距离无穷大，在这种情况下，网络的直径也是无定义的。考虑到很多实际网络往往并不是连通的，而是存在一个巨片，所以在实际应用中，直径通常是指任意两个存在有限距离的节点对，即连通的节点对之间距离的最大值。另外，在很多实际网络随着时间而演化的过程中，网络的平均距离会呈现出越来越小的趋势，同时，直径也会越来越小，此时称出现了直径收缩（shrinking diameters）现象（Leskovec et al.，2007）。

聚集系数，又称簇系数，反映了一个节点同它的邻居节点（neighbors）聚集

成派系（clique）的可能性大小，聚集系数越大，说明系统的小团体性越强。设节点 v_i 的度为 k_i，即邻居节点数，则节点 v_i 的聚集系数为

$$C_i=\frac{2y}{k_i(k_i-1)}$$

式中，y 为节点与其邻居节点之间实际存在的连边数。

网络的聚集系数为所有节点聚集系数的平均值，即

$$C=\frac{\sum C_i}{N}$$

式中，$0<i\leqslant N$，N 为节点总数；一般情况下，$0<C<1$。

从几何特点上看，聚集系数还可以表述为

$$C=\frac{3\times \text{网络中三角形的个数}}{\text{节点的可连接的三元组的个数}}$$

多数真实网络的聚集系数比 ER 或 BA 等模型网络的聚集系数大很多，这是由于它们具有社区或者模块结构。通过计算真实网络的平均距离和聚集系数的大小，并与随机网络进行比较，可以检验真实网络是否具有小世界效应（small-world effect）。

2.2.1.4　均匀性

网络的均匀性可以用度分布（degree distribution）来刻画。度分布是网络分析里非常重要的一个概念。将网络中节点的度值按从小到大进行排序，网络中节点的度用 k 表示，$p(k)$ 表示度为 k 的节点数的所占比例，从概率统计的角度来看，$p(k)$ 是随机选取节点，其度数恰好为 k 的概率。当然，对于有向网络来说，度分布还可以进一步分为出度分布和入度分布。

如果一个网络中节点的度值都集中在某一个值的附近，那么可以将该网络称为均匀网络或匀质网络，其度分布曲线会呈现出近似钟形形状；然而大量的实证研究表明，很多实际的复杂网络，其度分布曲线呈现出的是长尾形状，即网络中节点的度值很不均等，既存在度值相对较小的节点，也存在度值相对较大的节点，学界将这类网络称为非均匀网络（inhomogeneous network）或异质网络。

与钟形分布不同，长尾分布不存在某个单一的特征标度，因此也称为无标度分布（scale-free distribution）。幂律分布（power-law distribution）就是这样的一种长尾分布，它是复杂网络里的一个非常重要现象。

若 $p(k)$ 服从幂函数 $p(k)\sim ck^{-\gamma}$，则称变量 k 遵循幂律分布，其中，γ 被称作标度指数，通常介于 2 和 3。幂律分布的最重要的特征是标度不变性，考虑改变测

量单位，即乘以因子 λ，则有

$$p(\lambda k) \sim c(\lambda k)^{-\gamma} = \lambda^{-\gamma} c(k)^{-\gamma} = \lambda^{-\gamma} p(k)$$

由此可知，函数图形的形状没有变化，同时标度指数保持不变，即标度不变性。对原式的左右两边同时取对数，得

$$\log p(k) \sim -\gamma \log k + C$$

此时，$\log p(k)$ 是 $\log k$ 的线性函数，可以在双对数坐标系中看到一条近似的直线，从而推断所处理的数据是否符合幂律。de Solla Price 所提出的“累积优势”原则也是幂律分布的表现形式之一。

但在真正实际操作中，通常会说网络的度分布会在某个范围内服从幂律分布，即它会在尾部出现明显的抖动。因此，一种简单的处理方式是，绘制出累积度分布（cumulative degree distribution），它表示度值不小于 k 的节点在整个网络中所占的比例。此时，累积度分布应近似服从幂律分布：

$$p(K \geqslant k) \sim \frac{c}{\gamma-1} k^{-(\gamma-1)}$$

累积度分布可以较好地避免度分布中出现的抖动，且易于计算。对于幂指数的估算，可以采用极大似然法来直接估计（Clauset et al.，2009）。

2.2.1.5 同配性

网络的度分布虽然是一个重要的拓扑结构特征，但它却不能唯一地刻画一个网络。此时，可以考虑采用二阶度分布，即度相关性（degree correlation）来刻画网络。度相关性是指一条连边所连接的两个节点度之间的关联。如果大度节点倾向和大度节点相连，则称网络是度度正相关的，或是同配的（assortative）；而如果大度节点倾向和小度节点相连，则称网络是度度负相关的，或是异配的（disassortative）。

计算度相关性的方法很多，这里使用一个指标值同配性系数（assortativity coefficient）（Newman，2002）来刻画网络是同配的还是异配的。定义如下：

$$r = \frac{M^{-1}\sum_i j_i k_i - [M^{-1}\sum_i \frac{1}{2}(j_i + k_i)]^2}{M^{-1}\sum_i \frac{1}{2}(j_i^2 + k_i^2) - [M^{-1}\sum_i \frac{1}{2}(j_i + k_i)]^2}$$

式中，j_i 和 k_i 分别为第 i 条边的两个端点的度数；M 为网络中连边的条数；$r \in [-1, 1]$。若 $r>0$，则网络是同配的；若 $r<0$，则网络是异配的。r 的绝对值大

小反映了网络同配或者异配的强弱程度。已有大量研究表明，网络的同配或者异配对网络结构和行为的鲁棒性（robustness）和传输性等可能有显著影响。

2.2.2　凝聚子群

在社会网络分析中，凝聚子群研究（或社团发现、小团体分析等）是非常重要的一类研究（刘军，2014）。凝聚子群分析是根据网络节点之间的关系以对网络进行划分的一种研究方法，用于分析社会结构。社会结构是社会行动者之间存在或潜在的关系模式，它的重要关注点在于要分析出网络子结构。

凝聚子群有多种形式化的划分方法，主要从以下四个角度展开。

1）基于关系互惠性建立的凝聚子群。这种思路是以网络中各个节点是否相互邻接作为切入点的，常用的方法是派系（cliques）。在一个无向网络中，派系是指至少包含三个节点的最大完备子图。显然，按这一定义要求，一个互惠对不构成派系，派系中任何两个节点之间都是邻接的，不存在与任何派系内节点相关联的其他非派系的节点，且不能向该派系中加入新的节点，否则将改变完备性。派系和前面提到的连通片或成分不同，连通片或成分仅仅要求任何两个节点之间有路径即可，而派系的要求更加严格，即两个节点之间的距离为 1。

2）基于可达性和距离建立的凝聚子群。这种思路是以凝聚子群内的各个节点之间是否可达来判断子群能否成立为切入点的，不要求节点之间邻接。常用的方法包括 *n*- 派系（*n*-cliques）和 *n*- 宗派（*n*-clan）。

n- 派系是从派系概念中衍生而来的，比较接近人们日常对派系的理解，只要求凝聚子群内节点相互可达即可。节点 v_i 和 v_j 之间在总图的距离用 $d(v_i, v_j)$ 表示，且 $d(v_i, v_j)=d(v_j, v_i)$，当 $i=j$ 时，$d(v_i, v_j)=0$。不妨设定一个临界值 n 作为凝聚子群内节点之间在总图距离的最大值，其形式化定义为：对于所有属于子图的节点 v_i 和 v_j 来说，在总图中不存在与子图中的任何节点的距离不超过 n 的节点，即 $d(v_i, v_j) \leqslant n$。显然，n 越大，对派系内节点的限制就越松。而在实际操作中，n 的大小是由研究者根据实际具体情况自行选定的。

n- 宗派是指任何两个节点之间的距离都不超过 n 的一个 *n*- 派系。显然，所有的 *n*- 宗派都是 *n*- 派系。*n*- 宗派和 *n*- 派系之间的区别在于，对“距离”的理解不同，*n*- 宗派强调两个节点在“子图”中的距离，而 *n*- 派系强调两个节点在“总图”中的距离。

3）基于点度数建立的凝聚子群。这种思路是以限制凝聚子群内的每个节点的点度数作为切入点的，常用的方法有两种：*k*- 丛（*k*-plex）与 *k*- 核（*k*-core）。

k- 丛是指在一个子群中，每个节点都与至少除 k 个节点之外的其他节点邻接。

也就是说，如果一个凝聚子群有 n 个节点，那么任何一个节点的度数应大于或等于 $n-k$，此时将该凝聚子群称为 k- 丛。

k- 核与 k- 丛则相反。k- 核是指在一个子群中，每个节点都与该子群中的至少 k 个其他节点邻接。在实际研究中，不管是 k- 丛还是 k- 核，研究者是要根据自己搜集到的数据和研究目的来自行决定 k 值的大小。

4）基于子群内外关系建立的凝聚子群。这种思路是以关注子群内部节点相对于网络中其他节点来说是否具有相对较高的凝聚力作为切入点的，常用的方法有成分、块、LS 集合、Lambda 集合、社会圈等。

成分，即连通片，也可以用来描述凝聚子群，但缺点在于不能给出该子群是如何形成的，其内部节点之间的关系如何？因此在实际应用中，如果不加其他限定条件，并没有太多实际意义。块是指将整个网络按照某种规则分割成相对独立的子图，这些子图统称为块。用来构建“块”的程序模型称为块模型（block model）。块模型的建立有很多方案（刘军，2014），如基于二模网络的区块建模分析方法。块模型是一种研究网络位置的方法，会把初始网络所形成的矩阵利用聚类的方式进行重排，从而形成在结构上对等的一系列像矩阵，以揭示整体网络的结构。此外，还有 LS 集合、Lambda 集合、社会圈等方法，其定义更为复杂一些，但已可以利用相关社会网络分析软件进行快速实现，在此不予赘述。

2.2.3 节点权力

节点的重要性用“中心性”来衡量。中心性是社会网络中关于节点微观特性的重要的度量指标，它可以度量节点在网络中具有怎样的权力，或者说居于怎样的中心地位（刘军，2014）。不同定义的中心性刻画了节点在网络中的不同作用，如节点的传播能力、节点受到攻击后对网络整体性质的影响等。

经常使用的中心性指标包括：度中心性（degree centrality）、中介中心性（betweenness centrality）和接近中心性（closeness centrality）。在计算上，它们又可以分为绝对意义和相对意义（标准化）中心性，前者只能在同一个网络的节点之间或者在同等规模的网络之间进行比较，而后者可以用来对同一类型网络中节点的中心性进行比较（Freeman，1979）。

度中心性定义为与该节点有直接关系的节点的数目，即单个节点的度值。中介中心性是节点处于其他节点对最短路径上的程度，用来衡量节点在网络中的“中介”作用和控制力。接近中心性考虑一个节点与其他节点的接近程度，也可以认为，一个节点越是与其他节点接近，那么该节点就越不依赖于其他节点，是一种对不受他人控制的测度。在实际测量“中心性”的时候，到底选择哪种测度方式？这依赖于研究问题的背景。

2.3　复杂网络的基本模型

如前所述，不管是社会网络，还是知识网络，它们都属于复杂网络的一种，都可以进行网络抽象。这些真实网络一方面具有各不相同的特异性，另一方面又会表现出很多相似的地方。人们在认识网络形成机制时，历经了不同的认识阶段，总结出了一些带有普遍性的规律，并将其用网络模型来进行刻画。

2.3.1　规则网络

规则网络是最简单的一类网络，它将真实系统里各个因素之间的关系用一些简单的规则结构加以表示。规则网络在图论中有很严格的定义，是指每个节点的度都相同，也就是说，每个节点在网络中的地位都是完全一样的。因此，规则网络的结构是确定的，具有很强的对称性。图 2-4 所示的为全局耦合网络、最近邻耦合网络和星形网络这三种常见的规则网络。

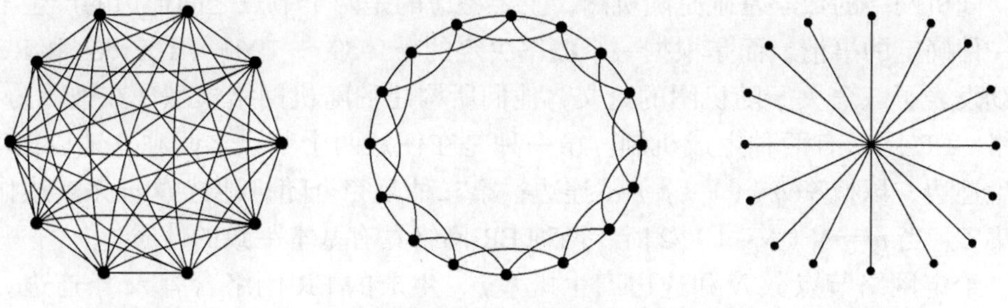

图2-4　三种典型的规则网络

在一个全局耦合网络中，任意的两个节点之间都有连边。因此，全局耦合网络具有以下结构特征：最多的连边数，值为 $N(N-1)/2$；最小的平均距离，值为 1；最大的聚集系数，值为 1。

在一个最近邻耦合网络中，节点都被排列成一个环，每个节点都只与周围的邻居节点有连边。设每个节点与距离自己最近的 $2z$ 个节点相连，z 为自然数，也被称为配分数。图 2-4 所示的为 $z=2$ 的最近邻耦合网络。此时，最近邻耦合网络的平均距离为 $\langle d\rangle \approx N/4z$，聚集系数为 $C=(3z-3)/(4z-2)$。随着 z 的增大，平均距离会变得越来越小，而聚集系数则趋于极限值 0.75。最近邻耦合网络是一个得到大量研究的稀疏的规则网络模型，它的一个重要特征是网络的拓扑结构是由节点之间的相对位置决定的，随着节点位置的变化，网络拓扑结构也会发生切换。

在一个星形网络中，有一个中心节点，其余的 $N-1$ 个节点都只和该中心节点相连，而它们彼此之间并不连接。此时，星形网络的平均距离为

$$\langle d \rangle \approx 2 - \frac{2(N-1)}{N(N-1)} \to 2, N \to \infty$$

由于中心节点的 $N-1$ 个邻居节点之间互不相连，中心节点的聚集系数为 0。其他 $N-1$ 个节点只与一个节点相连，此时这些节点的聚集系数规定为 0。因此，网络的聚集系数也为 0。星形网络构造简单，应用也非常广泛，如小型的计算机局域网络布局。但缺点也同样明显，这种局域网需要性能较高的中央网络服务器，且一旦出现故障，整个网络也就瘫痪了。在社会网络中，也会经常看到以一个人为中心的小团体的出现。因此，星形网络只适用于规模很小的网络，或者出现在网络内部。

2.3.2 随机网络

随机网络的数学基础是随机图，主要考虑的是两个节点之间连边的产生不再是一件确定的事情，而是根据一个概率决定的。1959 ～ 1961 年，Erdös 和 Rényi 连续发表了三篇关于随机图的论文，他们所构建的随机网络模型现在被称为 ER 网络。ER 网络有两种生成机制。第一种是在任意两个节点之间独立地以概率 p 产生连边，以概率 $q=(1-p)$ 不连边；第二种是完全随机地选择 m 条连边作为边集 E。当 $m=pN(N-1)/2$ 时，两种 ER 网络具有基本一致的性质。

给定网络节点数 N 和连边产生概率 p，生成的 ER 网络含有 M 条连边。此时，连边数分布的平均值为 $\langle M \rangle =pN(N-1)/2$，度分布近似为泊松分布，其平均值为 $\langle k \rangle = p(N-1)$，聚集系数 $C=\langle k \rangle /(N-1)=p$，网络直径和平均距离满足 $L_{ER} \leqslant D_{ER} \sim \ln N/\ln \langle k \rangle$。显然，当网络规模 N 足够大时，如果 p 与 $1/N$ 同阶，即有 $p=O(1/N)$，则 $\langle M \rangle \sim O(N)$，这意味着 ER 网络是一个稀疏网络；当度分布的均值 $\langle k \rangle$ 为有限常数时，网络的聚集系数会很小；由于随着 N 的增大，$\ln N$ 还会增长得很缓慢，此时即便是规模很大的网络也可以具有很小的直径和平均距离，这是典型的小世界特征。简单来讲，ER 网络具有小的聚集系数和短的平均距离。

随机网络在描述真实网络时会遇到困难。实证研究表明，在真实网络中存在着明显的聚集效应，如一个人的好友之间相互为朋友的概率非常高。就聚集效应这点来看，随机网络明显不符合真实网络的情形。但连边产生的随机性仍然可以被认为是真实网络中小世界效应产生的基本机理。

2.3.3 小世界网络

1998 年，Watts 和 Strogatz 构造出了一种介于规则网络和随机网络之间的单参数模型网络（WS 网络），它同时具有大的聚集系数和短的平均距离。在这一模型中，应用了断边重连机制，设 $p = 0$ 对应完全规则网络，$p = 1$ 对应完全随机网络，则通过调节参数 p 的值，就可以实现从规则网络过渡到随机网络，如图 2-5 所示。

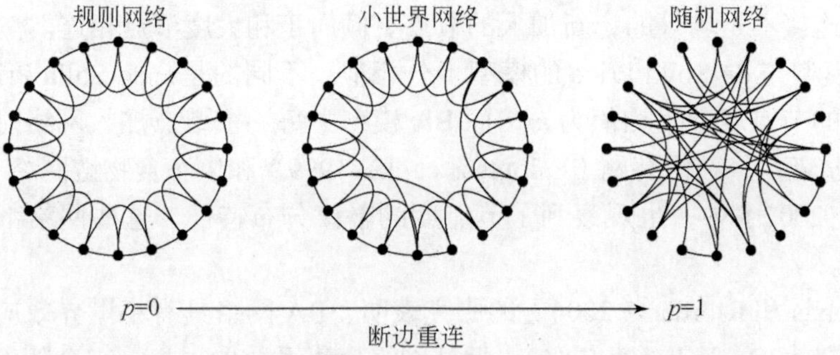

图2-5 断边重连

随后，Newman 和 Watts（1999a，1999b）给出了一种新的网络的构造方法（NW 网络），在他们的网络中，原有的连边并不会被破坏，平均距离的缩短源于以一个很小的概率在原来的规则网络上尚未产生连接的节点对之间添加一条新的连边。可以证明，在 N 足够大 p 足够小的情况下，WS 网络和 NW 网络的网络性质几乎一致，即都有大的聚集系数和短的平均距离。但 NW 网络避免了 WS 网络在断边重连的过程中，有可能导致网络出现不连通的情形。

小世界效应对应着“六度分离”，其动态数学定义是：网络的平均距离 L 与网络的规模（用节点数 N 表示）呈对数关系，即 $L \sim \ln N$。也就是说，如果网络的平均度固定，平均距离会随着网络节点数以对数的速度或者慢于对数的速度增长。需要注意的是，在很多文献中，物理学家把大的聚集系数和短的平均距离两个统计特征合在一起称为小世界效应，具有这种效应的网络就是小世界网络。

2.3.4 无标度网络

1965 年，de Solla Price 对无标度网络进行了最初的研究，他研究了科学文献之间的引用关系网络，并发现入度和出度均服从幂律分布，并给出了最初的增长模型，称这种“贫者愈贫，富者愈富”的现象为“累积优势”，在社会学当中人们称为“马太效应”。

Barabási 和 Albert 研究了电影演员合作网络、万维网、电力网和科学引文网等大型网络后，发现这些真实网络都具有幂律形式的度分布，而不是随机网络所具有的泊松分布。1999 年，他们分别在 *Science* 和 *Nature* 上发表了两篇非常有影响力的文章，其中前者论文中提到的“择优连接”尤其引人关注。他们提出了著名的无标度演化模型，即 BA 模型，依赖于两个基本机制：“增长”和“择优连接”。“增长”意味着网络的节点数不断增加；而“择优连接”意味着网络中节点之间的连接不是均等的，新加入的节点更倾向于和大度节点相连。

BA 模型与 de Solla Price 的模型十分相似。不同的是，de Solla Price 模型中加入网络的节点度数平均值为 m，而 BA 模型中每一个节点加入网络时的节点度数均为 m。随后，在因特网（Faloutsos et al.，1999）和生态食物链网络（Montoya and Solé，2002）中，也观察到了节点度的幂律分布特征，这些网络都被称为无标度网络。

Bollobás 和 Riordan（2004）的研究表明，BA 网络具有小世界效应，其直径的增长趋势为 $D_{\max} \approx \ln N/\ln(\ln N)$，但其网络聚集系数也很小，它会随着网络节点数 N 的增大很快趋于 0，其趋势为 $C \propto \ln^2 N/N$。也就是说，BA 网络不能很好地再现真实网络高集聚性的这一特性。

与小世界网络不同的是，无标度网络要求网络度分布尾部按幂律衰减，并没有反映与网络规模存在何种关系。Barabási 和 Albert 在提出无标度网络概念时，观察了大量不同规模的真实网络以及其发展的不同阶段，认为一个恰当的模型应该期望网络度分布是独立于时间（等价于网络规模）的。

2.4 链路预测理论

网络中的链路预测是指通过已知的网络节点和路径等结构信息来预测网络中尚未产生连边的两个节点之间产生连接的可能性大小（Getoor and Diehl，2005；吕琳媛，2010；Lü and Zhou，2011）。链路预测问题得到了来自不同学科领域中学者的广泛关注。在生物医学领域中，蛋白质网络、新陈代谢网络、基因疾病网络等，网络中的节点相互作用关系复杂，而节点之间是否有关联，或者是否存在相互作用关系，都需要消耗大量的人力、物力、财力，通过实验的方式加以推断、试错和证实。

当前已知的实验结果所反映出来的仅仅是这些实际复杂网络中的非常小的那部分。以蛋白质网络为例，酵母菌蛋白质之间 80% 的相互作用依然不为人所知（Yu et al.，2008）；而人类基因疾病网络（Goh et al.，2007）则更为复杂，我们对于人类自身知道的非常有限（Stumpf et al.，2008；Amaral，2008）。那些潜藏在这些网络中未被发现的链路，会改变对很多问题的认知，解决很多悬而未决的疑问，进而给整个人类带来福祉。如果能在已知网络节点和结构的情况下，利用链路预测的原理设计出精确和精巧的实验，或许能大幅降低实验的高昂代价，并节省时间成本。

在社会网络研究中，利用各种手段采集得到的数据也往往存在数据缺失的问题，如著名的“六度分离”实验。我们可以利用链路预测来发现这些网络中缺失的连边，从而辅助对社会网络结构的研究。链路预测在很多在线社交网络、电子商务网络等应用方向上产生了巨大的商业价值，如可以利用链路预测发现在线社交网络中哪些用户是尚未产生联系的朋友，进而进行好友推荐，从而提高用户体验；用户在浏览各种电子商务网站时，不论用户是否产生购买行为，浏览行为本身就代表了用户的兴趣爱好，可以根据大量用户的相似浏览或购买行为，进行产品推荐，从而增加用户黏性。当然，这属于更为广泛的推荐系统的研究范畴（朱郁筱和吕琳媛，2012；Lü et al.，2012），在此不展开具体讨论。

2.4.1　链路预测的过程

从一个更高的层面上看，链路预测可以被看作是一项统计分类任务。分类的对象是网络中的节点对。一个无向网络 $G(V, E)$，其中 V 为节点集合，E 为连边集合。设该网络中节点总数为 N，连边总数为 l，拥有 $N(N-1)/2$ 个不同的节点对，组成最多可能拥有的连边全集 U。给定一种链路预测方法，计算全集 U 中没有连边的节点对（v_i, v_j）的分数值（score），将其视为一种接近性，表示连边产生的可能性大小。

将所有没有连边的节点对的分数值按大小进行排序，可以从中选出相互连接概率大的节点对。一般来说，会将已存在的连边 E 分为两组，一组为训练集 E^{Training}，另一组为测试集 E^{Test}。计算分数值时，只会使用训练集中的信息，之后将预测结果和测试集进行比较或评价，从而判断算法预测的准确性。

显然，$E=E^{\text{Training}} \cup E^{\text{Test}}$，且 $E^{\text{Training}} \cap E^{\text{Test}}=\varnothing$；并且，称属于集合 U 而不属于集合 E 的连边为“不存在的连边”，属于集合 U 而不属于集合 E^{Training} 的连边为“未知的连边”。

链路预测的过程如图 2-6 所示，可分为数据获取、数据处理、预测指标、比较 / 评价四个步骤（Guns，2014）。第一个步骤是数据获取，目的是保证输入数据的质量。该步骤会从同一个数据源中分离出训练集和测试集。通常，训练集和测试集会以网络数据形式呈现，如图 2-7 所示。

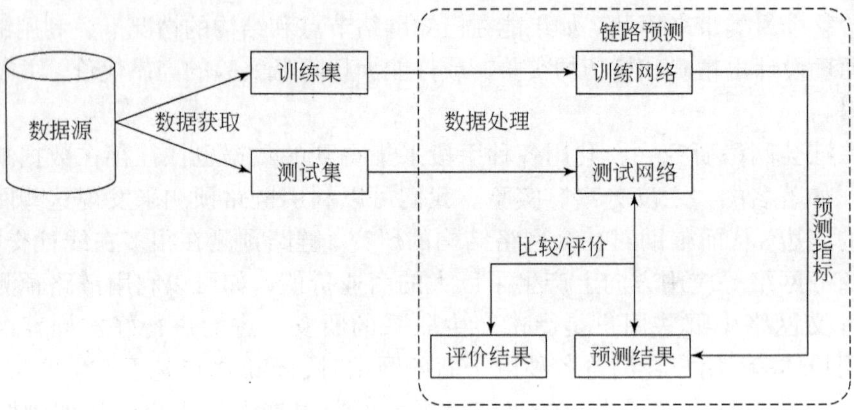

图2-6　链路预测的过程

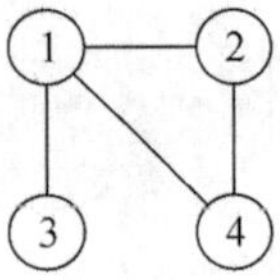

(a)网络结构图

1	2
1	3
1	4
2	4

(b)网络边列表

$$\begin{bmatrix} 0 & 1 & 1 & 1 \\ 1 & 0 & 0 & 1 \\ 1 & 0 & 0 & 0 \\ 1 & 1 & 0 & 0 \end{bmatrix}$$

(c)网络邻接矩阵

图2-7　网络数据示例

需要说明的是，如何分离出训练集和测试集本身就代表了链路预测的两种类型，即静态链路预测和动态链路预测。前者是指网络中实际存在但尚未被探测到的链路（未知的链路），这实际上是数据挖掘的过程，是静态的；后者是指网络中目前不存在，但应该存在或将来很可能存在的链路（未来的链路），这与网络演化密切相关，是动态的。这两种类型的链路预测都很重要，可以补充或修正我们对事物的认知，并指导决策和实践。

在图 2-8 展示的静态链路预测中，图 2-8（a）表示研究使用的样本网络，或者称为观察网络（the observed network），它经数据集划分后得到图 2-8（b），图 2-8（b）称为测试网络（the test network），其中的实线表示训练集，虚线表示测试集。在实际操作中，对于一个给定的样本网络，训练集和测试集的划分方法有很多种，不同的划分方法会对链路预测结果产生不同的影响（Zhu et al.，2012）。对于数据集划分的方法将在 2.4.2 节中进行介绍。

图2-8　静态链路预测（未知的链路）

在图 2-9 展示的动态链路预测中，图 2-9（a）表示在时间（段）t 下的网络，可作为训练集使用，称为训练网络（the training network）；图 2-9（b）表示由链路预测算法得到的节点和连边组成的网络，称为预测网络（the predicted network）；图 2-9（c）表示在时间（段）t' 下的网络，可作为测试集使用，也称为测试网络。

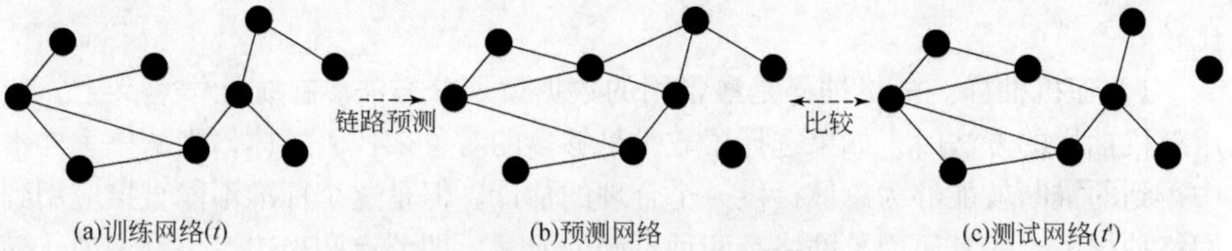

图2-9　动态链路预测（未来的链路）

在实际操作中，对一个给定的样本网络进行动态链路预测研究时，通常是根据对时序状态的划分来分离出训练网络和测试网络，测试网络通常是实际训练网络的一个后续快照。这种考虑到时序状态的做法，可以认为是对节点和连边打上时间标签，并按照时间标签进行数据集划分。

第二个步骤是数据处理，目的是过滤出研究需要的网络数据，形成训练网络和测试网络。这一步骤是需要研究者根据研究目的自行考虑如何去做的。例如，很多实际的复杂网络都是含有大量的孤立节点，同时存在着多个内部联通片的情形，此时真正要研究的是这些内部连通片的链路预测问题，特别是最大的连通片。此外，很多网络还需要考虑权重和方向，这会让问题变得更为复杂。

第三个步骤是预测。这一步骤针对的是训练网络，它需要选择不同的预测指标和算法来计算训练网络中没有连边的节点对产生连边的可能性大小，预测可能产生的新的连接。在 Lü 和 Zhou（2011）给出的关于复杂网络链路预测的综述中，总结了基于网络结构的链路预测的三种研究思路，分别是：①利用节点间的相似性进行链路预测；②基于最大似然估计进行链路预测；③利用概率模型进行链路预测。其中，又以第一种研究思路最为成熟，应用的也最为广泛，对于该思路下的预测指标和算法将在 2.4.3 节中进行介绍。需要注意的是，链路预测只能预测训练网络中节点对间产生连边的概率，而不能预测出连接到新增节点的概率。

第四个步骤是比较或评价。这一步骤是将预测出来的结果和测试网络进行比较，从而来评价预测指标。对链路预测结果进行评价可以被视为类信息检索评价（Guns，2009）。这就意味着，对每一种预测指标都可以计算准确率（precision）和召回率（recall）。在信息检索评价中，准确率和召回率会相互制约，因此通常会根据需要为“检索策略”选择一个合适的度，不能太严也不能太松，而是寻求在准确率和召回率之间的一个平衡点。在链路预测中，同样如此。对于相关评价指标的介绍将在 2.4.4 节中展开。

2.4.2 数据集划分方法

本节简单介绍几种常用的数据集划分方法，并对不同方法的优势和劣势进行比较。

1）随机抽样。随机抽样是最常用的数据集划分方法。在统计学意义上，使用随机抽样的方法时，如果选择了数量足够多的对象来代表总体，则从一个样本中得到的推断就能够为总体提供一个合理的估计。但是这个标准不能直接应用到网络抽样中，究其原因是网络有两种不同的元素，即节点和连边。也就是说，随机抽样应用在网络中，还可以划分为两种类型：节点抽样和连边抽样。前者是指随机选择一定数量的节点，并保留这些节点之间的连边；后者是指随机选择一定数量的连边，并保留连边两端的节点。

如前所述，链路预测要预测的是连边产生的概率，因此随机抽样也就特指连边抽样。给定一个网络 $G(V, E)$，含有 N 个节点，l 条连边。通常，假设要划分出 $p \in (0, 1)$ 比例的连边作为测试集，那么 $1-p$ 比例的连边就作为训练集。随机抽样保证被抽取的连边进入测试集的概率相同。当然，研究者如果要保证抽取之后的网络还具有很强的连通性，势必还需要增加一些限制性条件。通常，抽取的测试集与训练集的划分比例为 1 ∶ 9，即测试集中包含了连边数量的 10%。

2）滚雪球抽样。该方法的操作步骤为：①随机选择一个（或一组）节点，构成初始样本集；②选择与上一步节点相邻的所有节点，将它们放入样本集；③重复上一步骤，直到抽样达到所需的节点数量为止。

在滚雪球抽样中，第 n 步选择的节点被称为第 n 层。显然，这样首先选出的是节点而不是连边，但该抽样具有在很少的几步以内，选出 hub（即度大的节点）的倾向。因此初始节点是不是 hub，对于抽样网络的特征并没有显著的影响（约翰·斯科特，2007）。一个滚雪球样本不是随机样本，样本结构内嵌于滚雪球抽样方法本身。但是，为了避免在一个随机样本中可能发现的关系稀疏性，就需要滚雪球抽样。图 2-10 将节点抽样、连边抽样和滚雪球抽样放在一起展示。

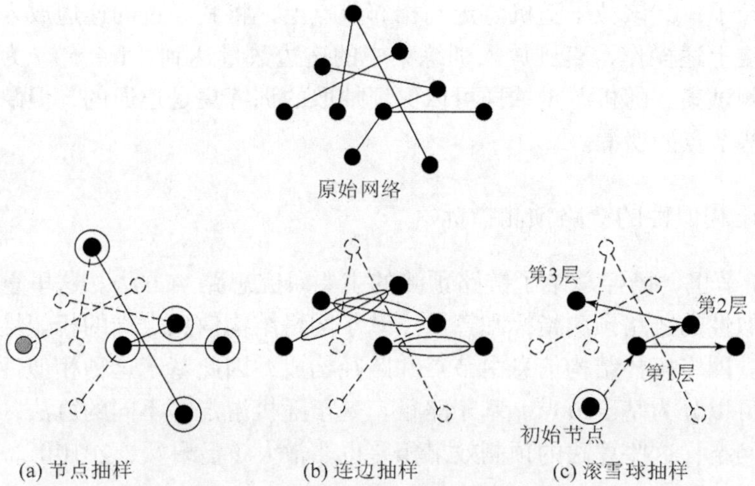

图2-10　节点抽样、连边抽样和滚雪球抽样

3）逐项遍历。该方法是指每次从样本网络中选择一条连边作为测试边，其余 $l-1$ 条连边构成训练集，之后对这条测试边进行测试从而得到一个预测精度。如此，遍历完整个网络的 l 条连边，将所得到的预测精度取平均值，即为网络的预测精度。需要说明的是，该方法每次都需要重新进行计算，计算复杂度会随着网络规模的增大而变得非常高，因此只适用于那些规模很小的网络。

4）k- 折叠交叉检验。该方法是将样本网络随机分为 k 份，选择其中一份作为测试集，其余 $k-1$ 份作为训练集，得到一个预测精度。如此，重复 k 次，将所有 k 份数据实验一次，从而得到 k 个预测精度，之后取平均值，即为网络的预测精度。显然，该方法能保证每条连边都会有一次机会选中作为测试边，当 $k=l$ 时，k- 折叠交叉检验即为逐项遍历。

5）熟识者抽样。该方法的操作步骤为：①在网络中随机选择一个节点 v_x，从该节点的邻居节点中随机选择一个节点 v_y，将连边 $\{v_x, v_y\}$ 放入训练集中；②重复上述操作，直到放入训练集中的连边数量达到（$1-p$）l 为止，剩余连边构成测试集。不妨假设节点 v_x 的度数为 k_x，节点 v_y 的度数为 k_y，显然，连边 $\{v_x, v_y\}$ 放入训练集的概率为

$$(1-p)\ \frac{l}{N}\left(\frac{1}{k_x}+\frac{1}{k_y}\right)$$

熟识者抽样倾向于将度小的节点之间的连边放入训练集，而把度大的节点之

间的连边放入测试集。

6）随机游走抽样。该方法的操作步骤为：①在网络中随机选择一个节点并放入一个粒子；②该粒子随机游走到相邻节点上，将其经过的连边放入至训练集中；③重复上述操作，直到放入训练集中的连边数量达到（$1-p$）l 为止，剩余连边构成测试集。随机游走抽样可以保证抽取的训练集是连通的，但缺点是可能造成有一些节点的遗漏。

2.4.3 基于相似性的链路预测指标

在 1.1 节里，已经总结了链路预测的主要研究思路与方法。这里重点总结基于结构相似性的链路预测指标和算法。基于网络结构信息定义的相似性，称为结构相似性。网络拓扑结构信息由节点和路径构成，因此基于这种相似性思想的链路预测又可以分为基于节点、基于路径、基于随机游走等不同的算法，并且对于不同类型网络，这些算法的预测效果相差也非常大（吕琳媛，2010）。

2.4.3.1 基于节点的相似性指标

基于局部信息，即基于节点，是指只通过节点局部信息，如节点共同邻居、节点度等，计算得到的相似性指标，是最为简单和简洁的一类指标，其优势在于计算复杂度相对较低，适合在大规模复杂网络中应用。

（1）基于节点共同邻居的相似性指标

基于节点共同邻居（common neighbors）的思想，是指两个节点的相似度与其共同邻居的数量成正比，称为 CN 指标。显然，这种相似性表达的是结构等价（structural equivalence）（Lorrain and White，1971），即如果两个节点有很多共同的邻居，那么这两个节点也就是相似的。在实际生活中，很容易体会到这一点，如若两个人拥有更多相同的朋友，那么这两个人很可能也是认识的（Kossinets，2006）；若两个科学家拥有更多共同合作者，那么在未来合作的可能性也会很高（Newman，2001a）。这种结构等价意味着两个节点是否处于一个相同的环境。

简单来讲，利用 CN 指标来进行链路预测是基于如下假设：如果两个未连接的节点，拥有更多的共同邻居，那么这两个节点很可能会产生连接。于是，最为基本的 CN 指标的定义是：一个给定的网络，节点 v_x 的邻居集合为 $\Gamma(x)$，节点 v_y 的邻居集合为 $\Gamma(y)$，则它们之间的相似性定义为共同的邻居数，即

$$s_{xy}=|\Gamma(x)\cap\Gamma(y)|$$

其中，等式右边为有限集合所含节点的个数，即集合的势。同时，这一数值也等于两个节点之间长度为 2 的路径数目。但仅仅依据共同邻居数量的绝对值，而忽

视节点本身的度值，会造成结果向大度节点偏移，即大度节点与小度节点相比，与其他节点相连的可能性更大。事实上，这并不能判断这条预设条件是否为真。因此，很多情况下必须考虑到节点本身度的大小。将共同邻居的数量作为分子，在分母上考虑两端节点度的影响，并进行相应的标准化（normalization）。标准化有可以分为如下不同的角度，其定义如表 2-1 所示。

表2-1　基于节点的相似性指标

名称	定义	名称	定义
共同邻居（CN）指标	$s_{xy}=\lvert\Gamma(x)\cap\Gamma(y)\rvert$	大度节点不利（HDI）指标	$s_{xy}=\dfrac{\lvert\Gamma(x)\cap\Gamma(y)\rvert}{\max\{k_x,k_y\}}$
Salton 指标	$s_{xy}=\dfrac{\lvert\Gamma(x)\cap\Gamma(y)\rvert}{\sqrt{k_x k_y}}$	大度节点有利（HPI）指标	$s_{xy}=\dfrac{\lvert\Gamma(x)\cap\Gamma(y)\rvert}{\min\{k_x,k_y\}}$
Sørensen 指标	$s_{xy}=\dfrac{2\times\lvert\Gamma(x)\cap\Gamma(y)\rvert}{k_x+k_y}$	Adamic-Adar（AA）指标	$s_{xy}=\sum_{z\in\lvert\Gamma(x)\cap\Gamma(y)\rvert}\dfrac{1}{\log k_z}$
Jaccard 指标	$s_{xy}=\dfrac{\lvert\Gamma(x)\cap\Gamma(y)\rvert}{\lvert\Gamma(x)\cup\Gamma(y)\rvert}$	资源分配（RA）指标	$s_{xy}=\sum_{z\in\lvert\Gamma(x)\cap\Gamma(y)\rvert}\dfrac{1}{k_z}$
LHN-Ⅰ指标	$s_{xy}=\dfrac{\lvert\Gamma(x)\cap\Gamma(y)\rvert}{k_x k_y}$	择优连接（PA）指标	$s_{xy}=k_x k_y$

其中，Salton 指标，又称余弦（cosine）相似性，考虑的是节点度的几何平均数；Sørensen 指标，又称 Dice’s coefficient，常用于生态学数据的研究，考虑的是节点度的算术平均数；Jaccard 指标，用于衡量两个集合有多相似，分子是集合交集，分母是集合并集；LHN-Ⅰ指标（Leicht et al.，2006）考虑的是节点度的乘积；考虑到 HDI 指标，以大度节点的度为分母进行标准化，这样的指标会削弱大度节点的优势；考虑到 HPI 指标，以小度节点的度为分母进行标准化，这样的指标对大度节点更为有利。

（2）基于节点赋权的相似性指标

而如果考虑到的是共同邻居节点度的问题，基于“小度节点作为共同邻居对于两端节点的相似度贡献较大”的原则，即“惩罚大度的共同邻居”，可以衍生出 AA 指标（Adamic and Adar，2003）和 RA 指标（Zhou et al.，2009）。这两种指标都会根据共同邻居节点度来为每个节点赋予一个权重值，区别在于前者是以 1/log k 的形式递减，而后者以 1/k 的形式递减。显然，用 AA 指标测算出的相似性分数值，对于不同度的节点来说更加分散一些，对于大度节点更是如此。

（3）择优连接相似性

2.3.4 节介绍了无标度网络，如果参照无标度网络产生的原理，认为新加入的节点更倾向于与大度节点相连接（择优连接），那么可认为两节点间产生连边的可能性与两节点的度均有关，也就是说，可认为相似性正比于两端点度的乘积（product）。

基于此，可定义两个节点间的相似性为 $s_{xy}=k_x k_y$，称为度积（degree product）指标，也可以称为 PA 指标。需要注意的是，择优连接相似性与标准化后的 CN 相似性（除 HPI 指标外）是相反的，前者奖励大度节点，后者惩罚大度节点。于是，在很多网络中，当择优连接相似性表现较好时，标准化后的 CN 相似性则表现较差，反之亦然。在 Liben-Nowell 和 Kleinberg（2007）的研究中，PA 指标表现得就很差；而在 Yan 和 Guns（2014）的研究中，PA 指标表现得则很好。网络的稀疏性和凝聚性会对 PA 指标的表现产生较大的影响。

（4）局部朴素贝叶斯模型

需要强调的是，简单对共同邻居数量进行计数意味着每个共同邻居对产生连边的可能性的贡献是等价的。但实际上，真实复杂网络中，必然存在一些重要的节点，它们对产生连接的作用也有所不同。例如，在真实社交网络中，两个相互不认识的人（A 和 B），都和相同的第三人（C）认识，如图 2-11 所示。如果这个第三人本身性格外向（C1），经常组织朋友聚会，那么他的相互不认识的两个朋友就有很大可能性在未来成为朋友；而如果这个第三人本身性格内向（C2），不善交际，那么他的相互不认识的两个朋友就很难通过他来成为朋友。显然，传统基于共同邻居的方法无法对不同的共同邻居的作用加以区分。

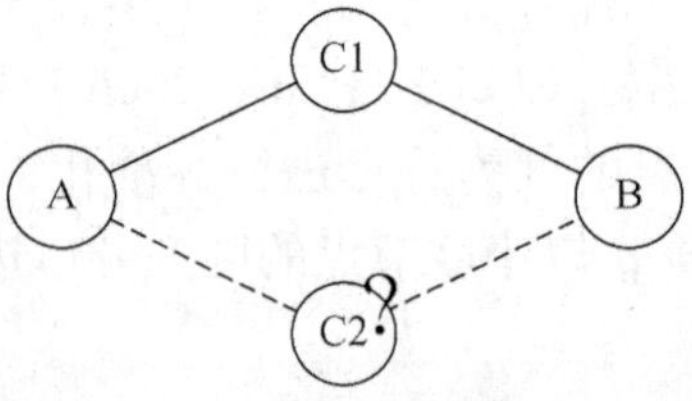

图2-11　不同的共同邻居的作用不同

Liu 等（2011）提出过一种局部朴素贝叶斯（local naive Bayes，LNB）模型，该模型引入一个角色函数，用于揭示不同共同邻居的不同作用。LNB 模型将共同邻居节点的度考虑进去，但并非简单地利用其度的绝对值，而是在度值的基础上将共同邻居定义为不同角色。这一模型有着较深的数学基础，具体推导过程在此不予介绍，可参考相关文献（Liu et al., 2011）。

2.4.3.2　基于路径的相似性指标

基于路径思想的预测算法考虑到使用共同邻居指标进行预测时，所获得的值很可能局限在 0、1、2，相似性分数的分布过于集中，从而造成预测结果没有区分度。因此，将两节点的共同邻居扩展到“n 阶共同邻居”，即考虑到两节点间的 n 阶路径的数量，为局部路径（local path）指标。其定义为

$$S^n=A^2+\alpha A^3+\alpha^2 A^4+\cdots+\alpha^{n-2}A^n$$

式中，α 为可调参数；A 为网络的邻接矩阵；$(A^n)_{xy}$ 表示节点 v_x 和节点 v_y 之间长度为 n 的路径数量。显然，当 n=2，S^2=A^2，LP 指标就退化为 CN 指标，即 CN 指标本质上也是基于路径的指标，只是仅考虑了二阶路径数目。

随着 n 的增大，LP 指标的计算复杂度会变得越来越大。一般来说，考虑 n 阶路径的计算复杂度为 $O(N\langle k\rangle^n)$。当 $n\to\infty$ 时，即考虑到两节点间的全部路径，LP 指标也就演变为 Katz 指标（Katz，1953）。

Katz 指标的定义为

$$s_{xy}=\sum_{l=1}^{\infty}\beta^l\cdot|\text{paths}_{x,y}^{\langle l\rangle}|=\beta A_{xy}+\beta^2(A^2)_{xy}+\beta^3(A^3)_{xy}+\cdots$$

式中，β>0，为控制路径权重的可调参数；$|\text{paths}_{x,y}^{\langle l\rangle}|$ 为节点 v_x 和节点 v_y 之间长度为 l 的路径数量。如果该级数收敛，即 β 小于邻接矩阵最大特征值的倒数，上述定义便转化为

$$S=(I-\beta\cdot A)^{-1}-I$$

式中，I 为单位矩阵。显然，当 β 很小时，高阶路径所做出的贡献也就变得很小了，从而使得 Katz 指标的预测结果接近于 LP 指标。

LHN-Ⅱ指标（Leicht et al.，2006）可以看作是 Katz 指标的一个推广。但不同的是，Katz 指标中的每一项为路径数目 $(A^l)_{xy}$，而 LHN-Ⅱ指标中的每一项是路径数目与路径数目期望值的比值，即 $\frac{(A^l)_{xy}}{E[(A^l)_{xy}]}$。具体推导过程在此不予介绍，可参考相关文献（Leicht et al.，2006）。LHN-Ⅱ指标所依据的原理是如果两节点所连接的节点相似，那么这两个节点也可能相似，即使两者之间没有直接的共同邻居。LHN-Ⅱ指标所表达出的是一般等价（regular equivalence），这与前面所讲的结构等价明显不同。一般等价更为广泛，只考虑这两个节点是否处于同样的角色，而不考虑是否处于同样的环境。结构等价是一般等价的特殊形式。

此外，计算复杂度程度，如表 2-2 所示。由于 LP 指标考虑的只是局部路径

信息，其复杂度要比考虑全局信息的Katz指标和LHN-Ⅱ指标小很多。也就是说，对于规模巨大（节点数N大）但结构稀疏（平均度$\langle k\rangle$小）的网络，LP指标在计算速度和时间成本上具有明显的优势。

表2-2　基于路径的相似性指标

名称	定义	复杂度
局部路径指标（LP）$n=3$	$S^3=A^2+\alpha\cdot A^3$	$O(N\langle k\rangle^3)$
Katz指标	$S=(I-\beta\cdot A)^{-1}-I$ 参数β需小于邻接矩阵最大特征值的倒数	$O(N^3)$
LHN-Ⅱ指标	$S=2M\lambda_1 D^{-1}\left(I-\frac{\phi}{\lambda_1}A\right)^{-1}D^{-1}$ 其中，λ_1为邻接矩阵A的最大特征值；M为网络的总边数	$O(N^3)$

2.4.3.3　基于随机游走的相似性指标

还有一种类型的预测算法是基于随机游走的，可以分为如下不同的角度：基于全局随机游走的和基于局部随机游走的（吕琳媛，2010）。

基于全局随机游走的指标包括：①以从一个节点到另一个节点的平均通勤时间作为相似度值，有ACT（average commute time）指标；②以两向量间的余弦相似性作为相似度指标，有Cos+指标；③基于PageRank拓展的，有RWR（random walk with restart）指标，即Rooted PageRank指标（Liben-Nowell and Kleinberg，2007）；④同时考虑两节点结构等价和一般等价的，有SimRank指标。

基于局部随机游走的指标有：LRW（local random walk）和SRW（superposed random walk）指标，两者均只考虑有限步数，后者在前者基础上进行结果的叠加，更凸显了近距离邻居节点的作用，充分考虑了很多真实网络连接上的局域性特点。

此部分的各个指标在数学描述上较为复杂，本书不展开详述，计算方法和公式如表2-3所示。

表2-3　基于随机游走的相似性指标

名称	定义
平均通勤时间（ACT）指标	$s_{xy}^{\mathrm{ACT}}=\frac{1}{l_{xx}^{+}+l_{yy}^{+}-2l_{xy}^{+}}$ 其中，l_{xx}^{+}、l_{yy}^{+}、l_{xy}^{+}表示矩阵l^{+}中第x行y列、第y行y列、第x行y列的位置所对应的元素

续表

名称	定义
基于随机游走的余弦相似性（Cos+）指标	$s_{xy}^{\cos+}=\cos(x,y)^{+}=\frac{l_{xy}^{+}}{\sqrt{l_{xx}^{+}\cdot l_{yy}^{+}}}$ 其中，l_{xx}^{+}、l_{yy}^{+}、l_{xy}^{+} 与 ACT 指标中的定义相同
带重启的随机游走（RWR）指标	$s_{xy}^{\mathrm{RWR}}=\pi_{xy}+\pi_{yx}$ 其中，π_{xy} 表示从节点 v_x 出发的粒子最终有多少概率走到节点 v_y，π_{yx} 表示从节点 v_y 出发的粒子最终有多少概率走到节点 v_x
SimRank（SimR）指标	$s_{xy}^{\mathrm{SimR}}=C\frac{\sum_{v_z\in\Gamma(x)}\sum_{v_{z'}\in\Gamma(y)}s_{zz'}^{\mathrm{SimR}}}{k_x k_y}$ 其中，假定 $s_{xx}=1$, $C\in[0,1]$ 为相似性传递时的衰减参数
局部随机游走（LRW）指标	$s_{xy}^{\mathrm{LRW}}(t)=q_x\cdot\pi_{xy}(t)+q_y\cdot\pi_{yx}(t)$ 其中，q_x 为初始资源分布，$\pi_{xy}(t)$ 为一个粒子 t 时刻从节点 v_x 出发，在 t+1 时刻正好走到节点 v_y 的概率
叠加的局部随机游走（SRW）指标	在 LRW 的基础上，将 t 步及其以前的结果加总便得到 SRW 的值，即 $s_{xy}^{\mathrm{SRW}}(t)=\sum_{l=1}^{t}s_{xy}^{\mathrm{LRW}}(l)=q_x\cdot\sum_{l=1}^{t}\pi_{xy}(l)+q_y\cdot\sum_{l=1}^{t}\pi_{yx}(l)$

2.4.4　评价指标

在 2.4.1 节中，将属于集合 U 而不属于集合 E 的连边称为“不存在的连边”，属于集合 U 而不属于集合 E^{Training} 的连边称为“未知的连边”，简称未知边。显然，未知边包括两类：一类是不存在的连边，另一类是测试边。给定一种的链路预测算法，对于每条未知边都会计算出一个分数值，对分数值按从大到小进行排序，用来推测这条边存在的可能性大小。因此，可以绘制出不存在的连边和测试边的所得分数值的分布情况。

图 2-12 给出了一个可能的分布示例，虚线表示不存在的连边的分布曲线，

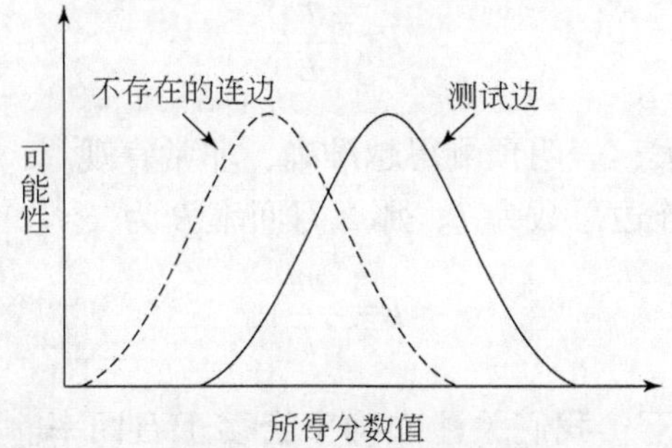

图2-12　分布示例

实线表示测试边的分布曲线。显然，不存在的连边的分布曲线应该在测试边的分布曲线的左侧，而且两者之间的距离越远越好，越远说明预测效果越好。

衡量链路预测算法精确度的评价指标主要有准确率和召回率（precision and recall）、ROC 和 AUC 以及排序分（ranking score）等，下面依次说明。

2.4.4.1 准确率与召回率

准确率和召回率在 2.4.1 节中已有所提及。这两个指标在信息检索、统计学分类、机器学习等领域，已经应用的非常广泛，它们反映了分类精度，度量了对“好”的分类结果的认识。准确率也称为查准率，召回率也称为查全率。利用准确率和召回率可以绘制 precision-recall（PR）曲线，来作为分类算法好坏的评判标准。其概念公式为

准确率 = 系统检索到的相关文件 / 系统所有检索到的文件总数

召回率 = 系统检索到的相关文件 / 系统所有相关的文件总数

在此基础上，还可以计算出 F 值，它是准确率 P 和召回率 R 的调和平均数，即

$$F=\frac{2PR}{P+R}$$

同时，还可以计算出 F 值中的最大值，记为 fmax，用来进行评价，fmax 值越大表明算法分类效果越好。

相应的，在链路预测中，其准确率和召回率分别是

准确率 = 预测到的相关连边 / 预测到的所有连边总数

召回率 = 预测到的相关连边 / 测试集的所有连边总数

在实际操作中，常用的做法是给定一种的链路预测算法，将未知边按照分数值从大到小进行排序，设定一个排序列表长度 L，如果其中有 m 个预测准确，即这 m 个连边在测试集中，那么准确率 P 为

$$P=\frac{m}{L}$$

显然，准确率越大，表明预测得越准确，非常直观。

设测试集的所有连边总数为 T，那么召回率 R 为

$$R=\frac{m}{T}$$

在绝大多数情况下，我们关注准确率会多于召回率。但应当指出，基于准

确率的评价指标只考虑了排在前 L 位的连边是否预测准确（Herlocker et al., 2004）。而如果从整体上来衡量链路预测算法的精确度（accuracy）的话，更多地会使用 ROC 和 AUC。

2.4.4.2 ROC和AUC

对于一个二分类问题，将样本分成正类（positive）或负类（negative）。此时就会出现如图 2-13 所示的四种情形。

		真实的分类	
		p	n
假设的分类	Y	真正类	假正类
	N	假负类	真负类
合计		P	N

图2-13 混淆矩阵

其中，如果一个样本为正类且被预测为正类，即为真正类（true positives, TP）；相应的，还存在如果一个样本为正类但却被预测为负类，即为假负类（false negatives，FN）。一个样本为负类且被预测为负类，即为真负类（true negatives，TN）；一个样本为负类但却被预测为正类，即为假正类（false positives，FP）。

在信号探测理论中，ROC 曲线是指受试者工作特征曲线（receiver operating characteristic curve），又称感受性曲线（sensitivity curve），它是用构图法来反映敏感性（sensitivity）和特异性（specificity）之间的相互关系。其中，敏感性（TPR）是把实际为真值的判断为真值的概率，等价于召回率，作为纵坐标；特异性（FPR）是把实际为假值的判断为假值的概率，以误判率（1 – 特异性）作为横坐标。简单来讲，ROC 曲线是用来评价某种分类器的分类效果。

需要强调的是，PR 是右上凸效果越好，ROC 是左上凸效果越好。两者在对不同分类算法进行评价时，如果所绘制出的曲线其中一个可以完全覆盖另一个，此时可以说前者的分类效果更好。但在实际工作中，所绘制出的曲线经常存在重叠交叉，并不能很清晰地得出哪个更好一些的判断，此时就应该使用 AUC 指标。AUC（area under the receiver operating characteristic curve）是指 ROC 曲线下方的面积，可以从整体上衡量链路预测算法的精确度（Hanley and McNeil，1982）。

计算 AUC 值的方法有以下几种。

第一种方法是，最直观地作出 ROC 曲线，计算出 ROC 曲线下面的面积。具体来说，对于给定一种的链路预测算法的预测效果，绘制 ROC 曲线的步骤如下。

1）计算所有未知边的分数值。

2）根据所得到的分数值，从大到小进行排序（假设分数值越大，此样本属于正类的概率越大），生成一张排序表，排在前面的节点对之间出现新连边的可能性较大。

3）绘制 ROC 曲线。横坐标为不存在的连边所占的比例，纵坐标为测试边所占的比例，从坐标原点出发，对于每条未知边，按照排序表进行检验。检验的内容包括：①如果这条未知边是测试边，则沿着纵轴方向画一步（设纵轴的步数为测试边的数量）；②如果这条未知边是不存在的连边，则沿着横轴方向画一步（设横轴的步数为不存在的连边的数量）。

不妨假设有 7 条未知边 a，b，c，d，e，f，g。其中，a，b，c 为测试边，d，e，f，g 为不存在的连边。如果预测算法的排序结果是 $a>e>b>f>c>d>g$，则 ROC 曲线如图 2-14 所示。带箭头的实线构成 ROC 曲线，其下方的面积即为 AUC 值，即 0.75。有时候，排序结果中会出现相等的值，假设 $b=f$，那么就需要将相应步数内的竖线和横线替换为对角线，即用图示中的带箭头的虚线来替代两根实线，此时 AUC 值为 17/24。通常，AUC 值介于 0.5 和 1.0，较大的 AUC 值代表了较好的预测效果。

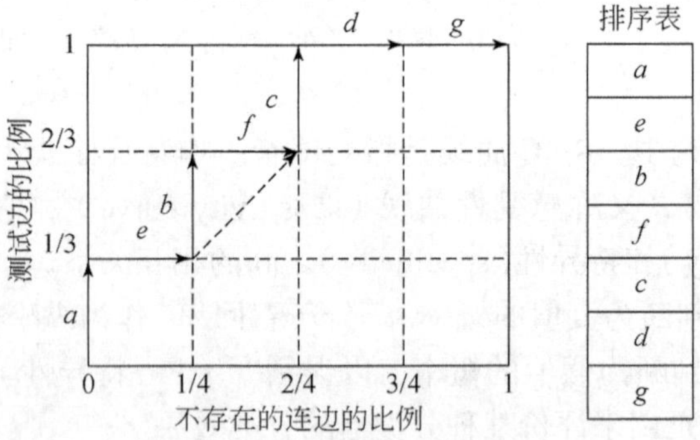

图2-14　ROC曲线示意图

实际上，AUC 在形式上与 Wilcoxon-Mann-Whitney 测试是等价的（Wilcoxon，1945；Mann and Whitney，1947），而后者是用来测试任意给一个正类样本和一个负类样本，正类样本的分数值有多大的概率会大于负类样本的分数值。

于是，第二种计算 AUC 值的办法就是得到上述概率，即在测试集中随机选择一条边（正类样本）的分数值比随机选择一条不存在的连边（负类样本）的分数值高的概率（Fawcett，2006）。在样本数量多但却有限时，可以采用抽样比较的方法得到近似的值。设测试集和不存在的连边集构成二元组样本对，记正类样本分数值大于负类样本分数值的数目为 n_1；记分数值相等时数目为 n_2，权值为 0.5；独立比较 n_3 次，$n_3 = n_1 + n_2$。AUC 值的计算公式如下

$$\mathrm{AUC} = \frac{n_1+0.5n_2}{n_3} = 1 - 0.5\frac{n_2}{n_3}$$

实现这个方法的复杂度为 $O(n^2)$，n 为抽取的样本数。显然，这里存在的一个问题是：参数 n_3 该如何选择？当然，最为精确的方法是将所有测试边和不存在的连边都比较一次。这对于一个规模较小的网络来讲，计算效率尚可接受；但当网络规模巨大时，计算效率就会变得非常低下。因此，通常是通过随机抽样的方式得到一个近似的值以减少计算复杂度，从而提高计算效率。理论上，无论网络规模有多大，一个算法的 AUC 值是多少，如果希望以 90% 的可信度保证以随机抽样方式计算出来的 AUC 值的绝对误差不超过千分之一，最多只需要进行 672 400 次抽样。关于这点的详细讨论可以参考吕琳媛和周涛（2013）的论述。

2.4.4.3　排序分

排序分（ranking score）主要考虑到测试边在未知边分数值排序列表中的位置（Zhou et al.，2007）。设未知边集合（$U - E^{\mathrm{Training}}$）中连边的数量为 H，测试集 E^{Test} 中连边的数量为 T，r_e 表示测试边 $e \in E^{\mathrm{Tset}}$ 在排序列表中的排名，则这条测试边的排序分为

$$\mathrm{RS}_e = \frac{r_e}{H}$$

遍历所有测试集中的连边，得到其总的排序分：

$$\mathrm{RS} = \frac{1}{T}\sum_{e \in E^{\mathrm{Test}}} \mathrm{RS}_e = \frac{1}{\mathrm{TH}}\sum_{e \in E^{\mathrm{Test}}} r_e$$

显然，排序分越小，算法的预测效果越好。

2.5　本章小结

本章首先介绍了科研合作网络的相关概念。科研合作网络本质上是一种社会网络，它的节点是参与科研合作的人，它是科研工作者为了生产新的科学知识，

基于社会关系进行交流、转移、共享知识资源特别是隐性知识后形成合作关系而构成的网络。科研合作网络具有社会网络和知识网络的双重属性。

复杂网络研究理论的深入和方法体系的成熟为刻画科研合作网络提供了方法和工具。刻画网络的核心指标可以从拓扑结构、凝聚子群、节点权力等方面来考虑，它们是分析一个真实复杂网络的基础。拓扑结构的衡量指标主要包括连通性、稀疏性、凝聚性、均匀性、同配性等方面，从不同角度揭示了网络的整体结构特征。凝聚子群可用于分析网络的社团结构，社团内部连边密集，社团之间连边很少，在科研合作网络中，社团代表了特定的科研团体或者研究领域。节点权力用于识别网络中重要的或有特定作用的节点，描述这些节点能够在更大程度上影响到网络的整体结构和部分功能。在很多时候，还需要对这些重要节点进行排序（任晓龙和吕琳媛，2014），结合具体业务场景，来解决实际问题。

为了进一步刻画真实网络，学者们还将网络进行抽象，并用不同的生成机制来构造网络模型。小世界网络和无标度网络的发现，再现了真实网络的部分拓扑性质和功能，从而掀起了网络科学研究的新一轮高潮。近些年，网络科学的研究开始从结构分析和建模方面，逐步转向更为微观的层面。

最后，对链路预测的基本问题进行了梳理。在许多实际情形下，研究所采集到的网络数据所含的节点和连边信息都是不完整的，而又希望基于这些不完整的数据去推断出丢失的节点和连边，或者预测出未来网络中可能出现的新节点和新连边（Kim and Leskovec，2011）。这一问题是目前网络科学研究中的一个巨大挑战。链路预测只能解决其中的一部分，仅仅关注于节点之间产生连边的可能性有多大。

关于链路预测方法，仅总结了基于结构相似性的链路预测方法。而基于这种相似性思想的链路预测指标又可以分为基于节点、基于路径、基于随机游走等，它们之间的计算复杂度差别也很大。相对来讲，基于节点和基于路径的方法更为常用一些，在计算复杂度和预测结果之间可以取得较好的平衡。此外，还有基于似然分析，以及利用概率模型等进行链路预测的方法，关于它们的更多介绍可以参考相应的综述类文章（吕琳媛，2010；Lü and Zhou，2011）。

衡量链路预测算法精确度的评价指标，主要介绍了三种：准确率和召回率、ROC 和 AUC、排序分。它们的侧重点不同，准确率和召回率只考虑了排在前 L 位的连边，ROC 和 AUC 更为常用一些，而排序分则会考虑到测试边的排序位置。此外，还有更多的评价指标，而它们又常常和推荐系统研究关系紧密。关于评价指标及推荐系统的研究进展，可以参考相应的综述类文献（刘建国等，2009；朱郁筱和吕琳媛，2012；Lü et al.，2012）。

第3章　科研合作网络的结构

科研合作的数据获取和网络构建是本书的基础性工作，它决定了后续章节研究的准确性和全面性。合作网络中的作者及其合作关系信息可从科研文献题录数据中抽取获得。在这方面，很多专业机构都有着成熟的商业数据库产品，用来组织、检索和分析科研文献。这些数据库产品大多遵循按学科领域进行分类组织的原则，因此通过按研究主题进行检索，可以快速方便地获取某一科研领域的文献题录数据，并用于构建合作网络。分析真实科研合作网络的宏观结构特征，有助于了解影响科研合作的因素，以及合作的程度、规模及关系结构。

近年来，人们对不同学科领域的合作网络的结构特征进行了实证研究，包括静态结构特征和动态演化特征等。本章将从中文社会科学引文索引（CSSCI）数据库中抽取不同学科领域的文献题录数据用以构建相应的科研合作网络，并分析其拓扑结构特征，总结我国人文社会科学领域的合作网络的一般规律。

3.1　科研合作的影响因素

最近几十年，虽然艺术与人文领域团队合作没有显著变化，但科学与工程以及社会科学领域团队合作增长趋势明显（Wuchty et al.，2007），这一现象具有一定的普遍性和代表性。2005 年，*Science* 杂志社在庆祝创刊 125 周年之际，将“人类合作行为如何进化”这一问题列入 125 个最具挑战性的科学问题之中。为此，很多学者开始从物理世界和人类社会中的不同层面寻找影响科研合作形成的因素。

3.1.1　地理距离

地理距离是较早受到学者关注的影响因素。随着交通工具和信息通信技术的快速发展，旅行和通信的费用和时间大幅降低，使得科研合作和知识交流更为频繁和便捷，这也对物理上的地理距离造成了不同程度的影响。一般认为，地理上的邻近能够促进科研合作和知识交流（Katz，1994），这是由知识的隐性特征决定的（Howells，2002）。但也有一些学者认为这一观点在地理邻近上的描述过于简单化，而且地理邻近在科研合作和知识交流中的确切作用仍不清楚。

科研合作通常被视为是一个全球联合的过程，涉及世界各地的科研人员，不论他们的工作和居住地点。科研的全球化，意味着科研人员之间的合作依赖于共同话题，而与地理距离无关。也就是说，由合作网络所形成的“知识共同体”应该具有一个相对独立的空间结构。但是，经验和实证数据并不支持这一观点。

Hennemann 等（2012）对六个不同学科领域的合作情况进行分析，研究发现，国内合作发生的概率是国际合作的 10 ～ 50 倍；当局限于领土边界时，科研合作活动与地理距离有着很强的相关性；然而，一旦科研合作发生于国际范围内的全球化的科研系统中，地理距离也就变得无关紧要了。而如果能消除领土边界，会使得科研合作与地理距离不相关吗？答案也是否定的。Hoekman 等（2010）使用了欧洲 33 个国家的 313 个区域在 2000 ～ 2007 年所有合作刊物数据，分析了在欧洲一体化进程中，地理距离和领土边界对科研合作的影响，研究发现，持续不断消除领土边界的过程，并没有使得科研合作对地理距离不敏感。

在全球范围内，科研合作又呈现出什么样的状态呢？Ortega 和 Aguillo（2013）通过 Google Scholar Citations（GSC）构建了全球科研合作网络，其中美国占据着统治地位，每个研究机构通过国别、地域和文化等因素得以聚集，并呈现出自相似性和无标度性。在国家合作视角下，Nomaler 等（2013）通过对欧洲国家之间共同发表论文的分析，还发现论文的影响力会随着合作国家之间地理距离的增加而增加。

此外，地理邻近有助于异质机构之间的合作。Ponds 等（2007）使用合作发表的文献数据，分析地理邻近在大学、企业和政府研究机构之间的科研合作中所起到的作用，结果证实了不同类型组织之间的合作，相比类似组织之间的合作，更为本地化。Ter Wal（2014）对德国生物技术发明者的合作网络进行分析，研究发现：在网络演化的初期，三元闭包强化了地理距离的效果；但随着时间的推移，在长程距离合作上，三元闭包成为一个日益强大的媒介，地理邻近的影响效果反而降低了。

3.1.2 经济环境

科研合作离不开经济环境的支持。充足的科研经费支持和仪器设备保障，能为科研合作创造有利的条件，进而提高科学生产力。de Solla Price（1963）很早就在《小科学与大科学》一书中指出，经济因素对科研合作具有巨大影响，科研活动的奖励机制能够促进知识流动，加速科研合作。

Acosta 等（2011）以欧盟为例进行了区域层次的科研合作研究，分析了欧盟 15 国的大学之间进行科研合作的空间格局；同时还将区域之间的经济距离作为一个变量纳入引力（gravity）模型中，对区域之间科研合作进行实证分析。结果表明，经济发达区域和欠发达区域在学术文献产出上存在着显著差异，区域之间的科技资源差异（以研发支出来衡量）对解释科研合作程度是有效的，但是发展水平距离 [以人均 GDP（国内生产总值）来衡量] 对科研合作却没有表现出任何显著影响。汤易兵和余晓（2013）在使用我国科技论文数据进行上述分析时，也得到了相似的结论。

科研经费支持是从经济环境方面来讨论科研合作的另一个角度。但现实情况是，关于经费的分配及使用信息是很难获得的（Laudel, 2002）。Lundberg 等（2006）还指出来自企业的横向经费支持对于科研合作也非常重要，但它却一直被人们所低估。研究机构可以接受不同形式的外部资助，而他们的意愿也会被那些提供经费的合作者设定的研究目标所影响。这些目标和传统研究领域有所区别，通常是要去探索和解决新的研究领域中存在的问题。

3.1.3　社会信任

科研合作最终是建立在科研人员相互信任的基础之上。性别、种族、语言文化、社会背景、认知结构等因素会在很大程度上影响到社会信任的建立，进而影响个人或组织之间的科研合作和知识交流。

很多学者（de Solla Price and Beaver，1966；Edge，1979）倾向认为大多数类型的合作都起始于非正式合作，而且往往是一个非正式交谈后形成的结果。Katz 和 Martin（1997）指出这种初期的交流和沟通有助于巩固合作双方的了解与认识，并启动科研合作。这易于理解，同一性别种族或者语言文化更容易拉近人们之间的距离，促成交流和联系，具有相似社会背景或认知结构的人也更容易达成共识，从而为科研合作奠定良好的基础。

互联网和其他信息技术促成了更为广泛的非正式交流。科研人员可以使用互联网来交换数据和文本，并进行通信，但大多数的科研合作发生在更为富裕的交流环境中，比如会议或者科研场所（Wagner and Leydesdorff, 2005）。在合作过程中，科研人员倾向于和合作伙伴进行密切互动并建立互信（Numprasertchai and Igel, 2005）。通常，地理邻近会在某种程度上影响非正式交流，但是科研人员更愿意与一个合适的人一起工作，即便是他们之间存在物理距离（Martin and Skea, 1992）。科研团队成员对于他们之间可能存在的语言文化差异的理解，也会明显影响到合作，体现为文化邻近（Nyden and Wiewel，1992；Easterby-Smith and Malina，1999；）。Traore 和 Landry（1997）就发现加拿大魁北克的双语科研人员，相比单一语种的科研人员，倾向于进行更广泛的合作。

上述的非正式学术交流群体，概念化之后的表述是“无形学院”（黛安娜·克兰，1988），它将许多科研人员联系在一起。从社会学意义上看，“无形学院”可以理解为地理上分散的科研人员集簇，他们处于较大的科学共同体之中，但是彼此之间在认识上的相互作用要比其他科研人员的相互影响更为频繁（Merton and Gaston，1977）。例如，现实中的很多高校毕业生的合作对象同样是该校的其他毕业生。这些科研人员在接受教育的过程中，经历了相同的文化和学术传统的培养，以致获得了相似的科技人力资本，从而形成了一个专属的网络（Bozeman and Corley，2004）。

综合来看，不管是个人、组织还是国家之间的科研合作，学者们普遍认为地理距离、经济环境、社会信任等因素都会影响到科研合作的水平（Frame and Carpenter，1979；Luukkonen et al.，1992；Jeong et al.，2011）。但是，近期的一些研究发现，这些因素可能对科研合作形成的影响程度并不大。Choi（2012）的研究假设经济合作与发展组织（Organization for Economic Co-operation and Development，OECD）成员已经具备了基本的科研能力，它们在国际科研合作网络中的位置正随着全球化而转型。其研究发现：地理、语言、经济等因素并没有对合作网络的形成产生有意义的影响，在 1995 ～ 2010 年，全球化影响到了国家之间合作关系，但却没有加速网络聚集；虽然合作网络的“核心－边缘”格局依然存在，但韩国和土耳其已经在网络中成为冉冉上升的新星。Plotnikova 和 Rake（2014）关注了药物研究方面的国际合作情况，使用引力模型来评估国家之间合作的强度，并采用地理、认知、体制、社会和文化等不同维度上的邻近来加以解释。他们研究发现，地理距离对合作强度具有显著的负相关作用；社会邻近对国际合作表现出正相关作用；认知邻近或制度邻近对国际合作没有表现出显著关联；而文化邻近对合作强度的影响并不明确。

严格来讲，上述的诸多影响因素之间还会存在相互干扰。对于参与科研的个体而言，他们还会受到更多复杂的主客观因素影响，但其从事某个学科领域的研究情况却是十分稳定的，依赖于自身长期不懈的努力。因此，具体分析时通常选取某个学科领域或研究主题下的科研合作网络。不同学科具有不同的研究特点，由此导致了不同学科的科研人员在合作倾向上也有所不同。一般认为，自然科学比社会科学的科研人员更倾向于合作，应用研究领域比基础研究领域更易合作，学科间的合作则多出现于实验研究。

3.2 人文社科合作的类型

根据数据获取的便捷性和易用性原则，目前大多数的研究都会选取 WoS 这一数据库，但其中最为主要的科学引文索引扩展版（SCIE）偏重于自然科学、工程技术、临床医学等领域的论文收录。鉴于不同数据库收录论文的差异性，近年来，很多学者开始利用南京大学中国社会科学研究评价中心开发研制的中文社会科学引文索引（CSSCI）来对我国人文社会科学进行科学评价（邓三鸿和金莹，2008；苏新宁，2012；苏金燕，2013）。

马费成领导的研究小组选取 CSSCI 来源期刊目录（2010 ～ 2011 年）中 23 个学科类目下的 407 本期刊 721 401 篇文章题录数据，从学科合作、机构合作两个方面分析了我国人文社会科学合作关系现状（李亚婷和马费成，2013；Ma et al.，2014）。他们将学科划分为四大类：人文科学类学科（humanities）、社会发展类学科（social developmental science）、社会交叉类学科（social cross science）、社会应用类学科（social applied science）。

从合作现状来看，研究发现：①人文科学类非常特殊，其合作率较低、子网络较为独立且近些年的变化趋势不大，基本上维持着单一作者的现状。②社会发展类合作水平较低；但社会交叉类合作却已较为密集，学科内部科研人员之间的交流也较为充分。同时，这两类学科的合作发展趋势均呈现出了一定的增长性。③社会应用类，从 1998 年开始，科研合作就已经成为其研究的主要方式，发展至今一直保持着稳定的合作水平，体现出了一定的成熟性。研究还肯定了图书馆情报文献学、经济学、管理学等在整个人文社科合作网络中的核心地位，它们不仅学科内部合作较多，而且在整个合作网络中也起到了重要的作用。

值得一提的是，上述研究还得到了一个非常有意思的结论。研究发现，对这 23 个学科合作网络进行 *k*- 核解析，并得到可视化结果，从呈现出的不同的子群结构特征上看，各个学科合作网络大致可以分为四种类型，即独立型（independent type）、集中型（centralized type）、完备型（perfect type）和连通型（connected type）。具体而言：

1）独立型。独立型指的是网络中子群之间的相互联系不多，没有明显核心的子群。这种类型的学科包括宗教学、外国文学、历史学、哲学、民族学和马克思主义，这些学科合作网络中不包含具有较多作者的子群，没有形成较为明显的核心作者圈，研究偏向独立开展。

2）集中型。集中型指的是网络中存在较为明显的单个或多个核心子群，合作关系呈现出树状形态。这种类型的学科包括中国文学、艺术学、考古学、政治学和社会学。其中，中国文学和艺术学仅有一个明显的核心子群；政治学、艺术学、考古学具有两个联系较为紧密的核心子群，但考古学的两类子群之间却不连通。这种模式的学科呈现出的状态是已经形成了较小圈子的合作，但是圈子之间却缺乏交流。

3）完备型。完备型指的是网络中形成了一定规模的连通成分，但尚未出现明显的集中趋势。这种类型的学科包括语言学、法学、新闻学和传播学、统计学。这些学科合作网络中各个子群内部紧密，并与其他子群建立了一定的联系，整个连通网络子群分布较为平均，像是形成了一个子群的“完备”网络。

4)连通型。连通型指的是网络中存在着一个由绝大部分作者组成的连通巨片。这种类型的学科包括教育学、图书馆情报文献学、经济学、管理学、体育学、人文经济地理、环境科学和心理学。这类学科发展成熟、合作密切，形成了错综复杂的合作关系，学科内部的作者更倾向于合作，加之交流的便利性与可达性，合作更易于形成。

3.3 数据获取策略

由此可见，不同学科合作网络之间拓扑结构差别是很大的。但是，上述研究还存在一些问题，如研究所选取的 23 个学科 407 本期刊是 CSSCI 来源期刊目录（2010 ～ 2011 年）里所列举的，但这些期刊的题录数据在 1998 ～ 2011 年并不是被连续收录的。这主要是因为 CSSCI 从 1998 年开始运行以来，其来源期刊的收录规则大致会以两年为一个周期进行一次动态调整，如针对图书馆情报文献学来源期刊（不含档案学期刊）来说，该领域从建库至今一直收录的期刊只有 14 种。因此，从连续收录的角度来说，研究所使用的数据并不完整（李亚婷和马费成，2013；Ma et al.，2014）。也就是说，这会在某种程度上影响所识别出的学科合作网络的结构。下面将重点探讨本书所选取的学科合作网络的结构特征问题。

3.3.1 分析对象的选取

如上所述，既然CSSCI数据库收录的来源期刊会根据收录规则进行动态调整，那么处理方式也就显而易见了。第一种处理方式是，根据实际收录的期刊获取题录数据，考虑各期来源期刊目录，对应不同学科划分数据。这种处理方式的好处在于，从数据收集源头上保证了研究数据的完整性。第二种处理方式是，选择一组合适的期刊代表相应的学科领域。这基于如下假设：选定的期刊代表了整个学科领域的认知输出。显然，这一假设会有利于那些发表在选定期刊上的文章作者及研究主题，从而带有明显的研究偏好。但由布拉德福定律可知，一门学科所发表论文成果中的大多数会集中在少数核心期刊上。因此，选择一组高排名的期刊（排名标准有影响因子、核心 / 非核心、索引来源期刊等）将有利于描述该学科领域的核心部分。

需要说明的是，这种期刊选择策略排除了那些发表在本学科领域中不稳定的期刊和发表在其他学科领域期刊上的少量文章。这样一方面减少了本学科领域文章的绝对数量，另一方面会消除学科领域间的知识扩散影响（陈柏彤和张斌，2014）。同时，这也暗示着，第一种处理方式会因为各期来源期刊目录造成数据来源本身发生波动。

以图书馆情报文献学为例，其连续稳定的来源期刊（不含档案学期刊）包含 14 种。笔者所在的研究小组（张斌和贾茜，2014a，2014b）曾利用这一数据集（1998 ～ 2011 年）针对图书情报学的认知结构进行过研究，这种数据收集方法能保证研究数据的完整性。因此，本书选取的是第二种处理方式。研究最终获取的是在 1998 ～ 2013 年 23 门学科中一直被连续收录的期刊上发表文章的题录数据，如表 3-1 所示。表中，期刊数量 A/B，A 表示在 1998 ～ 2013 年连续被收录的期刊数量，B 表示在 2012 ～ 2013 年来源期刊目录中载明的期刊数量。

表3-1　CSSCI学科类目连续收录期刊情况（1998 ~ 2013年）

序号	学科类目（中文）	学科类目（英文）	期刊数量（A/B）/ 篇	类别
1	中国文学	chinese literature	10/16	人文科学类
2	宗教学	religious studies	2/3	
3	外国文学	foreign literature	4/6	
4	历史学	history	17/26	
5	艺术学	art	8/20	
6	哲学	philosophy	5/12	
7	语言学	linguistics	12/23	
8	考古学	archaeology	4/7	
9	民族学	ethnology	7/14	社会发展类
10	政治学	politics	4/39	
11	法学	law	14/21	
12	马克思主义	marxism	3/12	
13	新闻学和传播学	journalism and communication	6/15	社会交叉类
14	社会学	sociology	6/9	
15	教育学	education	12/37	
16	图书馆情报文献学	library and information science	14/20	

续表

序号	学科类目（中文）	学科类目（英文）	期刊数量（A/B）/ 篇	类别
17	经济学	economics	34/73	社会交叉类
18	管理学	management	15/29	
19	体育学	physical education	5/10	社会应用类
20	人文经济地理	guman and economic geography	5/7	
21	统计学	statistics	2/4	
22	环境科学	environmental science	1/5	
23	心理学	psychology	4/7	
合计	—	—	194/415	

其中，期刊数量超过 10 本的只有中国文学、历史学、语言学、法学、教育学、图书馆情报文献学、经济学、管理学，而语言学在 CSSCI 学科类目中还被划分为三个小类目，即语言学（汉语类）、语言学（民族语文类）、语言学（外语类），如果按小类目划分，各自期刊数量会低于 10 本。考虑同时兼顾数据完整性和数据规模，选择中国文学（10 本）、历史学（17 本）、法学（14 本）、教育学（12 本）、图书馆情报文献学（14 本）、经济学（34 本）、管理学（15 本）这七门学科（合计 116 本）作为最终研究对象。

对照 3.2 节中关于学科合作网络的类型，历史学属于“独立型”，中国文学属于“集中型”，法学属于“完备型”，而教育学、图书馆情报文献学、经济学、管理学这四门学科则属于“连通型”。因此，本书所选取的这七门学科合作网络能较好地代表中国人文社会科学。同时，这些网络在结构上所呈现出来的相似和相异特征也为后续研究提供了很好的观察角度。

3.3.2 数据获取与处理

从 CSSCI 数据库中获取中国文学、历史学、法学、教育学、图书馆情报文献学、经济学、管理学这七门学科在 1998 ～ 2013 年连续被收录的期刊上发表文章的题录数据，使用 Java、Python 等编程语言，相关数据库，MATLAB 和网络分析软件等多种方式进行处理，具体过程如图 3-1 所示。

主要步骤如下：

1）题录数据收集。首先，登录“中文社会科学引文索引”页面，选择高级检索；其次，使用“来源文献检索”输入检索条件，发文时间从 1998 ～ 2013

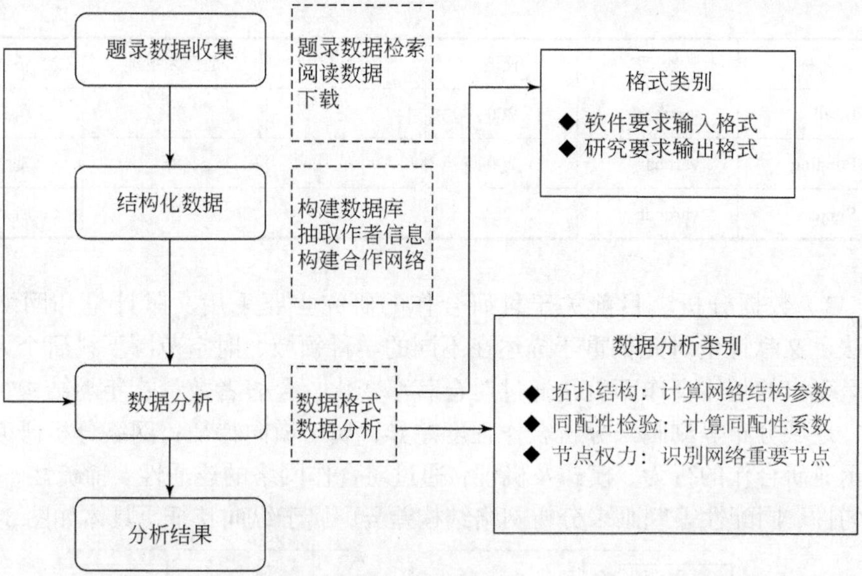

图3-1　数据获取与处理

年，依次精确检索七门学科 116 本期刊名称；最后，进入结果页面，下载各期刊的题录信息，初步得到研究的原始数据。

2）结构化数据。首先，原始数据包含文件序号、来源篇名、英文篇名、来源作者等 16 项信息，提取有用信息构建数据库，得到的数据库结构如表 3-2 所示；其次，从数据库中抽取所有作者信息，构建不同学科的合作网络，为后续分析做准备。

表3-2　数据库结构说明

名称	类型	长度	是否允许为空	是否为主键	备注说明
Id	int	10	否	是	文件序号
Title	varchar	100	否	否	来源篇名
Author	varchar	50	是	否	第一作者
Journal	varchar	20	否	否	来源期刊
Ins	varchar	100	是	否	第一机构
Year	varchar	20	否	否	发表年份
Keyword	varchar	100	是	否	关键词
Auall	varchar	200	是	否	所有作者

续表

名称	类型	长度	是否允许为空	是否为主键	备注说明
Insall	varchar	200	是	否	所有机构
Funding	varchar	200	是	否	基金支持
Subject	varchar	20	否	否	所属学科

3）数据分析。目前关于科研合作的研究主要采用文献计量和网络分析的方法。文献计量研究偏重于描述在不同的学科领域、时空范围下科研个人或组织间呈现出的整体合作面貌，通过对合著率变化、合著者数量、年龄结构、所属机构、地域分布等刻画来分析合作程度差异，属于横向特征；网络分析研究偏重于揭示科研合作的行为、模式及机理，通过对合作网络的连通性、稀疏性、凝聚性、均匀性、同配性等刻画来分析网络结构差异，属于纵向特征。具体如图 3-2 所示。

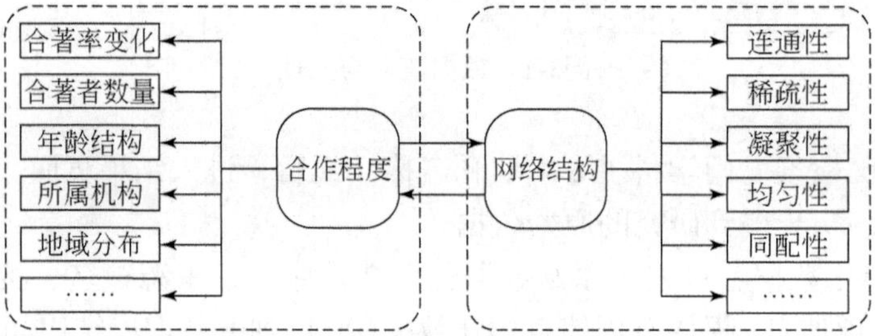

图3-2　科研合作的数据分析内容

4）分析结果。对不同学科合作网络进行分析，从拓扑结构上计算网络结构参数，从节点权力上识别网络重要节点，从而客观完整地反映不同学科合作网络结构特征。

3.4　合作程度分析

具体到科研合作网络，它其实是随着人类社会的日益网络化，科研工作也随之网络化而形成的。每个科研工作者在从事科研工作时，都需要查阅相关文献资料，而收集、分析、存储与传播数据和信息也更加依赖于网络信息技术的发展。在互联网普及之前，查阅文献资料大多是在图书馆里耗费大量时间翻阅纸质文献来完成的，而互联网普及之后，科研工作者可以借助互联网工具查阅到海量丰富的数字文献和共享研究成果和数据等。另外，在过去的几十年里，科研人员单独从事科研的情况越来越少，越来越多的科研成果是通过科研合作来完成的。

Wuchty 等（2007）分析了 WoS 数据库中 1955 ～ 2005 年的 1990 万篇文章和 1975 ～ 2005 年的 210 万份专利。根据 ISI 分类系统，将文章分为三大类：科学与工程（包含 171 个子类）、社会科学（包含 54 个子类）及艺术与人文（包含 27 个子类）。专利作为一个大类（包含 36 个子类）。绘制出了如图 3-3 所示的团队合作增长趋势，结果表明除了艺术和人文领域基本保持稳定外，其他三大类呈现出的合作所占比例以及团队平均规模都处于增长状态。

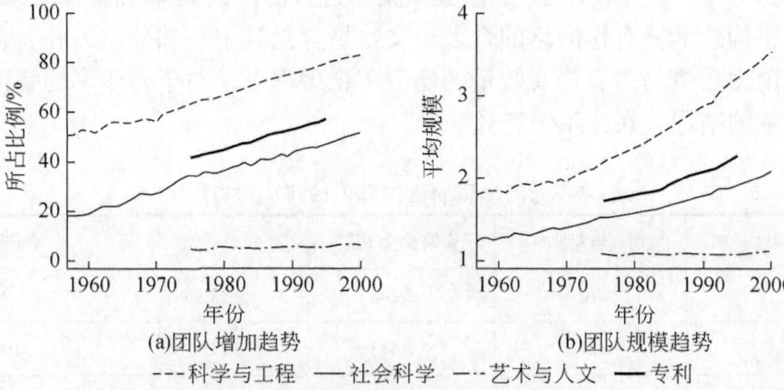

图3-3　团队合作的增长趋势

Jones 等（2008）还分析了美国 662 所大学在 1975 ～ 2005 年所发表的被 WoS 数据库所收录的 420 万篇文章，绘制了如图 3-4 所示的不同合作形式对应文章所占比例的趋势图。研究结果表明，在科学与工程以及社会科学领域，校际合作形式发表文章所占比例呈现出显著上升趋势，单个作者形式发表文章所占比例呈现出显著下降趋势，而校内合作形式发表文章所占比例大体不变，而在艺术与人文领域，这 30 年间各种合作形式呈现出的趋势没有显著变化。

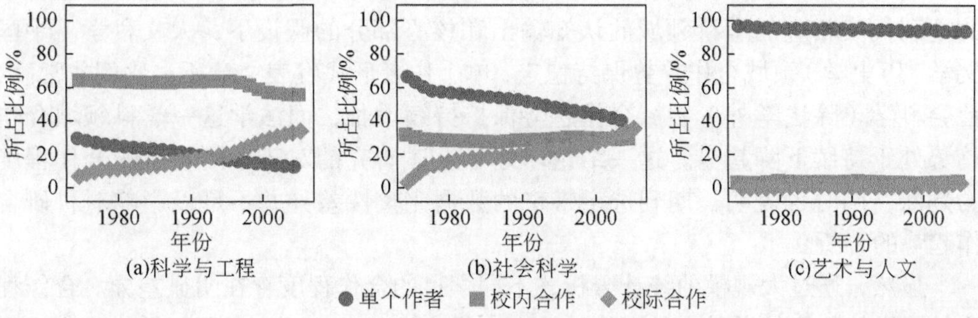

图3-4　不同合作形式对应文章所占比例的趋势

无独有偶，马费成领导的研究小组在分析了 CSSCI 数据库中 1998 ～ 2011 年的 721 401 篇文章的基础上，也得出了相似的结论，即人文科学领域合作率较低，单个作者形式发表文章所占比例非常高，且近些年的变化趋势不大；而社会科学领域合作程度呈现持续增长趋势（李亚婷和马费成，2013；Ma et al.，2014）。

本书同样基于 CSSCI 数据库，分析了在 1998 ～ 2013 年中国文学、历史学、法学、教育学、图书馆情报文献学、经济学、管理学七门学科连续被收录的 116 本期刊的 307 984 篇文章。其中，该数据集中包含的论文具体数量如表 3-3 所示，而实际用于构建学科合作网络的合著论文数量只是其中一部分。另外，合作率等价于合著论文数量与所有论文数量的比值（合著率），对于合作率的解读可以参考相关文献的结论，在此不予赘述。

表3-3　七门学科的合作率（1998 ~ 2013年）

学科	期刊数量 / 本	合著论文 / 篇	所有论文 / 篇	合作率 /%
中国文学	10	2 248	23 894	9.41
历史学	17	2 443	22 536	10.84
法学	14	5 346	26 740	19.99
教育学	12	12 243	38 016	32.20
图书馆情报文献学	14	24 864	56 296	44.17
经济学	34	40 875	90 298	45.27
管理学	15	29 838	50 204	59.43
合计	116	117 857	307 984	38.27

这七门学科随年份变化的合作趋势如图 3-5 所示。显然，在选定一组合适的期刊代表相应的学科领域的认知输出和核心部分的假设下，人文科学（中国文学、历史学）领域合作趋势保持稳定，单个作者形式发表文章所占比例非常高，社会科学（除法学外）领域合作趋势保持持续增长，而法学这一学科领域合作趋势处于持续下降趋势。这一结论印证了上述研究的对于不同领域的合作程度的判断，同时也表明，期刊选定带来的数据完整性差异并不足以影响对科研合作趋势的分析。

显然，通过大规模的统计分析，不同学科的合作程度存在明显差异。合作程度处于增长趋势的学科，其网络结构会变得愈发复杂；而合作程度处于稳定或下降趋势的学科，其网络通常“破碎化”程度严重，结构则会变得难以判断。合作程度的高低，会直接影响网络中连边产生的数量和形式，由此也就会形成不同学科网络结构上的差异。

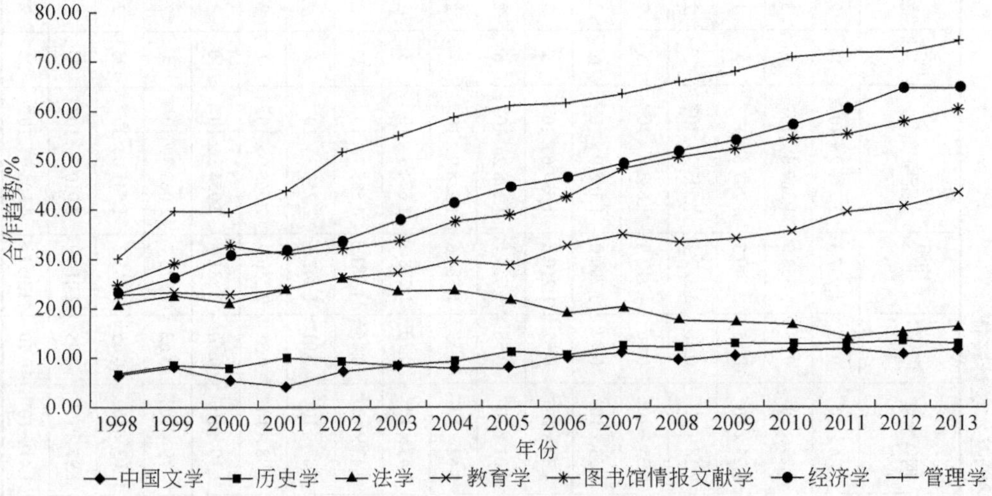

图3-5 人文社会科学合作趋势

3.5 网络结构分析

本书已在 2.2.1 节里介绍了刻画网络结构特征的诸多指标，主要包括连通性、稀疏性、凝聚性、均匀性、同配性等方面。从网络结构角度来看，本书研究首先关心的是网络中的节点是否是连接在一起的，即网络的连通性问题，它会直接影响网络的许多其他拓扑性质的计算。

3.5.1 不同阶段的结构

表 3-4 为本书研究所选择的七门学科在不同时间阶段下由作者合著关系所形成的合作网络的基本统计特征。其中，设 P0 为（1998 ～ 2013 年），P1 为（2008 ～ 2009 年），P2（2008 ～ 2011 年），P3 为（2008 ～ 2013 年），P4 为（2012 ～ 2013 年）。对于这些实验网络，只考虑无权无向的情况。另外，附录 A 为不同阶段的学科合作网络的拓扑结构，里面包括了对巨片、孤立节点、产生联系的节点等相关参数的计算结果。

各个网络的连通性极不均衡，导致平均距离这一参数无法真实地表现出作者之间的人际关系距离如何？这里使用全局效率来衡量网络中作者之间信息传

表3-4　不同时间阶段下学科合作网络的基本统计特征

学科合作网络	时段	文章数/篇	节点数	连边数	成分数量	巨片中作者数量占比/%	孤立作者数量占比/%	网络平均度	网络密度	聚集系数	平均距离	全局效率	网络直径	幂指数	同配性系数
中国文学（10）	1998～2013年	23 894	9 934	2 832	7 740	4.49	67.58	0.570 2	5.74×10^{-5}	0.49	4.937 3	$5.211\,9\times10^{-4}$	14	2.12	0.362 6
	2008～2009年	3 549	2 570	426	2 206	0.62	75.68	0.331 5	1.29×10^{-5}	0.63	1.658 0	$1.567\,6\times10^{-4}$	6	3.20	0.692 3
	2008～2011年	8 130	5 062	1 057	4 168	0.91	70.88	0.417 6	8.25×10^{-5}	0.55	2.540 5	$1.207\,6\times10^{-4}$	8	1.94	0.629 4
	2008～2013年	11 556	6 405	1 472	5 155	1.42	68.99	0.459 6	7.18×10^{-5}	0.48	3.382 4	$1.505\,3\times10^{-4}$	10	2.10	0.475 5
	2012～2013年	3 426	2 658	442	2 275	0.90	74.60	0.332 6	1.25×10^{-4}	0.56	1.712 9	$1.683\,4\times10^{-4}$	5	2.00	0.637 0
历史学（17）	1998～2013年	22 536	10 251	2 907	7 738	0.74	63.55	0.567 2	5.53×10^{-5}	0.47	3.700 0	$1.168\,0\times10^{-4}$	16	2.35	0.136 6
	2008～2009年	3 010	2 579	457	2 170	0.31	71.73	0.354 4	1.37×10^{-4}	0.67	1.210 6	$1.537\,6\times10^{-4}$	3	2.89	0.646 8
	2008～2011年	6 026	4 291	934	3 478	0.35	68.61	0.435 3	1.01×10^{-4}	0.58	1.526 1	$1.278\,2\times10^{-4}$	6	2.28	0.417 9
	2008～2013年	8 866	5 644	1 372	4 447	0.43	66.09	0.486 2	8.62×10^{-5}	0.53	1.784 6	$1.228\,9\times10^{-4}$	7	2.33	0.165 7
	2012～2013年	2 840	2 496	457	2 096	0.52	71.39	0.366 2	1.47×10^{-4}	0.70	1.208 3	$1.674\,3\times10^{-4}$	3	2.10	0.474 7
法学（14）	1998～2013年	26 740	11 384	6 108	6 324	21.54	43.20	1.073 1	9.43×10^{-5}	0.46	11.981 5	$4.585\,7\times10^{-3}$	37	2.54	0.032 0
	2008～2009年	3 507	2 775	721	2 136	0.54	60.94	0.519 6	1.87×10^{-4}	0.01	1.442 5	$2.252\,3\times10^{-4}$	5	2.31	0.446 7
	2008～2011年	6 882	4 367	1 313	3 202	1.05	57.34	0.601 3	1.38×10^{-4}	0.55	2.260 9	$2.065\,9\times10^{-4}$	7	2.58	0.173 7
	2008～2013年	10 311	5 662	1 915	3 968	0.99	54.43	0.676 4	1.19×10^{-4}	0.50	2.881 1	$2.054\,2\times10^{-4}$	10	2.58	0.132 3
	2012～2013年	3 429	2 690	646	2 118	0.37	63.72	0.480 3	1.79×10^{-4}	0.62	1.276 7	$2.063\,8\times10^{-4}$	4	2.55	0.509 8
教育学（12）	1998～2013年	38 016	23 034	18 651	10 291	34.34	33.37	1.619 4	7.03×10^{-5}	0.65	9.545 2	$1.341\,0\times10^{-2}$	25	2.29	0.051 4
	2008～2009年	5 591	5 524	2 999	3 263	0.69	39.46	1.085 8	1.97×10^{-4}	0.75	2.019 9	$2.910\,5\times10^{-4}$	8	2.80	0.322 3
	2008～2011年	11 042	9 225	6 010	4 755	4.38	34.51	1.303 0	1.41×10^{-4}	0.70	11.957 5	$4.808\,0\times10^{-4}$	35	2.68	0.134 9

续表

学科合作网络	时段	文章数/篇	节点数	连边数	成分数量	巨片中作者数量占比/%	孤立作者数量占比/%	网络平均度	网络密度	聚集系数	平均距离	全局效率	网络直径	幂指数	同配性系数
教育学（12）	2008～2013 年	16 324	12 561	9 358	5 744	20.35	30.84	1.490 0	1.19×10^{-4}	0.68	16.099 9	$3.284\,9\times10^{-3}$	44	2.58	0.075 4
	2012～2013 年	5 282	5 718	3 732	2 978	0.82	30.76	1.305 4	2.28×10^{-4}	0.75	2.480 2	$3.652\,5\times10^{-4}$	11	2.59	0.329 7
图书馆情报文献学（14）	1998～2013 年	56 296	30 441	39 370	9 538	55.81	24.22	2.586 6	8.50×10^{-5}	0.66	6.764 6	$4.907\,9\times10^{-2}$	21	2.24	0.042 6
	2008～2009 年	8 208	7 850	7 709	3 019	28.36	24.28	1.964 1	2.50×10^{-4}	0.76	10.171 6	$9.366\,6\times10^{-3}$	27	2.12	0.118 2
	2008～2011 年	16 540	13 289	15 338	4 328	44.62	21.85	2.308 4	1.74×10^{-4}	0.73	8.271 5	$2.642\,0\times10^{-2}$	24	2.26	0.065 1
	2008～2013 年	23 892	17 514	23 391	4 974	54.08	19.82	2.671 1	1.53×10^{-4}	0.71	7.339 8	$4.293\,6\times10^{-2}$	22	2.19	0.049 6
	2012～2013 年	7 352	7 860	9 256	2 560	36.87	19.45	2.355 2	3.00×10^{-4}	0.77	10.685 4	$1.474\,0\times10^{-2}$	30	2.21	0.154 0
经济学（34）	1998～2013 年	90 298	51 803	58 570	15 702	57.84	22.80	2.261 3	4.37×10^{-5}	0.59	7.606 5	—	21	2.36	0.005 8
	2008～2009 年	11 978	12 767	9 930	5 391	11.19	23.27	1.555 6	1.22×10^{-4}	0.68	20.088 2	$1.036\,3\times10^{-3}$	51	2.49	0.155 4
	2008～2011 年	23 498	20 927	19 910	6 895	40.14	19.62	1.902 8	9.09×10^{-5}	0.65	11.655 6	$1.514\,5\times10^{-2}$	30	2.42	0.056 7
	2008～2013 年	34 058	27 669	30 284	7 560	53.85	17.12	2.189 0	7.91×10^{-5}	0.63	9.325 1	$3.322\,7\times10^{-2}$	26	2.53	0.034 9
	2012～2013 年	10 560	12 901	11 709	4 522	17.61	15.80	1.815 2	1.41×10^{-4}	0.72	1.623 1	$2.489\,6\times10^{-3}$	47	2.84	0.158 4
管理学（15）	1998～2013 年	50 204	39 363	49 318	10 470	59.42	18.34	2.505 8	6.37×10^{-5}	0.68	7.414 5	—	23	2.41	-0.028 2
	2008～2009 年	7 241	9 426	8 689	3 414	9.53	16.38	1.843 6	1.96×10^{-4}	0.78	15.793 7	$1.165\,0\times10^{-3}$	47	2.58	0.048 5
	2008～2011 年	13 864	15 757	16 952	4 524	38.67	14.27	2.151 7	1.37×10^{-4}	0.74	11.955 4	$1.395\,2\times10^{-2}$	34	2.48	0.004 8
	2008～2013 年	20 224	21 355	25 266	5 323	50.94	13.06	2.366 3	1.11×10^{-4}	0.72	9.987 0	$2.809\,5\times10^{-2}$	27	2.41	-0.009 0
	2012～2013 年	6 360	9 516	9 427	3 199	2.54	12.11	1.981 3	2.08×10^{-4}	0.81	6.848 8	$5.752\,2\times10^{-4}$	23	2.57	0.115 5

输性能的好坏，从而间接描述网络的凝聚性。全局效率和同配性系数的计算由MATLAB里的BCT工具包完成。

3.5.1.1 整体结构特征

分析P0时期七门学科的网络结构特征。毫无疑问，经济学是其中最大的合作网络，共有51 803个作者，作者之间产生了58 570对合作关系。该学科研究者众多，这从一定程度上肯定了经济学在我国人文社会科学中的重要地位。具体来说：

1）从网络的连通性来看，七门学科合作网络都存在非常多的成分，其中有的网络还存在一个包含了多数作者的巨片。

图3-6为七门学科合作网络中所含的成分数量与巨片中所含作者数量的关系图。不妨以巨片中所含作者数量占作者总数的比例为50%，作为分界线来判断该巨片包含了大多数作者，则可以识别出图书馆情报文献学、经济学、管理学这三门学科合作网络的连通性很好，它们极为重视科研合作和学术交流。而法学和教育学这一比例分别为21.54%和34.34%，形成了一定规模的连通网络。但中国文学和历史学，这一比例则低于5%，又加上其网络中所含的成分数量也相对很多，说明这两门学科合作网络连通性非常差。当然，这与中国文学和历史学从事研究的性质有关系，人文科学的研究较为独立，容易形成不同的流派，但这些流派中的大部分却局限于内部的交流，有时甚至会出现“跳跃性”现象。

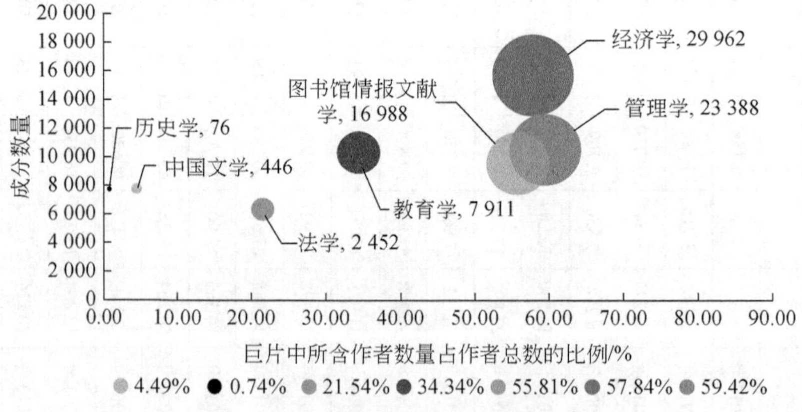

图3-6　七门学科合作网络中所含成分与巨片

图3-7所示的为七门学科合作网络中合作作者与孤立作者数量的关系图示。不妨以合作作者数量占作者总数的比例为60%，即孤立作者数量占作者总数的比

例为 40%，作为分界线来判断学科内部的合作程度，则可以识别出教育学、图书馆情报文献学、经济学、管理学这四门学科。而另外的中国文学和历史学，这一比例则低于 40%，从而也可印证上述判断。Newman（2004）曾指出对于一个研究者而言，与研究领域的主流相偏离并非好事情。有别于自然科学领域，由于人文社会科学更加注重独立研究，研究方向侧重在主观认识或者社会规律，因此所形成的合作网络的结构也各具特点。

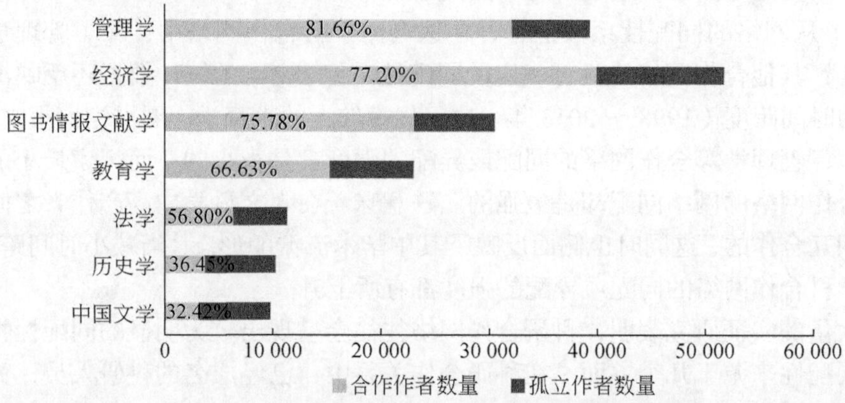

图3-7　七门学科合作网络中合作作者与孤立作者数量

2）从网络的稀疏性来看，七门学科合作网络的网络密度非常小，量级为 10^{-5}，表明网络非常稀疏，对整体网络而言，作者之间的合作还不是很多。网络平均度反映了七门学科合作网络中的平均合作作者数量，均在 3 以内，其中，中国文学和历史学的平均度更是小于 1。在去除掉孤立作者后，重新计算网络平均度，最高的图书馆情报文献学是 3.4132，中国文学和历史学则分别上升至 1.7585 和 1.5562，详见附表 A-1。这体现出，由于学科的差异，不同学科的作者之间合作的程度有所差异。

3）从网络的凝聚性来看，七门学科合作网络的连通性极不均衡，导致平均距离这一参数无法真实地表现出作者之间的人际关系距离如何？从连通性很强的图书馆情报文献学、经济学、管理学这三门学科合作网络上看，其平均距离分别是 6.7646、7.6065、7.4145，和“六度分离”非常吻合，呈现出了“小世界”现象。七门学科合作网络的聚集系数在 0.46 ～ 0.68，处于较高的水平，表明在相应学科领域里，若两名作者均与第三名作者合作过，则这两个人合作的可能性也较高。聚集系数反映了作者之间的紧密程度，能刻画出一个作者的任意两个合作者之间以后相互合作的概率。但是再具体到若干个作者对之间建立合作关系的概率排序大小问题，从拓扑结构上已经无法来简单解释了，这就要涉及本书讨论的链路预测理论。

4）从网络的均匀性来看，七门学科合作网络的度分布均服从于幂指数小于3的幂律分布，说明合作网络是典型的无标度网络。网络呈现出了严重的不均匀性，少数作者拥有较多的合作者，他们成为网络的“集线器”，而大多数作者与他人建立起的合作关系较少。同时，幂指数越大，说明这种集中性越明显，其中幂指数最大的是法学，最小的是中国文学。

5）从网络的同配性系数上看，在这七门学科合作网络中，除了管理学合作网络外，其他合作网络均具有一定的同配性。但表3-4的统计数据还反映出，在较长的时间跨度（1998～2013年）内，规模较大的教育学、图书馆情报文献学、经济学、管理学等合作网络的同配或异配的强度都是很小的；而规模最小的中国文学合作网络的网络同配却是最强的。这意味着在人文科学中高产作者之间是倾向于相互合作的，这同时也侧面反映了其中学术流派的形态。当减小时间跨度时，各个学科合作网络的同配或异配的强度都有所上升。

大量的实证研究表明，科研合作网络往往会呈现出较为明显的同配性特征。这种同配性来源于几个方面。在科研合作关系中，已经成名的科研人员，为了获得更多的科研发现、声誉和影响力，会优先跟其他已经成名的科研人员进行合作的。同时，这种合作关系的建立还源于科研合作者的某种不可取代性，这往往由科研人员之间的共同研究领域和兴趣偏好所决定。当两个科研人员的研究方向和知识结构都很接近时，他们会有较大的概率达成合作关系。此外，每一个科研合作网络还能转化为各种二分网络，这意味着同配性还会受到诸如地理距离、经济环境、社会信任等因素的影响。

3.5.1.2 阶段演化过程

上述分析得出的P0时期七门学科的网络结构特征，可以简单总结如下：

1）各网络的连通性极不均衡，图书馆情报文献学、经济学、管理学这三门合作网络中存在一个巨片。

2）各网络的密度都很低，网络非常稀疏。

3）各网络的凝聚性，按全局效率从大到小排列为：图书馆情报文献学、经济学、管理学、教育学、法学、中国文学、历史学。

4）各网络都属于无标度网络。

5）除了管理学合作网络外，其他合作网络均具有一定的同配性。规模较大的教育学、图书馆情报文献学、经济学、管理学等合作网络的同配或异配的强度都是很小的；而规模最小的中国文学合作网络的网络同配却是最强的。

比较 P1 时期、P2 时期和 P3 时期的拓扑结构参数，观察整体网络的演化过程，可以得到如下结论：

1）随着时间的推移，中国文学、历史学、法学这三门学科合作网络的连通片规模还是都很小，“碎片化”现象严重；教育学合作网络逐渐形成有一定规模的连通片；图书馆情报文献学、经济学、管理学这三门学科合作网络存在一个巨片，且规模还在变大。

2）网络中作者持续增加，合作关系不断建立，网络的平均度均小幅增长，说明了网络变得越来越稠密；而网络密度又均小幅下降，说明仍然是稀疏网络。

3）比较 P2 时期和 P3 时期的全局效率，中国文学合作网络小幅上升，历史学、法学则略微下降，总体来看，这三门学科变化程度不明显；而教育学、图书馆情报文献学、经济学、管理学这四门学科合作网络都翻倍上升，特别是教育学的全局效率上升幅度高达 6 倍。

4）图书馆情报文献学、经济学、管理学这三门学科合作网络的网络平均距离呈现出缓慢下降趋势，直径也缓慢缩小，表现出直径收缩的现象。

5）各个学科合作网络的同配性系数持续减小，而管理学合作网络的演化还经历了从同配到异配的转变过程。对于这一点的推测是，在科研合作网络的演化过程中，大量师生合作关系的建立会使得小度值的学生优先地与那些高度值的老师建立连接，从而导致网络的异配性。

3.5.2　巨片结构与形态

为了对比巨片的演化过程，这里计算了七门学科在 P1（2008~2009 年）时期、P2（2008~2011 年）时期、P3（2008~2013 年）时期所形成的合作网络中的最大连通片（巨片）的基本统计特征（表 3-5、表 3-6 和表 3-7），并绘制了相应的巨片形态（图 3-9、图 3-10 和图 3-11）。和整体网络不同，有些指标（如平均距离）对连通网络进行计算并比较，会显得更有实际意义。

表3-5　七门学科合作网络的巨片结构（2008 ~ 2009年）

网络参数	中国文学	历史学	法学	教育学	图书馆情报文献学	经济学	管理学
节点数	16	8	15	38	2 226	1 429	898
边数	31	17	15	56	3 922	2 108	1 440
平均度	3.88	4.25	2.00	2.95	**3.52**	**2.95**	**3.21**
网络密度	0.258 33	0.607 14	0.142 86	0.0796 6	0.001 58	0.002 07	0.003 58

续表

网络参数	中国文学	历史学	法学	教育学	图书馆情报文献学	经济学	管理学
聚集系数	0.72	0.89	0.20	0.73	0.68	0.61	0.71
平均距离	3.050 0	1.428 6	2.390 5	3.520 6	**10.199 3**	**20.619 3**	**16.992 2**
全局效率	0.485 00	0.797 62	0.489 68	0.355 95	0.114 13	0.067 80	0.086 89
网络直径	6	3	4	7	**27**	**51**	**47**

表3-6　七门学科合作网络的巨片结构（2008～2011年）

网络参数	中国文学	历史学	法学	教育学	图书馆情报文献学	经济学	管理学
节点数	46	15	46	**404**	5 929	8 401	6 094
边数	73	17	59	**570**	11 065	12 733	9 882
平均度	3.17	2.26	2.57	2.82	**3.73**	**3.03**	**3.24**
网络密度	0.070 5	0.161 9	0.057 0	0.007 0	0.000 6	0.000 4	0.000 5
聚集系数	0.54	0.23	0.53	0.56	0.68	0.65	0.69
平均距离	4.01	2.55	3.60	14.61	**8.27**	**11.66**	**11.96**
全局效率	**0.318 26**	0.485 87	**0.344 10**	**0.110 06**	0.132 39	0.093 68	0.092 67
网络直径	8	5	7	35	**24**	**30**	**34**

表3-7　七门学科合作网络的巨片结构（2008～2013年）

网络参数	中国文学	历史学	法学	教育学	图书馆情报文献学	经济学	管理学
节点数	91	24	56	**2 556**	9 471	14 900	10 878
边数	163	38	69	**3 647**	19 104	23 746	18 360
平均度	3.58	3.17	2.46	2.85	**4.03**	**3.18**	**3.38**
网络密度	0.039 8	0.137 7	0.044 8	0.001 1	0.000 4	0.000 2	0.000 3
聚集系数	0.57	0.91	0.43	0.57	0.68	0.59	0.69
平均距离	4.16	1.86	3.85	16.18	**7.34**	**9.33**	**9.99**
全局效率	**0.292 70**	0.568 84	**0.318 53**	**0.076 29**	0.146 67	0.114 50	0.108 11
网络直径	8	2	7	44	**22**	**26**	**27**

其中，除历史学合作网络外，其他六门学科合作网络在 P2 时期和 P3 时期的巨片都是由同一个网络“真实生长”的，因此上述数据集中历史学合作网络的巨片不具有观察意义。从巨片结构上看，六门学科合作网络的巨片的演化过程也很好的契合了 3.5.1 节中网络整体结构的演化过程，网络平均度增大，网络密度减小；对于规模很大的图书馆情报文献学、经济学、管理学这三门学科合作网络的巨片，网络平均距离减小，网络直径减小，出现了直径收缩现象。

从全局效率上看，中国文学、法学、教育学这三门学科合作网络的巨片下降，而图书馆情报文献学、经济学、管理学这三门学科合作网络的巨片则上升。假定一门学科合作网络的巨片的形成标志着该学科至少在科学交流及合作关系的建立问题上是积极主动的，那么作者之间在信息传输上也应该会是积极主动的，反映在全局效率上就是逐渐增大。

此外，教育学合作网络的巨片呈现出了“跳跃式”的变化，其节点数量和连边数量都出现了剧增。同时，在表 3-4 中，巨片中所含节点数量占所有节点的比例从 P2 时期的 4.38% 上升到 P3 时期的 20.35%。除了网络自然生长这一因素外，可以很容易地推断出，这是由若干条连边将不同的规模较小的成分连接在一起组成了规模较大的巨片。当然，这一现象在图书馆情报文献学、经济学、管理学这三门学科合作网络的巨片上也有所体现。

2010 年，Lee 等（2010）针对有关“复杂网络研究”的合作网络进行分析，发现合作网络的演化主要包括三个阶段，如图 3-8 所示。

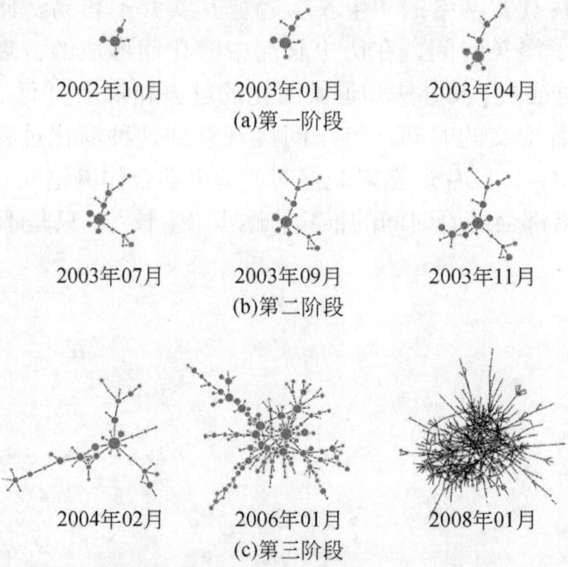

图3-8　网络的演化

第一阶段，该研究领域仅有少量学者进入，形成了一些小的孤立的成分，此时的平均距离也较小；第二阶段，由于研究的不断深化，进入的学者逐渐变得多了起来，不同研究团队开始建立合作关系，规模较小的成分通过不断聚集而逐渐连接起来，平均距离甚至会出现"跳跃式"增长的现象，此时网络主要呈现出树状结构；第三阶段，该研究领域形成了自己的研究边界，合作变得更加广泛，形成巨片结构，规模继续稳步增长，但是平均距离开始有所回落，并稳定在某一固定值附近，网络生长进入一个相对稳定的状态，"小世界"现象表现得更加明显。

从巨片形态上看，历史学合作网络的连通片形态为星形网络，中国文学、法学、教育学这三门合作网络的连通片形态为树状结构，只是规模不一，而图书馆情报文献学、经济学、管理学这三门合作网络存在一个非常复杂的巨片结构。

利用巨片形态来观察真实网络需要考虑到时间跨度的问题。Lee 等（2010）选择的"复杂网络研究"的时间跨度为六年，在以两年为阶段划分下进行快照观察，可以很容易地观察出合作网络的巨片"真实生长"的情况。本书所选择的各学科的总的时间跨度也设为六年，如果将不同学科在 P1 时期、P2 时期和 P3 时期的巨片形态进行纵向比较，图 3-9 ～图 3-11 可以很好地诠释 Lee 等（2010）所总结的网络演化的三阶段论。

而如果将不同学科进行横向比较，观察 P3 时期的巨片形态并映射到相应阶段，则历史学处于第一阶段，中国文学、法学、教育学处于第二阶段，而图书馆情报文献学、经济学、管理学则处于第三阶段。

实际上，观察真实网络的"生长"趋势其实并不容易，比如说大部分的生物网络都是经历了漫长时间，在历史长河中演化而形成的，现有的网络结构对我们而言几乎是静态的，没办法知道其演化的过去和未来。但科研合作网络不同，我们可以利用合著论文的时间标签来间接观察到这种演化过程。这就是说，在本书的研究对象中，以巨片形态来观察时，历史学合作网络几乎是静止不动的，其他学科合作网络都会随着时间的推移，逐步"生长"，只是不同学科的"生长"

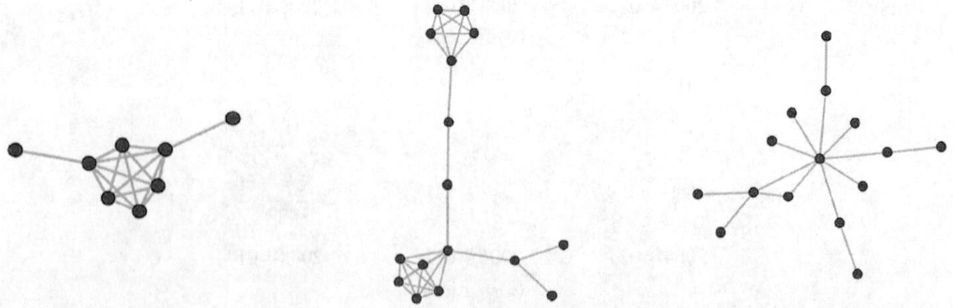

(a)2008~2009年历史学巨片　(b)2008~2009年中国文学巨片　(c)2008~2009年法学巨片

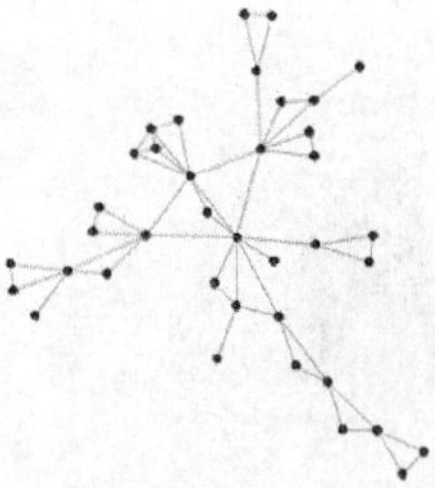

(d)2008~2009年教育学巨片

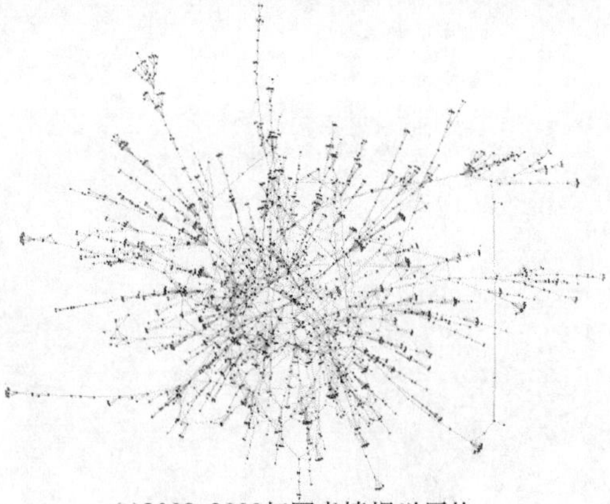

(e)2008~2009年图书情报学巨片

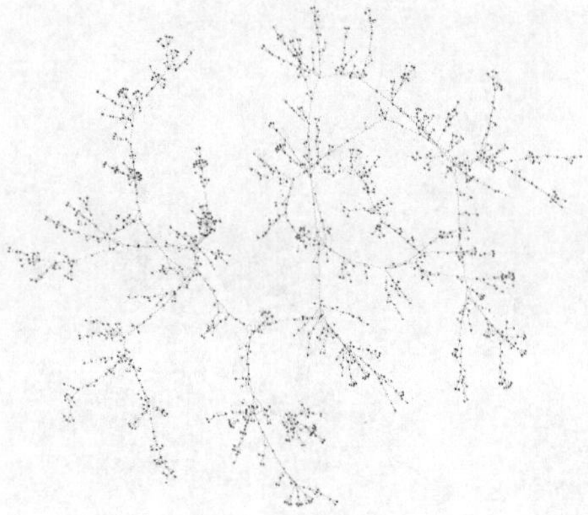

(f)2008~2009年经济学巨片

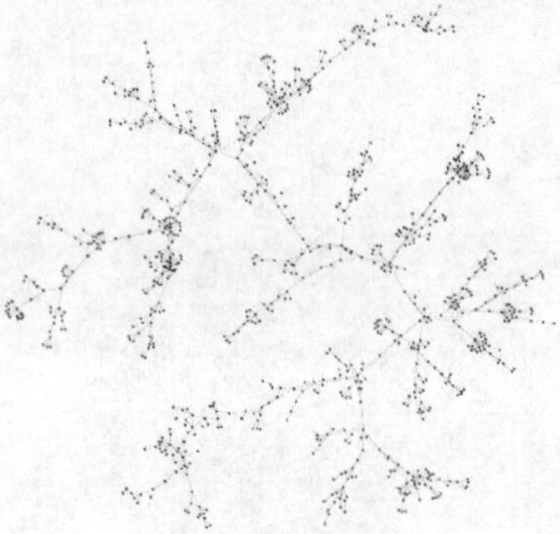

(g)2008~2009年管理学巨片

图3-9　巨片形态（2008～2009年）

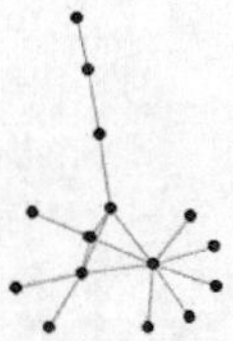

(a)2008~2011年历史学巨片

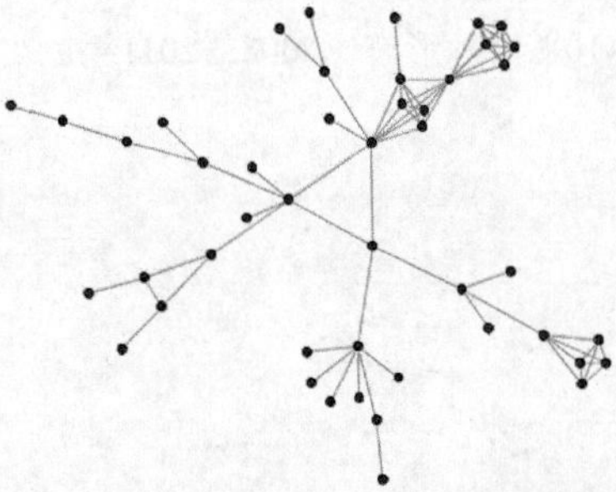

(b)2008~2011年中国文学巨片

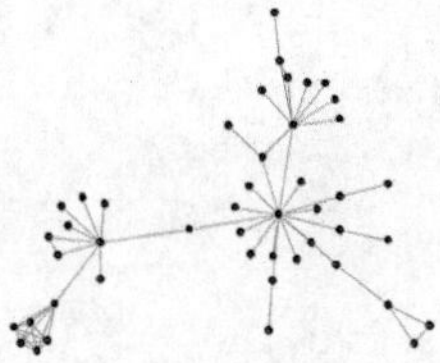

(c)2008~2011年法学巨片

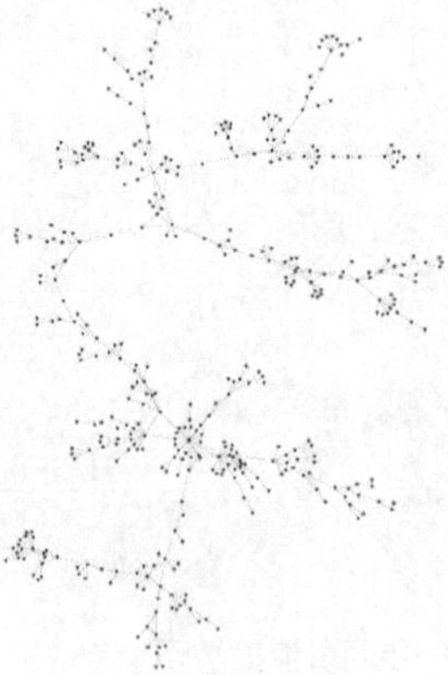

(d)2008~2011年教育学巨片

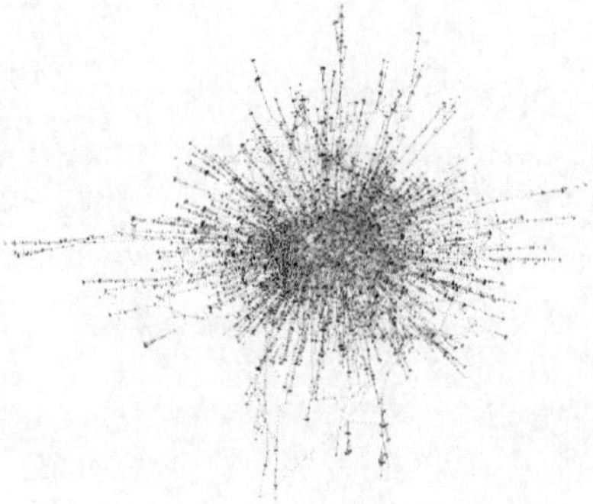

(e)2008~2011年图书情报学巨片

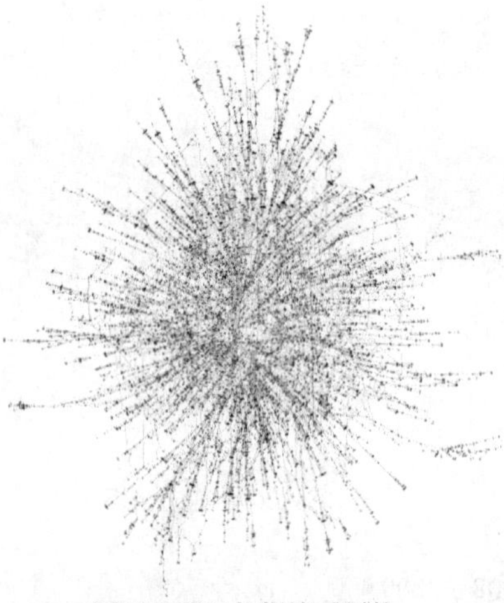

(f)2008~2011年经济学巨片

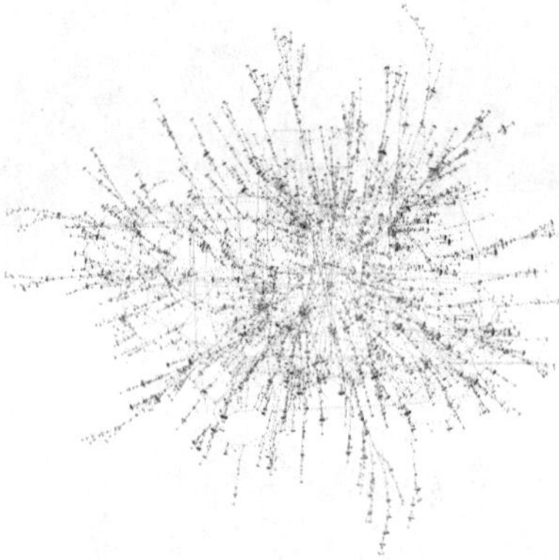

(g)2008~2011年管理学巨片

图3-10　巨片形态（2008～2011年）

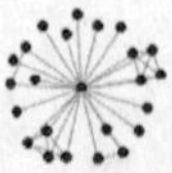

(a)2008~2013年历史学巨片

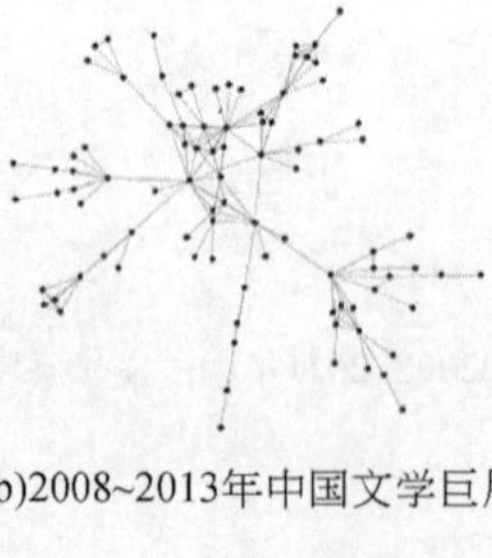

(b)2008~2013年中国文学巨片

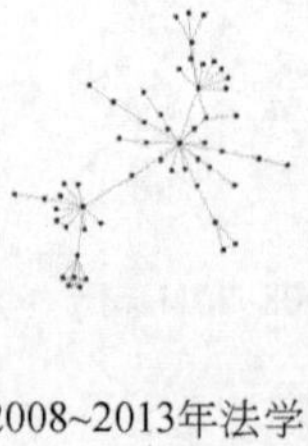

(c)2008~2013年法学巨片

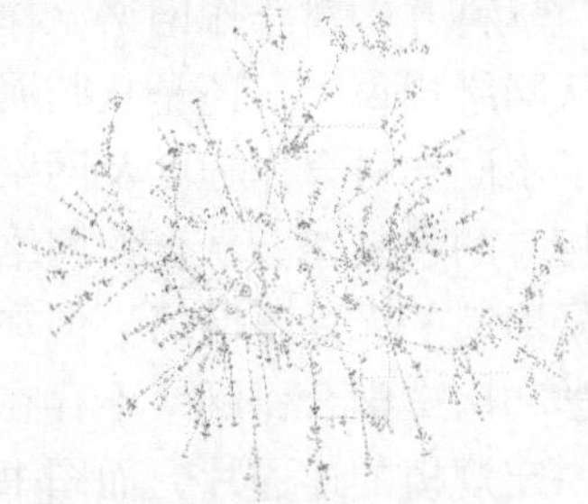

(d)2008~2013年教育学巨片

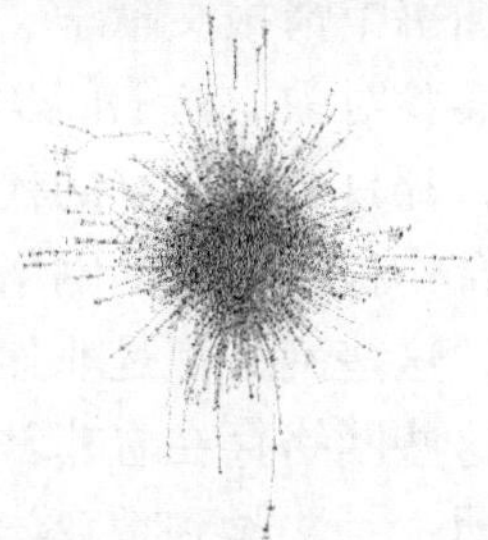

(e)2008~2013年图书情报学巨片

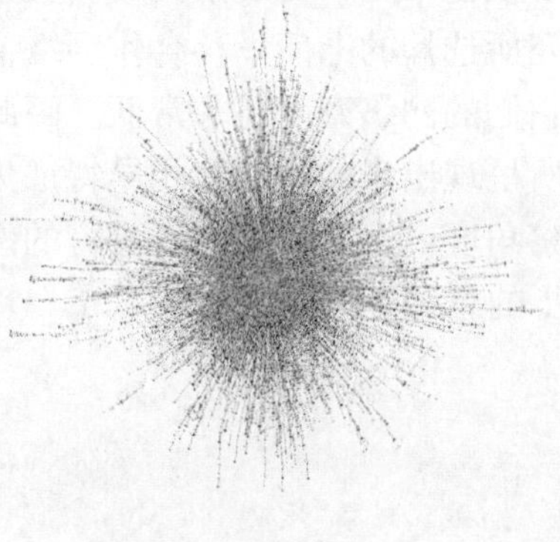

(f)2008~2013年经济学巨片

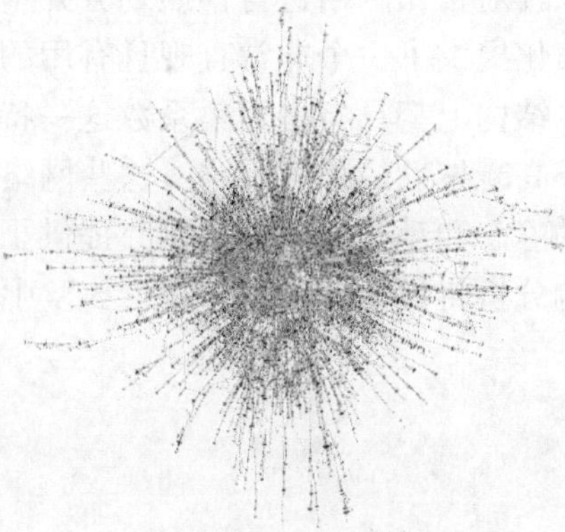

(g)2008~2013年管理学巨片

图3-11　巨片形态（2008～2013年）

速度存在着明显差异，特别是中国文学和法学“生长”速度非常缓慢。如果放在一个更长的时间跨度如 P0 期下来观察，则中国文学、历史学这两门学科合作网络是一个“破碎的”网络，法学、教育学这两门学科合作网络存在着有一定规模的连通片，图书馆情报文献学、经济学、管理学这三门学科合作网络则存在一个巨片。在这一演化过程中，图书馆情报文献学、经济学、管理学表现得更为相似一些。

3.6　本章小结

本章首先讨论了影响科研合作的三个主要因素，即地理距离、经济环境、社会信任。通常，在进行具体分析时会选取某个学科领域或研究主题下的科研合作网络。其次总结了我国人文社会科学合作网络的四种类型。再次，在分析了 CSSCI 数据库中 23 门学科题录数据现状后，选取了中国文学、历史学、法学、教育学、图书馆情报文献学、经济学、管理学七门学科并构建合作网络，作为本书最终的实验对象。这七门学科合作网络无论是从网络规模上，还是从归属的网络类型上，都具有相当好的代表性。最后，讨论了不同学科合作程度及网络结构的差异。合作程度越高的网络，其网络结构也就相应的越复杂。从合作网络的拓扑结构看，这些网络都是非连通的、稀疏的、高凝聚性的无标度网络。但在连通性上面，这些网络存在着非常大的差异，中国文学和历史学合作网络不存在具有规模的连通片，法学和教育学合作网络存在具有一定规模的连通片，而图书馆情报文献学、经济学和管理学合作网络则存在一个巨片。

针对合作网络进行快照划分并呈现相应的可视化结果，为观察网络真实生长和演化提供了一个非常直观且有用的工具。研究所选择的七门学科合作网络，从整体结构上都具有高聚集系数这一特点，同时它们的网络密度还非常低。因此，属于高凝聚性的稀疏网络。这些网络在结构上所呈现出来的相似和相异特征为后续的静态和动态链路预测研究提供了很好的观察角度。此外，本章所进行的网络结构分析将贯穿全书，并在第 5 章中得到进一步的总结。

第4章 科研合作网络的链路预测效果

第 3 章针对所获取的不同学科合作网络数据，分析了网络结构特征。在此基础上，本章研究在这些学科合作网络中进行链路预测的效果。首先，对这些学科合作网络进行相应的数据处理，从而得到时序状态下的静态和动态网络。之后，采用基于节点和基于路径的相似性指标，在静态和动态网络中进行链路预测，并使用不同的评价指标对得到的预测效果进行比较分析。对于挖掘出来的作者组合，结合具体学科背景进行分析，从而验证预测结果的可靠性。最后，以图书馆情报文献学的合作网络为研究对象，通过计算不同链路预测指标预测结果及它们之间的重合度，利用统计分析中的 PR 曲线和 ROC 曲线、聚类分析和多维尺度分析等，来揭示这些预测指标之间隐藏的相关关系，为今后链路预测指标的选择和应用提供参考依据。

4.1 静态链路预测

静态链路预测，又称未知链路预测（missing link prediction），是用数据挖掘的方法将那些网络中实际存在但尚未被探测到的链路识别出来，以分析网络中重要的相互作用关系。在面对真实网络时，即便实验收集到的数据再多，所构建的网络也不会是真正意义上的完整网络，始终存在一些遗漏的、忽略的链路。静态链路预测的主要目的是从已观察到的不完整的网络出发，得到更加接近于真实的也更加完整的网络，补充和完善复杂网络的结构与演化研究。

第 3 章已观察到的七门学科合作网络，其网络结构本身（连通性、稀疏性、凝聚性、均匀性、同配性等）体现出了一些相似或相异的特性。本节将在此基础上，对这七门学科合作网络进行进一步的数据处理，抽取其中的巨片，开展静态链路预测实验。研究首先会对不同预测指标的预测效果进行比较分析以考察指标的适应性，之后选取效果表现较好的预测指标下的结果，结合具体的场景进行分析，探讨利用链路预测方法在揭示合作组合方面的应用价值。

4.1.1 问题描述

进行社会网络分析时，所使用的实验数据来源于实际收集到的数据，但通常都会因为各种实际操作和数据处理上的问题，导致所构建的实验网络在某种程度上是不完整的。也就是说，实验网络和真实网络之间会存在一些差距，有很多链路我们并不知道。静态链路预测可以被视为一种工具来发现这些未知链路。

以科研合作网络为例，连边表示节点作者在某一个特定时间完成了一次合作，通过合著一篇论文来表现。如果两个科学家有更多共同的合作者，那么这两个科学家会产生合作的可能性也很高。显然，在这种情况下，这两个科学家应该会存在合作关系，但却没在实验网络中反映出来，那么真实网络中是否会存在这两个科学家的合作关系呢？当然，这可以通过收集更多的实际数据甚至是询问科研人员来加以证实。但随着网络规模的扩大，想要达成这一目的也会变得很困难。

如果可以拥有更多科学家的语义信息，如年龄、性别，或者是其合作偏好等，那么事情将会变得容易很多。但这些语义信息的获取成本相对较高，有些情况下想获取这些信息甚至是不可能的。于是在实际操作中，我们可以采用基于结构相似性的链路预测指标和算法来挖掘出那些遗漏的、忽略的链路。

给定一个网络$G(V, E)$，其中V为节点集合，E为连边集合。在静态链路预测中，通常都是从同一个数据集E中划分出训练集E^{Training}和测试集E^{Test}。但是采用哪种预测指标和算法可以更为准确地识别出缺失的连边，现在还处于争议中，至少就目前已有研究的结论来看，并不存在单一的明确的最优指标。

Zhou 等（2009）较早地系统研究了静态链路预测的指标适应性问题，使用了九种基于结构相似性的指标（CN、Salton、Jaccard、Sørensen、HPI、HDI、LHN-Ⅰ、PA、AA）对六个真实网络（蛋白质相互作用网络、科学家合作网络、美国电力网络、政治博客网络、路由器网络、美国航空网络）进行了预测效果的对比研究，评价指标采用的是 AUC，进一步验证了 Liben-Nowell 和 Kleinberg（2007）的研究结果，同时还提出了两种准确性更高的指标：资源分配（resource allocation，RA）指标和局部路径（local path，LP）指标，其中前者属于基于节点的指标，后者属于基于路径的指标。研究发现，在十种基于节点的指标中，RA 指标预测表现最好，其次是 CN 指标，再次是 AA 指标。而总体来说，PA 指标表现得最差，特别是在美国电力网络和路由器网络中，预测准确性还不到 0.5，意味着 PA 指标的预测效果还不如完全随机预测。之后，他们还使用了更多的指标在八个真实网络中进行了预测效果的对比研究（吕琳媛和周涛，2013），这些网络来自不同的领域，包括交通网络、社会网络、生物网络、技术网络等。

就本书所要研究的科研合作网络来说，其合作关系本身会跟学科属性有很大关系，所形成的网络也是差别巨大。因此，对于不同学科合作网络，采用不同的预测指标和算法所得出的预测精度如何，哪些可以更为准确和快速地识别出缺失的连边，是需要考虑的。

4.1.2　研究设计

4.1.2.1　实验对象

本研究依然选择在第 3 章已观察到的七门学科合作网络作为研究对象，但时间跨度设为 2008 ～ 2013 年，数据集是由这六年间发表在相应期刊上的论文数据所构成，如表 4-1 所示。其中，所有论文数量为 125 231 篇，合著论文数量为 57 561 篇，平均合作率为 45.96%，合作率最低的为中国文学、最高的为管理学。进一步地，抽取合著论文中的作者信息，构建对应的学科合作网络。只考虑网络无权无向的情况，得到的拓扑结构特征如附表 A-2 所示。

表4-1　七门学科的合作率（2008～2013年）

学科	期刊数量 / 本	合著论文 / 篇	所有论文 / 篇	合作率 /%
中国文学	10	1 269	11 556	10.98
历史学	17	1 137	8 866	12.82
法学	14	1 680	10 311	16.29
教育学	12	6 163	16 324	37.75
图书馆情报文献学	14	13 130	23 892	54.96
经济学	34	19 963	34 058	58.61
管理学	15	14 219	20 224	70.31
合计	116	57 561	125 231	45.96

显然，这些合作网络含有的成分众多，特别是中国文学、历史学和法学这三门学科合作网络破碎成非常多的小片，孤立节点数量占所有节点的比例超过 50%，连通性非常差；而图书馆情报文献学、经济学、管理学这三个学科合作网络虽然也很破碎，但却存在一个包含 50% 以上节点数量的连通巨片。所有合作网络的平均度均小于 3，密度也很低，说明网络整体稀疏。所有合作网络的度分布服从幂律分布，幂指数最小为 2.10，最大为 2.58，网络为无标度网络，存在度数相对很高的节点，它们是网络的“集线器”。

对于上述实验网络的拓扑结构情况，虽然中国文学、历史学、法学和教育学这四门学科合作网络中存在一个较大的连通集，但它们还不是真正意义上的“巨片”，换句话说，当前“巨片”无法覆盖住大多数的节点。由于本研究要进行的静态链路预测，很多预测指标和算法进行运算的前提是：网络要是连通的，因此本研究只考虑其中的最大连通集。

4.1.2.2 数据处理

如第 3 章 3.1 节所述，科研合作关系的形成会受到地理距离、经济环境、社会信任等多种因素的影响，也就是说，处于同一环境会有利于合作关系的建立。由于本研究的目的是要挖掘遗漏的、忽略的科研合作关系，因此，在描述网络节点之间相似性上，结构等价会比一般等价更符合实际情况，也更易于解释预测结果。实验所使用的预测指标有：基于节点的指标和基于路径的指标（LHN-Ⅱ指标除外）。评价指标采用 AUC。具体的处理过程有以下几步：

1）网络转化。网络转化主要分为两步：首先是从边列表到邻接矩阵的转化，其次是邻接矩阵到稀疏矩阵的转化。稀疏矩阵的存储与运算可以有效地提高运算效率。

2）数据集划分。实验时，将所抽取出来的巨片划分为测试集与训练集，两者之间的比例设为 1∶9，即选取 10% 的连边数据作为测试集，其余 90% 作为训练集。

3）相似度计算。相似度计算算法有基于节点、基于路径、基于随机游走等不同思想的不同算法，这些算法对于不同特征、不同类型的网络，有着不同的预测效果。为了验证本研究对于学科合作网络的总结，发现对学科合作网络预测效果较好的算法，本研究使用的主要是基于节点的和基于路径的相似性指标算法。

4）AUC 计算。预测算法的评价以 AUC 为基础。需要注意的是，AUC 的计算需要考虑到计算结果可靠性和计算效率两个方面的因素。在计算 AUC 时，随机抽样次数设为 10 000 次。本研究进行十次这样的计算，再将得到的 AUC 值取算术平均值作为最终的评价指标。

5）链路预测值排序。选取上述预测结果中较好的算法，应用于整个数据集中，即不进行训练集与测试集的划分，得到相似性计算结果的排序。预测结果默认输出为“不存在的连边”的分数值，据此来分析那些遗漏的、忽略的合作组合，同时还可以反向验证网络的一些特征。

以上数据处理第一至第四步使用 MATLAB 来完成，第五步使用 Anaconda 来完成。本书对 2.4.3 节中除 LHN-Ⅱ、SimRank 外所有指标，在测试集与训练集划分比例为 1∶9 和 2∶8 两种情形下，进行了 AUC 计算，结果详见附录 B。

4.1.3 结果分析

4.1.3.1 预测效果比较

使用 AUC 指标作为预测效果的量度，值越高表示预测效果越好。若所有分数值都是随机产生的，则 AUC 值约为 0.5。在进行 10 次独立实验后，取算术平均值作为最终度量数值，得到如表 4-2 所示的结果。

表4-2 相似性算法预测效果评价

指标		中国文学	历史学	法学	教育学	图书馆情报文献学	经济学	管理学
共同邻居	CN	0.9859	0.8473***	0.9575	0.9556	0.9518	0.9201	0.9517
	Salton	0.9758	0.5310	0.9173	0.9544	0.9516	0.9181	0.9516
	Sørensen	0.9782	0.4935	0.9147	0.9546	0.9521	0.9189	0.9509
	Jaccard	0.9784	0.4954	0.9144	0.9545	0.9527***	0.9193	0.9520
	LHN-Ⅰ	0.9564	0.3951$^{\#}$	0.8923	0.9546	0.9509	0.9183	0.9509
	HDI	0.9780	0.4916	0.9159	0.9541	0.9516	0.9185	0.9527***
	HPI	0.9583	0.6081	0.9207	0.9540	0.9517	0.9193	0.9520
节点赋权	AA	0.9902*	0.8983**	0.9891*	0.9548	0.9526	0.9183	0.9518
	RA	0.9901**	0.8984*	0.9885**	0.9558***	0.9520	0.9202***	0.9521
择优连接	PA	0.8294$^{\#}$	0.8220	0.8017$^{\#}$	0.7027$^{\#}$	0.7332$^{\#}$	0.7240$^{\#}$	0.6861$^{\#}$
局部朴素贝叶斯	LNB-CN	0.9879	0.8993	0.9299	0.9558	0.9523	0.9191	0.9523
	LNB-AA	0.9893	0.8999	0.9282	0.9556	0.9517	0.9186	0.9518
	LNB-RA	0.9894	0.9005	0.9261	0.9553	0.9523	0.9190	0.9522
路径	LP（3）	0.9867***	0.8177	0.9630***	0.9703**	0.9679**	0.9352**	0.9681**
	Katz（0.01）	0.9867***	0.8185	0.9535	0.9798*	0.9803*	0.9556*	0.9773*

注：在不考虑局部朴素贝叶斯模型的情况下，数值上标为 * 表示预测效果排序第一，** 表示第二，*** 表示第三，# 则表示倒数第一。

对于中国文学、历史学、法学这三门学科合作网络来讲，AA 和 RA 表现较好；对于教育学、图书馆情报文献学、经济学、管理学这四门学科合作网络来讲，

Katz 表现最好，LP 次之。对历史学合作网络来讲，LHN-Ⅰ表现得最差，只有 0.3951，此外还有三项指标低于 0.5，分别是 Sørensen、Jaccard、HDI，表明这些指标在该网络中预测精度还不如完全随机预测来的好；在其他六门学科合作网络中，PA 表现得则是最糟糕的。而总体来看，基于路径的指标的表现要好于基于共同邻居的相关指标表现。

而在考虑局部朴素贝叶斯模型的情况下，观察 LNB 能否更好地刻画学科合作网络，如表 4-3 所示。对于历史学合作网络来讲，LNB-CN、LNB-AA、LNB-RA 相比 CN、AA、RA，预测效果均有小幅提升，但并不明显；而对于其他六门学科合作网络来讲，并不能证实 LNB 具有提升效果。相反，对于法学合作网络来讲，LNB 还起到了降低的效果。

表4-3　局部朴素贝叶斯模型的提升效果　（单位：%）

指标	中国文学	历史学	法学	教育学	图书馆情报文献学	经济学	管理学
LNB-CN	0.20	5.20	–2.76	0.02	0.05	–0.10	0.06
LNB-AA	–0.09	0.16	–6.09	0.08	–0.09	0.03	0.00
LNB-RA	–0.07	0.21	–6.24	–0.05	0.03	–0.12	0.01

若不考虑历史学合作网络，只观察其他六门合作网络。相比其他指标，PA 指标的表现虽然好于完全随机预测，但却都是最差的，也就是说，在真实合作网络中，合作关系的建立并不是倾向于择优连接。基于路径的指标的表现要好于基于共同邻居的相关指标表现，则表明合作关系的建立与作者之间的间接合作路径有关。事实上，在日常生活中，通过他人推荐或者更间接的推荐来认识和熟悉某个人，是比较常见的现象，即弱连接效应。可见，由真实科研合作关系所形成的连通网络是一个典型的熟人网络，它受择优连接的影响有限。

4.1.3.2　合作组合发现

基于表 4-2 的分析，选择基于节点的指标中表现最好的 AA 指标和基于路径的指标中表现最好的 Katz 指标，应用在学科合作网络中的巨片上，进行相似性计算，列出得分数值排序前十的作者组合。鉴于进一步的分析，需要结合相关学科的背景知识，因此本小节着重分析图书馆情报文献学合作网络巨片中挖掘出的一些遗漏的、忽略的合作组合，如表 4-4 所示。

表4-4　AA和Katz指标预测结果排名前十的作者组合（静态）

排序	AA 指标			Katz 指标		
1	初景利	刘细文	3.371 832	韩正彪	严贝妮	0.000 440
2	高波	盛小平	2.974 269	周鹏	严贝妮	0.000 350
3	胡昌平	李枫林	2.974 269	韩正彪	陈婧	0.000 326
4	陈悦	侯海燕	2.830 569	郑彦宁	俞立平	0.000 304
5	陈悦	林德明	2.765 164	韩正彪	李彤	0.000 294
6	赵伯兴	任树怀	2.677 941	赵筱媛	潘云涛	0.000 289
7	马海群	蒋永福	2.677 941	韩正彪	谢瑶	0.000 264
8	董尹	石进	2.578 312	陈婧	周鹏	0.000 261
9	董洁	李超	2.577 928	李彤	周鹏	0.000 233
10	陈超美	王贤文	2.546 465	王翠波	何超	0.000 227

接着，利用可视化工具 Gephi（版本 0.82）来呈现出这些挖掘出来的作者组合所在的局域网络。在具体方法上，选择相应的作者节点及其邻居网络，将这些子网络过滤出来。图示中节点的不同着色，表明其所归属的社区，节点的大小代表着度值的大小。

（1）共同兴趣偏好

图 4-1 所示的为 AA 指标下分数值排名第一的作者组合所在局域网络，设邻居网络的深度为 1，过滤出来的子网络包含 60 个节点 163 条连边。作者节点“初景利”和“刘细文”归属于同一个社区，两者之间并未建立过合作关系。在 CSSCI 数据库中查找这两人在 1998 ~ 2007 年所发表的论文信息，显示两人在这个时间段内也没有共同发表过论文。

在 2008 ~ 2013 年，初景利发表论文 28 篇，刘细文发表论文 25 篇。而与这两人都有过合作的作者（共同合作者）共有九人，分别是：曾燕、顾立平、李麟、刘兰、王丹丹、王秀华、张冬荣、张晓林、张智雄。合作的论文具体信息如表 4-5 和表 4-6 所示。

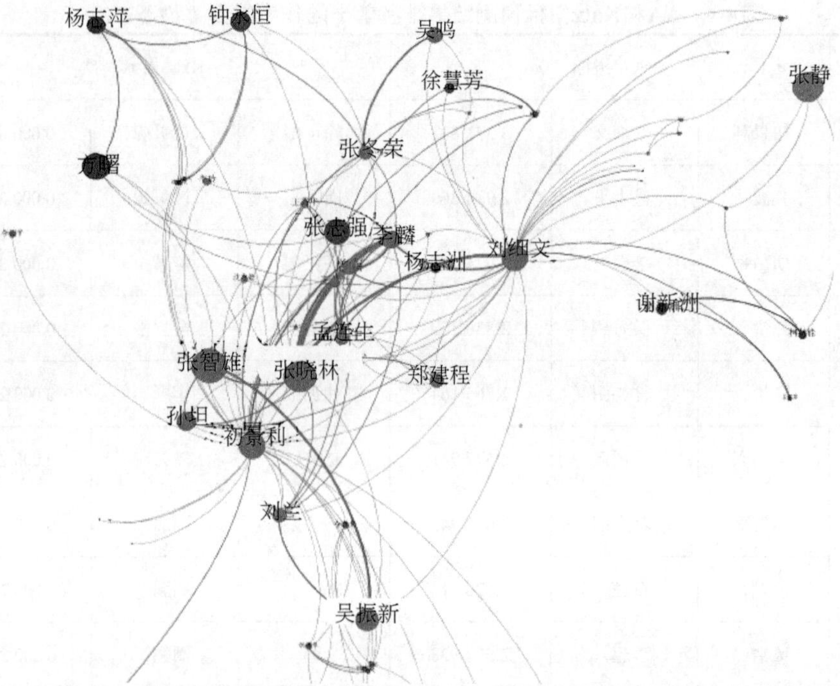

图4-1 “初景利”和“刘细文”所在局域网络的可视化

表4-5 “初景利”与共同合作者合作的论文信息（CSSCI）

序号	题目	期刊	年份	关键词	所有作者
1	第二代学科馆员与学科化服务	图书情报工作	2008	学科馆员；学科化服务；国家科学图书馆	初景利；张冬荣
2	自存储的需求分析	情报理论与实践	2008	自存储；开放存取；图书馆	何燕；初景利；张冬荣
3	我国科研人员自存储态度调查——以中国科学院科研人员为例	图书情报工作	2008	OA仓储；自存储；问卷调查；科研人员；中国科学院	何燕；初景利；张冬荣
4	国内外开放获取的新发展	图书馆论坛	2009	开放获取；开放存取；学术交流体系	初景利；李麟
5	科技信息开放获取的历史进程	图书情报工作	2009	开放获取；开放数据；开放教育	刘兰；李麟；王丹丹；王秀华；张晓林；初景利
6	在创新变革中实现图书馆的自我超越——IFLA2011年会各专题内容解读	图书情报工作	2011	国际图联；图书馆；创新变革	张志强；方曙；张智雄；初景利

续表

序号	题目	期刊	年份	关键词	所有作者
7	国外文献信息服务机构知识服务实践研究——以 LANL 研究图书馆、CISTI、MPDL 为例	图书情报工作	2012	加拿大科技信息研究所；德国马普学会数字图书馆；知识服务；研究图书馆	李麟；初景利
8	我国科技期刊开放获取出版发展态势——基于中国科协科技期刊的调查	图书情报工作	2013	开放获取；科技期刊；开放获取政策；中国科协	初景利；李麟；沈东婧；张晓林；赵玉蓉
9	开放获取期刊的评价与遴选：质量水平、开放程度和服务能力	图书情报工作	2013	开放获取；期刊评价；期刊质量；期刊开放程度；期刊服务能力	顾立平；张晓林；初景利；李麟；曾燕

表4-6　“刘细文”与共同合作者合作的论文信息（CSSCI）

序号	题目	期刊	年份	关键词	所有作者
1	用户驱动的国家科学图书馆网站建设	现代图书情报技术	2008	用户需求；网站建设；数字图书馆；流程驱动；情景敏感	吴振新；张智雄；张晓林；刘细文
2	国家科技图书文献中心的效用形式及其评价	图书情报工作	2008	国家科技图书文献中心；NSTL；共建共享；科技文献资源；科技信息服务；效用评价	张晓林；刘细文；孙坦；孟连生
3	中国图书馆数字文献资源长期保存现状调查	图书情报知识	2009	数字资源；长期保存；图书馆	张玫；李麟；张晓林；刘细文
4	科技信息开放获取的内涵演变、责任意义和实施战略	图书情报工作	2009	开放获取；社会责任；法律有效性；可持续性；支撑机制	张晓林；刘兰；李麟；王丹丹；王秀华；刘细文
5	数字时代国家科技文献中心的战略选择	图书情报工作	2009	国家科技图书文献中心；资源战略；服务战略；可持续发展战略	张晓林；孙坦；刘细文；孟连生；郑建程；戴利华
6	中国科学院研究所文献情报机构的知识服务探索与实践	图书情报工作	2012	专业图书馆；知识服务模式；学科馆员服务；学科信息服务	刘细文；吴鸣；张冬荣；迟培娟
7	开放学术信息资源环境的挑战及其应对策略	图书情报工作	2012	开放获取；挑战分析；开放出版；论文处理费；复合馆藏建设；长期保存；研究图书馆	张晓林；曾燕；李麟；刘细文
8	开放获取学术信息资源：逼近“主流化”转折点	图书情报工作	2012	开放获取；学术信息资源；研究图书馆	张晓林；李麟；刘细文；曾燕
9	研究图书馆推进开放获取的战略与实践——以国家科学图书馆为例	图书情报工作	2013	开放获取；战略；政策；开放知识库；开放出版	张晓林；刘细文；李麟；曾燕；顾立平

对比表 4-5 和表 4-6，可以明显发现，这些论文的主题都与开放存取相关，也就是说，初景利和刘细文的共同兴趣偏好是有关开放存取的话题。基于一个熟人网络的假设，同时这两人又具有共同的兴趣偏好，他们具有很高的潜在合作的可能性，这不仅是对过去，而且对未来也是有效的（对于这一点，将在 4.2 节中进行重点论述）。

事实上，初景利和刘细文目前同在中国科学院国家科学图书馆工作，两人相互之间是同事关系，即为熟人关系。同时，两人也曾经共同合作发表过论文。利用 CNKI 数据库重新进行检索，发现两人共同合作发表的论文是《科技信息开放获取的历史进程》和《科技信息开放获取的内涵演变、责任意义和实施战略》。经过对比发现，CSSCI 数据库的业务工作人员在将这两篇论文的所有作者这一项信息入库时，遗漏掉了第七作者，造成了构建合作网络时，遗漏掉了这两人之间的合作关系，使得所观察到的合作网络并不完整。

由此可见，静态链路预测的结果有助于发现因实际操作和数据处理所造成的遗漏掉的链接关系，从而方便观察到真实的也更加完整的网络。同时，通过链路预测的结果，再结合更多的作者语义信息（如论文关键词）时，可以快速确定作者之间的共同兴趣偏好。

（2）历史合作经历

图 4-2 所示的为 AA 指标下分数值排名第三的作者组合所在局域网络，设邻居网络的深度为 1，过滤出来的子网络包含 54 个节点 83 条连边。作者节点“胡昌平”和“李枫林”分属于两个不同的社区，两者之间并未建立过合作关系。在 CSSCI 数据库中查找这两人在 1998 ～ 2007 年所发表的论文信息，显示两人曾在这个时间段内共同发表过三篇论文，合作的论文具体信息如表 4-7 所示。

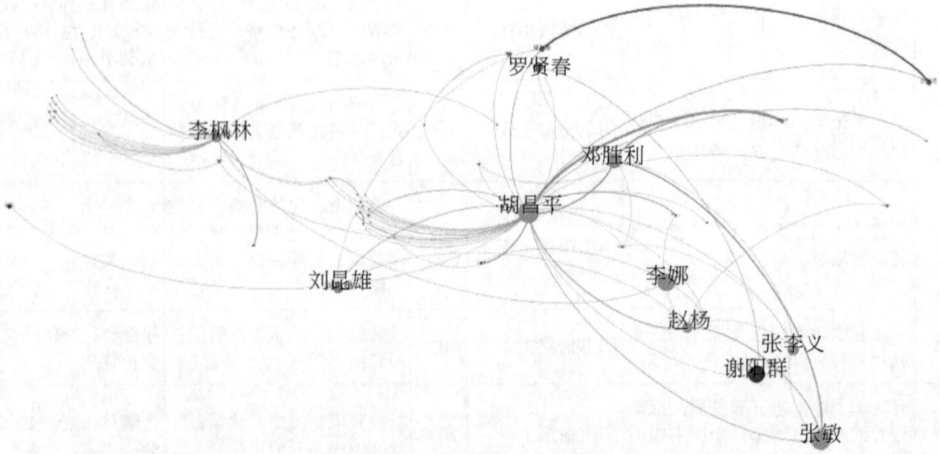

图4-2　“胡昌平”和“李枫林”所在局域网络的可视化

表4-7　“胡昌平”和“李枫林”历史上合作论文信息（1998～2007年）

序号	题目	期刊	年份	关键词	所有作者
1	网络信息服务的监督	中国图书馆学报	2001	网络信息服务；社会监督；信息管理	胡昌平；李枫林；杨成明
2	电子商务活动中的信息管理规范	情报学报	2001	信息管理规范；电子商务；网络社会	李枫林；胡昌平
3	面向用户的网络信息资源整合策略	中国图书馆学报	2004	网络信息资源；资源整合；资源共建共享；用户服务	李枫林；胡昌平

显然，这些共同合作发表的论文直接表明了胡昌平和李枫林在真实科研合作网络中的关系。如果将实验网络所收集的数据时间跨度设定得更长一些，则这种潜在的合作就变成事实上的合作了。由此可见，静态链路预测的结果有助于挖掘出历史合作经历，从而揭示出真实的也更加完整的网络。

此外，对比图 4-1 和图 4-2，可以很直观地发现，作者节点“胡昌平”和“李枫林”的共同邻居不仅很少而且度还都很小。AA 指标计算相似性得分数值时，遵循的是“小度节点作为共同邻居对于两端节点的相似度贡献较大”的原则。这一原则在很多真实网络中都是适用的，如在由微博形成的社交网络中，粉丝量较多的往往是某个领域的专家或名人，但关注他们的粉丝之间可能并不拥有相似的兴趣偏好。相对地，如果是两个粉丝量特别多的人关注了同一个粉丝量很少的人，那么他们两人就有很高的概率在某方面相似。

事实上，胡昌平和李枫林目前同在武汉大学信息管理学院工作，为同事关系，即为熟人关系。而在 2008 ～ 2013 年，有学生（贺娜、胡媛）与两人之间分别存在着合作关系，如表 4-8 所示，从而间接地将两人联系起来。虽然这种联系较弱，但却意味着两人确实具有相同的兴趣偏好或重叠的社交圈，因此会有更高的概率相连。

表4-8　“胡昌平”和“李枫林”是由小度作者节点相联系

序号	题目	期刊	年份	关键词	所有作者
1	基于信息过滤的 Web 信息查询优化	情报理论与实践	2008	信息过滤；信息查询；个性化信息服务	李枫林；贺娜
2	网络环境下高校科研人员信息查询行为的调查与分析	情报理论与实践	2008	大专院校；科研人员；信息查询	胡昌平；贺娜；张俊娜
3	网络消费者在线评论搜寻行为研究	情报科学	2012	网络消费者；在线评论；搜寻行为；模型	李枫林；刘昌平；胡媛
4	跨系统农业信息咨询的协同化实现	图书馆论坛	2013	信息咨询；跨系统；协同咨询服务	胡昌平；胡媛

（3）路径与间接推荐

图 4-3 所示的为 Katz 指标下分数值前十的作者组合中，有明显关联的韩正彪、严贝妮、周鹏、陈婧、李彤、谢瑶六人所在局域网络，设邻居网络的深度为 1，过滤出来的子网络包含 57 个节点和 163 条连边。

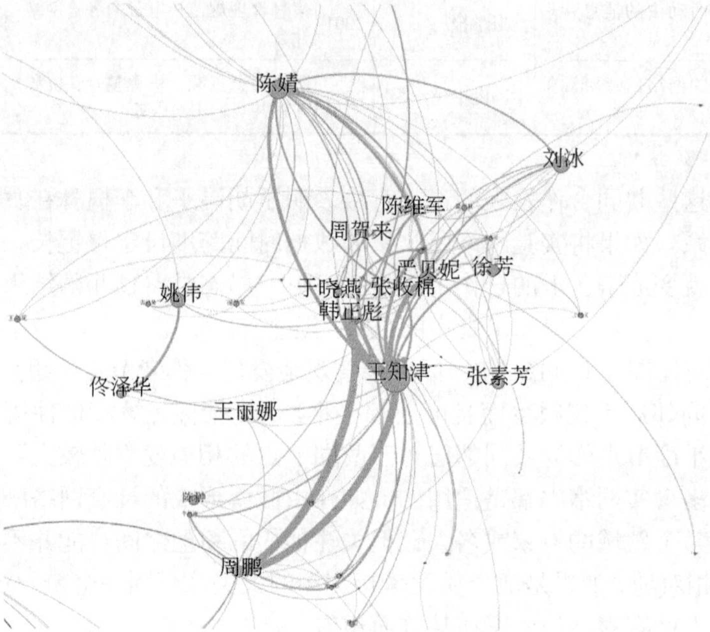

图4-3　“韩正彪”等所在局域网络的可视化

进一步整理发现，这六人都和王知津存在着合作关系，他们之间的关系如图 4-4 所示。他们均为王知津的学生，左边四人和右边两人之间从未产生过合作，但在各自内部经常进行合作。由于关键共同邻居“王知津”的存在，这两个“团队”之间是有很高可能性建立合作关系的。

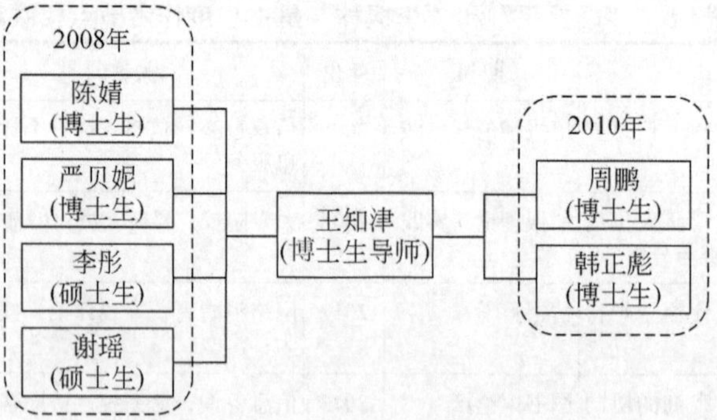

图4-4　“韩正彪”等合作路径

Katz 指标对于短路径赋予了较高的权重，而对于长路径赋予了较低的权重。路径的长短反映出了科研合作网络中的作者之间关系的紧密程度。显然，韩正彪等六人之间的关系是相当紧密的，他们虽然不具有很多的共同邻居，但由于一个关键共同邻居的存在，这种紧密的关系就可以被识别出来了。

图 4-5 所示的为 Katz 指标下分数值排名第四的作者组合所在局域网络，设邻居网络的深度为 1，过滤出来的子网络包含 60 个节点 149 条连边。作者节点“郑彦宁”和“俞立平”归属于同一个社区，两者之间并未建立过合作关系。显然，他们之间的关键共同邻居是“潘云涛”，关键路径即为“郑彦宁—潘云涛—俞立平”。

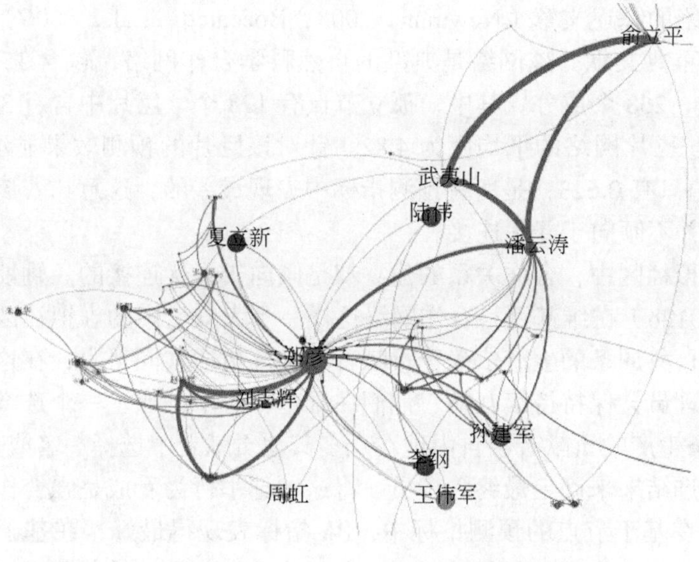

图4-5　“郑彦宁”和“俞立平”所在局域网络的可视化

利用 CNKI 数据库重新进行检索，发现两人曾经有过共同合作发表的论文，是《数据包络分析在科技评价中的指标优化研究》，此文刊载在《中国科技论坛》2008 年第 4 期上，所有作者为俞立平、郑彦宁、潘云涛、武夷山。由于《中国科技论坛》被 CSSCI 分类为管理学期刊，因此他们之间的合作关系也就未在图书馆情报文献学合作网络中表现出来。而这也可以归结为因实际操作和数据处理所造成的遗漏掉的链接关系。如果将实验网络所收集的数据范围设定得更宽泛一些，则这种潜在的合作也就变成事实上的合作了。

通过上述两个场景，可以得知，基于 Katz 指标的链路预测结果体现了，即使两位作者不具有很多的共同邻居，但关键路径的存在也会让两者之间有很高的可能性建立合作关系。换句话说，作者之间合作关系的建立取决于他们之间的传播路径，这种间接关系的建立过程对合作关系的形成有很大影响。同时，和 AA 指标一样，利用 Katz 指标得出的结果也可以发现共同兴趣偏好或历史合作经历。

4.1.4 择优连接与间接推荐机制

Zhou 等（2009）对六个实际网络（蛋白质相互作用网络、科学家合作网络、美国电力网络、政治博客网络、路由器网络、美国航空网络）进行过静态链路预测。其中的合作网络，选择的是由 Newman（2006）收集到的一个科学家合作网络，该网络是由发表过有关复杂网络论文的科学家所组成。数据收集主要考虑了两篇关于网络的综述文章（Newman，2003；Boccaletti et al.，2006），以及手工添加了一些重要文献。该网络是典型的自然科学合作网络，包含 1589 个节点，2742 条连边，268 个成分。其中，孤立节点有 128 个，巨片中含有 379 个节点，914 条连边，巨片网络的平均度为 4.82。针对该巨片的预测效果显示，其 PA 指标的 AUC 值只有 0.623，是所有预测指标中表现最差的，这意味着该网络中合作关系的建立并不倾向于择优连接。

但在虚拟社区中，合作关系的建立却是倾向于择优连接的。姚灿中和杨建梅（2012a，2012b）在维基百科合作网络这样一个大众生产的虚拟社区中进行链路预测。维基百科词条的生产依赖于贡献者和管理员的共同努力，在这一过程中，贡献者与管理员会保持持续互动。他们在维基百科中抽取了一个选举网络，在该网络中，词条生产的贡献者会自由地在众多其他贡献者中选择一名或多名管理员，最后根据票选结果来确定最终管理员。将这种选举行为看成是强合作关系。研究结果显示，在基于节点的预测指标中，PA 指标表现得最好，在基于路径的预测指标中，Katz 指标表现得最好，这意味着择优连接与间接推荐是虚拟社区演化过程中的两个重要特征。

这里所观察到的学科合作网络（除历史学合作网络外），其链路预测结果显示，基于节点的指标中表现最好的是 AA 指标，最差的是 PA 指标，而基于路径的指标中表现最好的是 Katz 指标。同时，在网络规模较大的情况下，Katz 指标还要好于 AA 指标。也就是说，PA 指标是所有预测指标中表现最差的。而在 4.1.3.2 节中，列举了 AA 指标和 Katz 指标计算的相似性得分数值排序前十的作者组合，观察更多的作者语义信息，发现他们有着相同的兴趣偏好，或在同一单位工作或学习过，亦或为师生关系等，进一步还可以观察论文的基金支持情况。

对比上述研究结论，可以得出的一条推论是，在真实科研合作网络和虚拟社区中建立合作关系的机制是不完全一样的。由真实社交关系所形成的科研合作网络是一个熟人网络，行动者会受很多外界主客观因素影响，如地理距离、经济环境、社会信任等。而虚拟社区里的行动者则可以自由地选择他们真正精通或感兴趣的知识领域进行合作，不受雇佣关系限制，不受地理边界阻碍。但不管是真实科研合作网络，还是虚拟社区，行动者都会通过间接推荐或者更间接的方式来建立合作关系，这是一种较为常见的现象。

4.2　动态链路预测

动态链路预测，又称未来链路预测（future link prediction），与网络演化密切相关。与静态链路预测相比，动态链路预测要收集网络在不同快照（snapshot）下的数据，将网络的前一个快照当作训练网络，网络的后一个快照当作测试网络，比较两者之间的“真实生长”从而发现未来链路。由于预测出来的结果是和真实网络快照进行对比的，因此动态链路预测的主要目的是根据所发现的未来链路而给出对策建议。

显然，对于科研合作网络来讲，动态链路预测具有更加现实的意义，可以为合作组合给出推荐建议。本节在 4.1 节中已观察到的七门学科合作网络的基础上进行时间阶段的划分，开展动态链路预测实验，首先考察预测指标的适应性，之后再选取预测效果较好的预测指标下的结果，结合具体的场景进行分析。

4.2.1　问题描述

对于科研人员来讲，要组建一个科研团队，首先要面对的问题就是如何找到一位合适的科研合作对象。在科研起步阶段，大多数科研人员都是通过与导师或所在师门的同学来完成首次合作；在参加工作阶段，就会和自己所在的科研团队进行合作。有时，科研人员也会碰到这样的情况，会因为某些研究工作需要，主动想要在本学科领域里进行跨团队合作，甚至是跨学科合作，而这目前主要是靠科研人员自身的社会关系和经验判断来解决。如果科研人员能了解到相关内容的研究和合作现状，那么他就会很容易地知道自己的合作对象应该是谁。即使在实际合作网络中，科研人员之间没有联系或者是联系较弱，但这些信息对于科研人员来讲也是非常重要的，至少可以给他们提个醒，是否忽略了一些很重要的或者是具有潜在意义的合作关系。

在科技政策与管理领域，政策管理者能够了解并掌握实际科研合作状况，以及那些可能在未来发生的合作关系，对于理解未来科研走向是至关重要的。当然，政策管理者可以将这些潜在的合作关系作为科研合作建议进行推荐，并且还可以将这些建议用在人才引进和科研管理上。上述工作本身就属于科研评价工作的一部分，而发现的潜在合作关系为开展科研管理工作提供了重要依据，同时这也是情报和知识管理领域长久以来的一个核心问题。

动态链路预测所发现的未来链路，更为确切地讲是用来进行推荐的，而不是真的试图去预测出目标网络的未来状态如何。这些未来链路更倾向于是那些可能性高的但又未经证实的链接，通常它会包含一个特殊的节点。例如，一个给定的节点 a，可以构造出一个短的排序的候选邻居列表，此时这些候选邻居对于节点 a 来讲就是推荐建议。当然，如果真的将它们连接起来，这就可能影响网络演化。

对于科研合作网络来讲，更多的研究都是沿着动态链路预测的方向进行的。Liben-Nowell 和 Kleinberg（2007）最早地进行了此类预测，他们当时研究针对的是物理学科领域的作者合作网络，其基本思路是：①将给定的预测指标应用在某一训练网络上，预测可能产生的新的连接；②通过和一个实际的后续快照，即测试网络，进行比较，来评价预测指标。后续的大部分研究基本上遵循着这一研究思路，相关的研究进展如表 4-9 所示。

表4-9　科研合作网络动态链路预测研究进展

来源文献	实验对象	注释
Liben-Nowell 和 Kleinberg（2007）	物理学科领域 1994～1996 年，1997～1999 年	不存在单一明确的最优指标，但是大多数指标都显著优于随机预测
Guns（2009）	安特卫普大学的作者合作网络 2001～2003 年，2004～2006 年	添加额外信息，如作者所在机构和地理位置信息，有助于提升对合作关系的预测效果
Guns 和 Rousseau（2014）	疟疾和肺结核研究领域 1997～2001 年，2002～2006 年，2007～2011 年	通过链路预测和机器学习来发现潜在的富有成效的合作
Yan 和 Guns（2014）	图书情报学 59 种期刊 2001～2005 年，2006～2010 年	利用链路预测研究作者、机构、国家/地区等不同层面上合作网络
Yu 等（2014）	冠心病研究领域 2008～2010 年，2011～2013 年	高产作者之间的合作关系会比低产作者之间的合作关系更容易预测

需要说明的是，链路预测要预测的是训练网络中节点对间产生连边的概率，而不是新增节点的概率。但是，在加入时序状态后，网络是处于不断演化的状态，它的节点随之也会不断演化。这里不能假设训练网络和测试网络包含一个同样的节点集。也就是说，为了有一个公平比较的环境，需要将待分析的节点集限制在训练网络和测试网络共有的那部分上。因此，从理论上讲，可能会产生一个完美的预测，即准确率为 100%，同时召回率也为 100%。此外，一个给定网络，孤

立节点和小度节点（如度为 1 的节点）所含有的结构信息非常少，但是它们会导致过高估计预测指标的准确性。因此在实际进行预测操作的时候，需要将孤立节点移除，并完整地保留余下部分。

4.2.2 研究设计

4.2.2.1 实验对象

根据表 4-9 所示，研究经验表明，在时间阶段划分上，选择 3 ～ 5 年作为一个时间跨度较为合适。本研究选择将 4.1 节已观察到的时间跨度 T0（2008 ～ 2013 年）的七门学科合作网络 G0 进行时间快照划分，由于 CSSCI 数据库收录标准以两年为一个周期，因此令 T1（2008 ～ 2011 年）快照的子网络 G1 为训练网络，令 T2（2012 ～ 2013 年）快照的子网络 G2 为测试网络。各实验数据集由发表在相应期刊上的论文数据所构成，抽取作者合著信息，构成对应网络，其拓扑结构信息如附表 A-3 和附表 A-4 所示。

在本次实验中，研究假定年均发文在一篇以上的作者为核心作者。也就是说，会针对不同时间跨度的快照，设定选取的核心节点的度数，即时间跨度为两年的，选取节点度大于或等于 2 的节点；时间跨度为四年的，选取节点度大于或等于 4 的节点；以此类推。从而构造出核心作者合作网络，并作为本研究的实验网络。

4.2.2.2 数据处理

动态链路预测的实验对象是整体网络，而不再是 4.1 节中静态链路预测实验所使用的连通巨片，因此网络中存在着大量的孤立节点。对于此情况，需要先移除孤立节点，之后只考虑针对前后快照共同拥有的节点集，进行动态链路预测。

由于网络处于演化状态，处于相同角色的节点，即使没有相同的邻居节点，也有可能因为角色的相似而产生连接。因此，此时预测的科研合作关系，既要考虑结构等价的相关指标，同时也要考虑一般等价的相关指标。本次实验所使用的预测指标有：基于节点的指标（CN、AA、PA）和基于路径的指标（Katz、Rooted PageRank、SimRank）。评价指标采用 PR 曲线和 ROC 曲线。具体的处理过程有以下几步：

1）抽取核心作者网络。首先构建整体网络，之后按节点度值抽取核心作者，并将核心作者合作网络过滤出来，设为 G0′、G1′ 和 G2′。其中，G0′ 保留的是 G0 中节点度大于或等于 6 的节点，G1′ 保留的是 G1 中节点度大于或等于 4 的节点，G2′ 保留的是 G2 中节点度大于或等于 2 的节点。

2）节点移除。节点移除主要分为两步：首先是从两个实验网络 G1′ 和 G2′

中移除孤立节点，其次是从两个实验网络 G1′ 和 G2′ 中移除非共同的节点。这一处理保证了在一个公平比较的环境中进行预测。

3）绘制 PR 曲线和 ROC 曲线。将基于节点的指标（CN、AA、PA）和基于路径的指标（Katz、Rooted PageRank、SimRank）以随机预测（Random）为基准，进行比较，同时分开进行绘制，观察曲线趋势，从中得出预测指标的适应性结果。

4）链路预测值排序。选取上述预测效果中较好的算法，应用于整个数据集 G0′ 中，得到相似性计算结果的排序。据此来进行合作组合的推荐。

以上数据处理第一步在 NBW 中完成，第 2 ～ 4 步使用 Anaconda 来完成。表 4-10 为经过上述处理后得到的实验网络数据。由于中国文学、历史学、法学这三个实验网络共有节点集太少，不足以进行后续分析，因此予以删除。也就是说，动态链路预测的实验网络为教育学、图书馆情报文献学、经济学、管理学四门学科合作网络。同时，结合第 3 章中的相关研究，这四门学科合作网络从拓扑结构特征上看，也非常相似，是合适的实验对象。

表4-10　动态链路预测实验网络

时段	网络	中国文学	历史学	法学	教育学	图书馆情报文献学	经济学	管理学
2008 ～ 2011 年 G1′	所有节点	444	288	441	845	1 833	2 531	1 418
	孤立节点	357	244	357	380	338	572	262
	非共有节点	72	44	72	284	811	1 043	640
2012 ～ 2013 年 G2′	所有节点	646	534	761	1420	2 712	3 820	2 260
	孤立节点	530	472	613	644	525	823	440
	非共有节点	101	62	136	595	1 503	2 081	1 304
	共有节点集	15	0	12	181	684	916	516
2008 ～ 2013 年 G0′	节点数	351	221	364	669	1 548	2 079	1 102
	连边数	76	22	35	332	2 931	2 310	1 211
	平均度	0.433 0	0.199 1	0.192 3	0.992 5	3.786 8	2.222 2	2.197 8
	聚集系数	0.672	0.81	0	0.215	0.386	0.242	0.363
	平均距离	2.853 1	1.153 8	1.260 9	6.065 2	5.747 3	8.404 2	9.852 8
	网络直径	6	2	3	22	16	20	29
	同配性系数	0.283 3	0.321 0	−0.183 1	0.122 1	0.148 8	0.056 0	0.178 8

4.2.3　结果分析

4.2.3.1　预测指标的PR曲线和ROC曲线

分别绘制教育学、图书馆情报文献学、经济学和管理学这四门学科的 PR 和 ROC 曲线。这两条曲线经常用于信息检索和评价不同分类算法，PR 是右上凸效果越好，ROC 曲线是左上凸效果越好。但是，这种凸理论并不严格，因为不同分类算法的 PR 和 ROC 曲线经常会出现部分区域重叠和交叉的现象。

通常来讲，由于准确率和召回率会相互制约，这样会给使用 PR 进行评价带来一些困难。而使用 ROC 曲线进行评价解释时，纵轴等价于召回率，对角线为完全随机预测时的值。可以明显观察到有些指标的表现甚至比完全随机预测都要差，如在管理学合作网络中，PA 指标的表观要比完全随机预测要差。同时，还可以发现，用大多数指标预测时，召回率的值都在 0.2 以下。

（1）教育学

对于教育学合作网络来讲，在基于节点的指标中，AA 指标的预测表现最好，CN 指标次之，PA 指标最差；在基于路径的指标中，Rooted PageRank 指标的预测表现最好，Katz 指标次之，SimRank 指标最差（图 4-6 和图 4-7）。

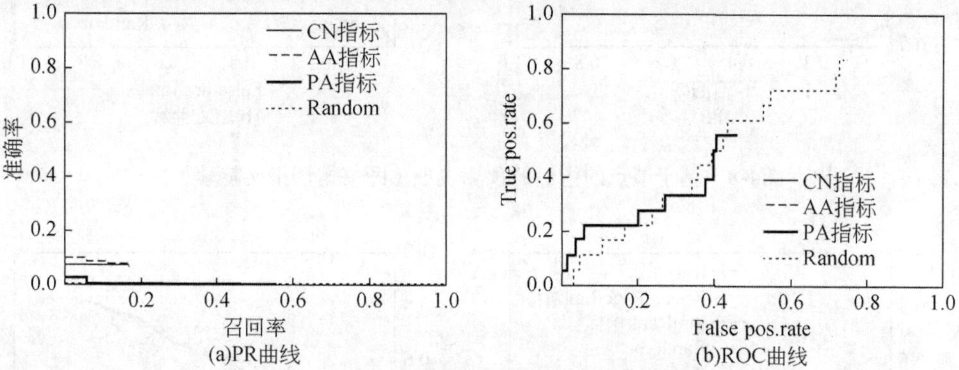

(a)PR曲线　(b)ROC曲线

图4-6　基于节点的指标的预测表现（教育学）

（2）图书馆情报文献学

对于图书馆情报文献学合作网络来讲，在基于节点的指标中，AA 指标的预测表现最好，CN 指标次之，PA 指标最差；在基于路径的指标中，Katz 指标的预测表现最好，Rooted PageRank 指标次之，SimRank 指标最差（图 4-8 和图 4-9）。

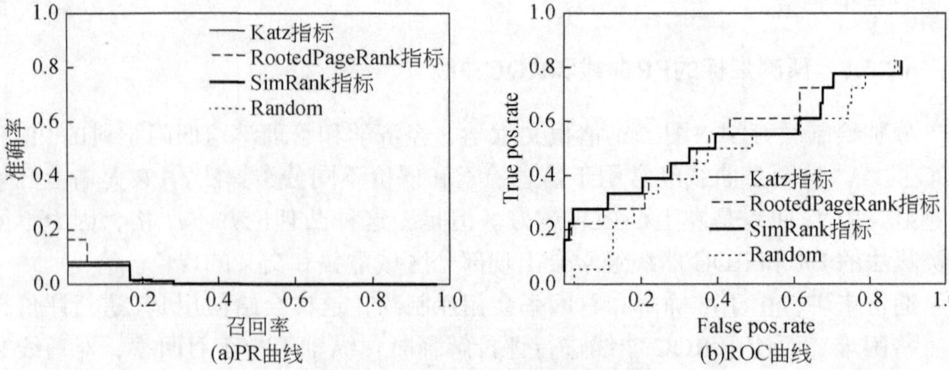

图4-7　基于路径的指标的预测表现（教育学）

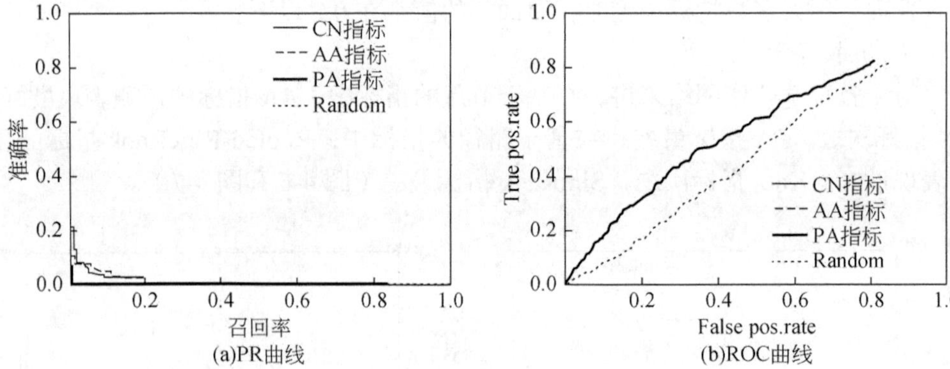

图4-8　基于节点的指标的预测表现（图书馆情报文献学）

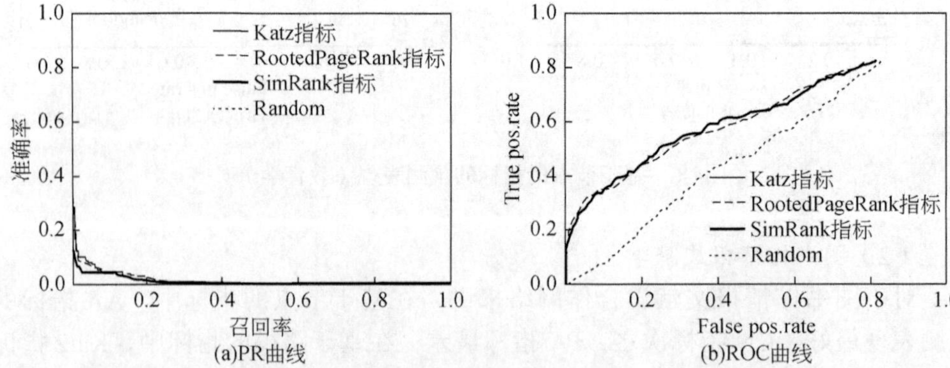

图4-9　基于路径的指标的预测表现（图书馆情报文献学）

（3）经济学

对于经济学合作网络来讲，在基于节点的指标中，AA 指标的预测表现最好，CN 指标次之，PA 指标最差；在基于路径的指标中，Rooted PageRank 指标的预测表现最好，Katz 指标次之，SimRank 指标最差（图 4-10 和图 4-11）。

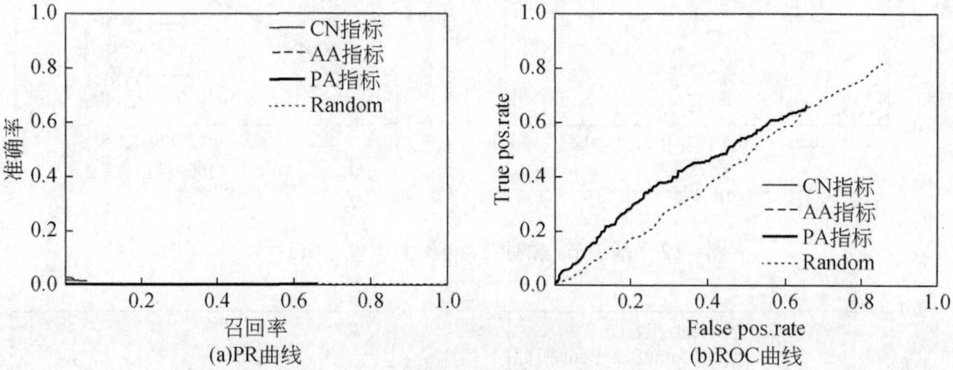

图4-10　基于节点的指标的预测表现（经济学）

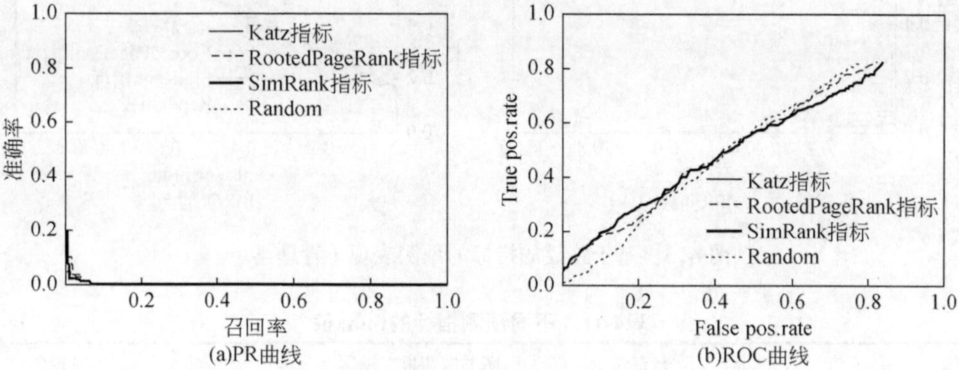

图4-11　基于路径的指标的预测表现（经济学）

（4）管理学

对于管理学合作网络来讲，在基于节点的指标中，CN 指标的预测表现最好，AA 指标次之，PA 指标最差；在基于路径的指标中，Katz 指标的预测表现最好，Rooted PageRank 指标次之，SimRank 指标最差（图 4-12 和图 4-13）。

在链路预测中，我们关注准确率会多于召回率。因此，不妨将召回率的值设为 0.2，再观察 PR 曲线中的准确率，从而来判断不同预测指标的表现。同时，还可以结合 fmax 值来辅助观察，如表 4-11 所示。

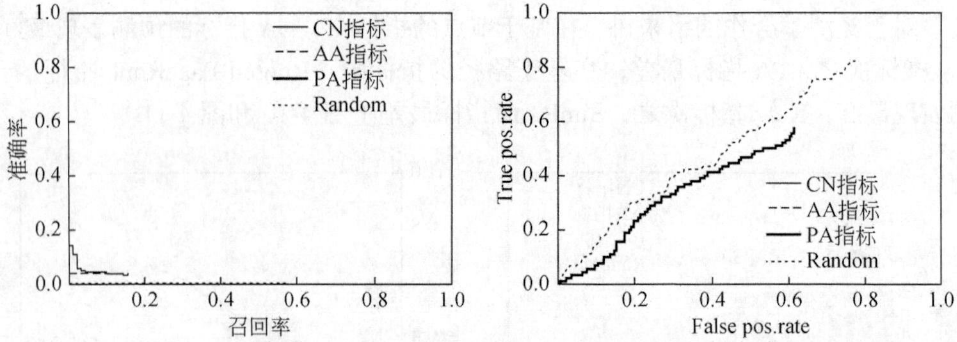

(a)PR曲线 (b)ROC曲线

图4-12 基于节点的指标的预测表现（管理学）

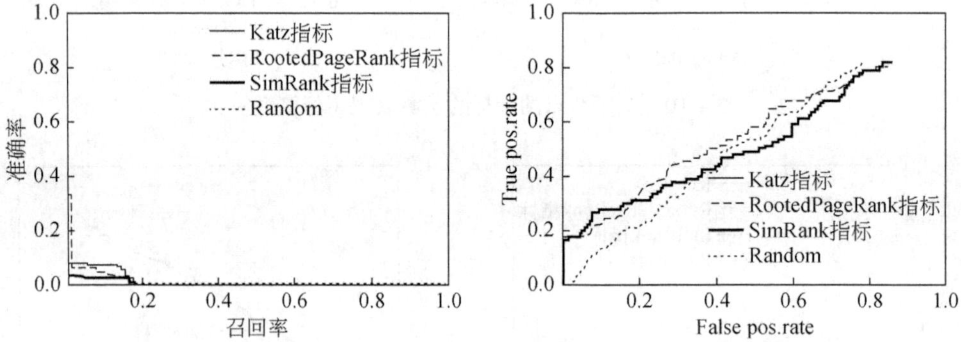

(a)PR曲线 (b)ROC曲线

图4-13 基于路径的指标的预测表现（管理学）

表4-11 不同预测指标的fmax值

fmax 值	教育学	图书馆情报文献学	经济学	管理学
CN 指标	0.103 4	0.055 2	0.022 0	0.062 8
AA 指标	0.107 1	0.066 1	0.024 3	0.065 1
PA 指标	0.035 7	0.008 5	0.004 3	0.002 4
Random①	0.005 1	0.002 8	0.002 3	0.004 4
Katz 指标	0.109 1	0.069 2	0.032 0	0.095 2
Rooted PageRank 指标	0.111 1	0.069 6	0.037 2	0.068 3
SimRank 指标	0.101 7	0.064 7	0.026 0	0.044 1
Random②	0.004 3	0.003 0	0.007 2	0.001 9

①该 Random 下的各 fmax 值，是在和 CN、AA、PA 一起对比计算时得到的。
②该 Random 下的各 fmax 值，是在和 Katz、Rooted PageRank、SimRank 一起对比计算时得到的。

4.2.3.2　合作组合推荐

基于上述分析，这里依然针对图书馆情报文献学合作网络，选择基于节点的指标中表现最好的 AA 指标和基于路径的指标中表现最好的 Katz 指标，应用在核心作者合作网络 G0′（2008 ～ 2013 年）上，进行相似性计算，列出得分数值排序前十的作者组合，如表 4-12 所示。

表4-12　AA和Katz指标预测结果排名前十的作者组合（动态）

排序	AA 指标（初景利）			AA 指标			Katz 指标		
1	初景利	刘细文	3.169 437	高波	盛小平	3.263 173	韩正彪	严贝妮	0.000 440
2	初景利	吴鸣	1.985 561	初景利	刘细文	3.169 437	周鹏	严贝妮	0.000 350
3	初景利	祝忠明	1.766 336	邵晶	李娟	2.885 390	韩正彪	陈婧	0.000 326
4	初景利	王丽	1.477 796	胡昌平	李枫林	2.885 390	郑彦宁	俞立平	0.000 304
5	初景利	张建勇	1.075 367	杨代庆	曾建勋	2.850 799	韩正彪	李彤	0.000 293
6	初景利	孙志茹	1.024 387	周贺来	刘冰	2.746 774	赵筱媛	潘云涛	0.000 289
7	初景利	范炜	0.974 291	张素芳	于晓燕	2.746 774	韩正彪	谢瑶	0.000 263
8	初景利	吴振新	0.972 424	赵伯兴	任树怀	2.730 718	陈婧	周鹏	0.000 261
9	初景利	唐晓玲	0.910 239	盛小平	廖璠	2.730 718	李彤	周鹏	0.000 233
10	初景利	黄国彬	0.870 770	白庆珉	王跃虎	2.730 718	王翠波	何超	0.000 227

显然，核心作者在科研产出上的能力会很强，如果依此假定核心作者的科研活跃度也很高，会积极主动地进行科学交流并建立合作关系，则所挖掘出来的核心作者组合在未来便具有更高的可能性进行科研合作。而这些合作组合才是应该被挖掘出来并进行推荐的。

和 4.1.3.2 节的研究类似，我们依然可以利用可视化工具 Gephi（版本 0.82）来呈现出这些挖掘出来的作者组合所在的局域网络，从而进行类似的场景讨论。在具体方法上，选择相应的作者节点及其邻居网络，将这些子网络过滤出来。图示中节点的不同着色，表明其所归属的社区，节点的大小代表着度值的大小。

图 4-14 所示的为 AA 指标下核心作者“初景利”所在局域网络，设邻居网络的深度为 2，过滤出来的子网络包含 117 个节点 300 条连边。此时，对于给定的作者节点“初景利”，利用 AA 指标得到的短的排序的候选邻居列表，就可以作为合作推荐建议给出了。

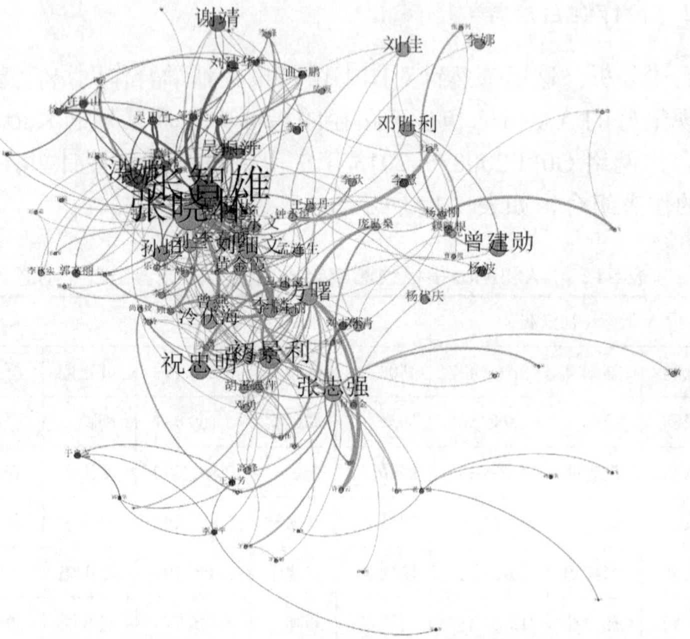

图4-14　核心作者“初景利”所在局域网络的可视化

当然，在这个推荐过程中，如果能将相关作者的研究兴趣进行关联分析并突出出来，则会更有说服力。事实上，由于合作网络的结构形成本就会受到很多外界主客观因素影响，如地理距离、经济环境、社会信任等，换句话说，基于结构相似性的预测结果也会涵盖研究兴趣这一维度，因此依据预测结果排序构建推荐列表也是合适的。

图4-15所示的为AA指标下分数值排名第二的作者组合“初景利”和“刘细文”所在局域网络，设邻居网络的深度为1，过滤出来的子网络包含31个节点82条连边。和图4-1相比，这次过滤出来的子网络在规模上减少了一半，但所呈现出的邻居节点则更加清晰明确。同时，研究不再对Katz指标下的预测结果进行可视化分析。

对比表4-12和表4-4中相应指标排序前十作者组合的排序位置。可以发现，AA指标下的作者组合不仅在结果上产生了变化，而且相同结果的排序位置也有了变化；但Katz指标下的作者组合却保持了一致，且得分数值及其排序位置都基本一致。由于两次实验所使用的网络的结构有所不同，于是，这种网络结构的改变会给排序结果造成多大影响，就是我们需要关注的问题了，本书将在第5章中专门对此进行讨论。

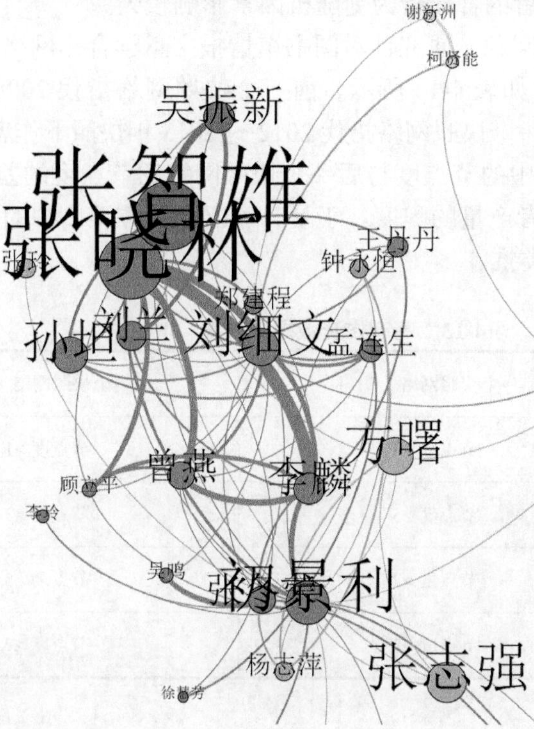

图4-15　核心作者“初景利”和“刘细文”所在局域网络的可视化

4.2.4　高产作者合作关系预测

就动态链路预测所使用的实验网络而言，其基本假设是将年均发文在一篇以上的作者视为核心作者，从而得到不同时间跨度下的快照，并用于动态链路预测。核心作者同时也是高产作者。于是，这就提出了另一个问题，对高产作者的设定是否会影响到预测效果，也可以理解为，对高产作者之间的合作网络的预测是否会比一般情况下的合作网络显得更容易。

Yu 等（2014）针对冠心病研究领域合作网络进行链路预测，将实验网络分为六组，即全部作者以及产量不小于 5、10、25、50、100 的作者集合，选取 logistic 回归和支持向量机作为预测模型，研究结果显示，对于产量高的作者网络，模型预测的准确性较高，相反地，对于产量低的作者网络，模型预测的准确性较低。他们在解释这一问题时，认为两个作者之间的合作概率受到其产量的影响。高产作者的合著人数往往会高于低产作者，这使得他们被人关注的概率也相对较高。同时，高产作者在其研究领域里还具有较高的影响力，其他科研人员也愿意与之进行合作。而低产作者的合作行为受随机因素影响较大。

为了进一步查明这一问题，研究针对图书馆情报文献学合作网络，设置了四种作者数据集抽取方案，如表 4-13 所示。前一个快照网络指代 2008 ～ 2011 年快照下作者合作网络，后一个快照网络指代 2012 ～ 2013 年快照下作者合作网络，始终保持前一个快照网络中的节点度与后一个快照网络的节点度的差值多 2。方案 1 至方案 4，代表了作者产量的程度。于是，可以认为方案 2 中的作者比方案 1 中的作者更高产，以此类推。

表4-13　高产作者数据集方案

数据集方案	前一个快照网络（G1′）	后一个快照网络（G2′）
方案 1	节点度 >3	节点度 >1
方案 2	节点度 >5	节点度 >3
方案 3	节点度 >7	节点度 >5
方案 4	节点度 >9	节点度 >7

预测结果的评价指标采用 fmax，方案 1 至方案 4 的结果对比如图 4-16 所示。显然，除 SimRank 指标以外，其他指标的 fmax 值都严格上升。这也意味着高产作者之间的合作关系确实会比低产作者之间的合作关系更容易预测。这里同时也给出了方案 4 的 PR 曲线和 ROC 曲线，如图 4-17 和图 4-18 所示，可对照 4.2.3.1 节的 PR 曲线和 ROC 曲线曲线进行对比观察。显然，各个链路预测指标的预测效果都相应有所提升。

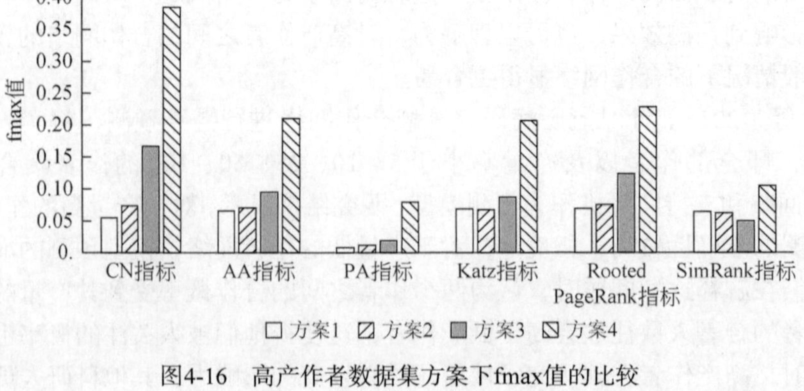

图4-16　高产作者数据集方案下fmax值的比较

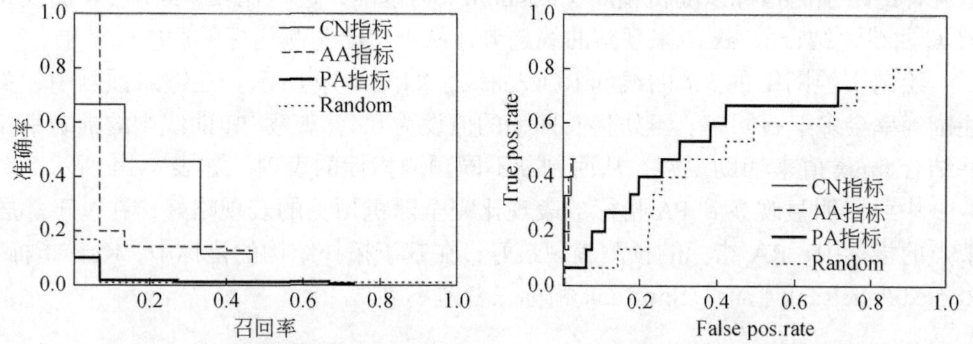

(a)PR曲线　　(b)ROC曲线

图4-17　基于节点的指标的预测表现（图书馆情报文献学高产作者）

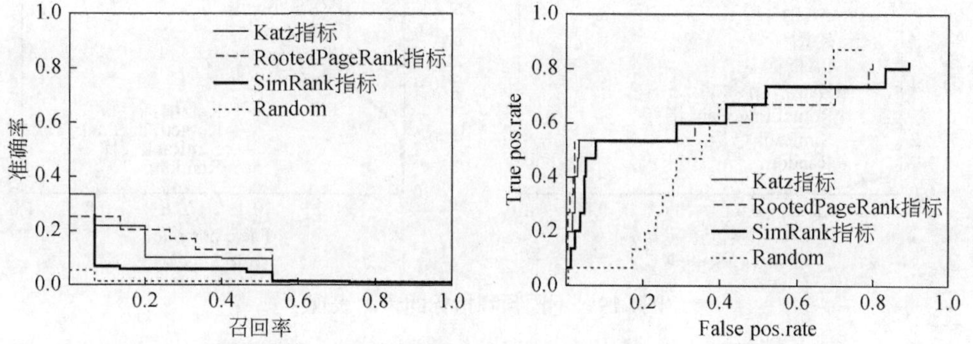

(a)PR曲线　　(b)ROC曲线

图4-18　基于路径的指标的预测表现（图书馆情报文献学高产作者）

4.3　链路预测指标之间的关系

基于结构相似性指标进行链路预测，其思路和框架都相当简洁，大部分预测指标的计算复杂度也相对较低，但是各个方法在网络中的预测能力却大不相同。在 4.2 节的动态链路预测研究中，最终是在 2008 ～ 2013 年图书馆情报文献学的核心作者合作网络上进行节点相似性计算的，本节将继续使用该数据集作为实验网络。首先，计算不同链路预测指标预测结果，并绘制 PR 曲线和 ROC 曲线；其次，利用预测结果之间的重合度制作频数矩阵，通过多元统计分析来讨论链路预测指标之间的关系。

4.3.1　预测指标的PR曲线和ROC曲线

将 CN、Salton、Jaccard、AA、RA、PA、Katz、Rooted PageRank、SimRank

这九种链路预测指标以随机预测（Random）为基准，进行比较，绘制 PR 曲线和 ROC 曲线，结合 fmax 值来观察曲线趋势，从中得出预测指标的适应性结果。

绘制实验网络的 PR 曲线和 ROC 曲线，如图 4-19 所示。在链路预测中，关注准确率会多于召回率。不妨将召回率的值设为 0.4，观察 PR 曲线中的准确率，并结合 fmax 值来辅助观察，从而判断不同预测指标的表现，如表 4-14 所示。图 4-19 中可以明显观察到 PA 指标的表现比完全随机预测的表现略好；在基于邻居节点的指标中，RA 指标的预测表现最好；在基于拓扑结构的指标中，Katz 指标、Rooted PageRank 指标、SimRank 指标三者差不多。

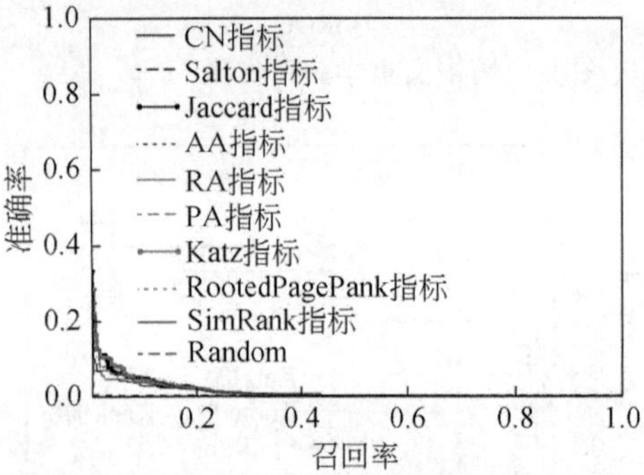

(a)PR曲线

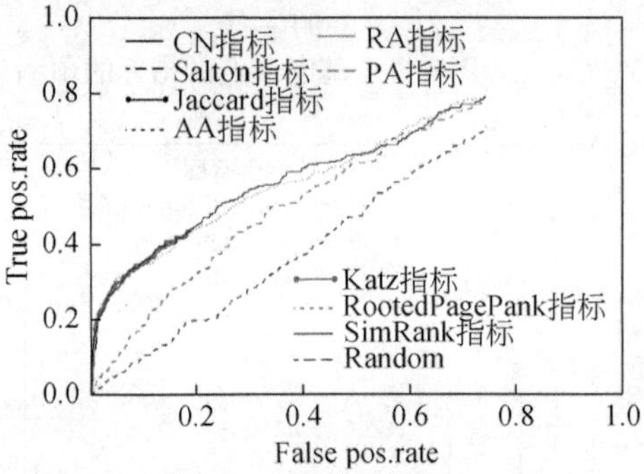

(b)ROC曲线

图4-19　不同预测指标的预测表现

表4-14　不同预测指标的fmax值

预测指标	fmax 值	预测指标	fmax 值
CN	0.055 2	PA	0.008 5
Salton	0.068 4	Katz	0.069 2
Jaccard	0.066 7	Rooted PageRank	0.069 6
AA	0.066 1	SimRank	0.064 7
RA	0.069 2	Random	0.003 2

4.3.2　频数矩阵与多元统计分析

利用不同预测指标可以对实验网络中的节点进行相似性计算，一般情况下，研究主要关注的是“未知的连边”产生的可能性大小。但在实际的相似性计算结果中，已经包含了当前实验网络中已存在的连边和未知的连边。取各个预测指标前 n 项排序结果，进行两两比对，得出预测结果重叠的个数，并制成频数矩阵。

将该频数矩阵视作关于不同链路预测指标的预测能力的一个相关矩阵，数据取值由正整数组成，每个值的大小表示两两预测指标所预测结果重叠的个数，其差值没有可比意义。因此，该频数数据为离散型有序数据。对角线上的数据为从预测结果中取的项数 n。

G0′ 实验网络中所含连边数量为 2931 条，不妨取 $n = 2931$，将这九种预测指标分别对该实验网络中的节点对进行相似性计算，预测结果中重叠情况如表 4-15 所示。

表4-15　九种指标的预测结果重叠情况

指标	CN	Salton	Jaccard	AA	RA	PA	Katz	Rooted PageRank	SimRank
CN	2 931	1 453	1 551	2 364	1 787	321	1 291	1 106	1 319
Salton	1 453	2 931	2 649	1 493	1 409	54	880	1 243	1 149
Jaccard	1 551	2 649	2 931	1 570	1 449	59	933	1 239	1 174
AA	2 364	1 493	1 570	2 931	2 350	263	1 413	1 383	1 817
RA	1 787	1 409	1 449	2 350	2 931	207	1 371	1 500	2 090
PA	321	54	59	263	207	2 931	167	66	221
Katz	1 291	880	933	1 413	1 371	167	2 931	2 196	1 394
Rooted PageRank	1 106	1 243	1 239	1 383	1 500	66	2 196	2 931	1 736
SimRank	1 319	1 149	1 174	1 817	2 090	221	1 394	1 736	2 931

用于分析变量之间结构关系的多元统计分析方法通常有 3 种：因子分析、聚类分析和多维尺度分析。因子分析通常用于数据降维，其目的在于识别出少数几个因子来解释大多数在众多显性变量中所观测到的方差，但要求参与分析的变量在区间或比率级别应该是定量数据，且对于每对变量，数据应具有二元正态分布。聚类分析是依照“物以类聚”的原理，将一批样本数据根据其诸多特征，按照在性质上的亲疏程度和没有先验知识的情况下进行自动分类，产生多个分类结果，类内部的个体在特征上具有相似性，不同类间个体特征的差异性较大，是一种探测性的方法。多维尺度分析尝试寻找对象间或个案间一组距离测量的结构，该结构可通过将观察值分配到映射空间（通常为二维或三维）中的特定位置来实现，空间中的点之间的距离尽可能与给定的不相似性相匹配，对数据的分布假设没有严格要求。

这里使用的频数矩阵的数据分布不符合正态分布规律，因此分析中不使用因子分析，而是先对变量进行分层聚类，得到聚类结果树状图，总结出预测指标的聚类关系；再进行二维尺度分析，得到预测指标的空间映射图，并将其可视化呈现出来。两者相互印证补充以揭示出预测指标的结构关系。

采用聚类分析中最常用的分层聚类法（hierarchical clustering method），在 IBM SPSS Statistics 20 中完成，选择离差平方和法（ward’s method）进行聚类，数据类型为计数（counts），测度方法为斐方方法（phi-square measure）。聚类结果树状图如图 4-20 所示，可以明显地观察到小类的合并都是在距离 5 以内完成的。

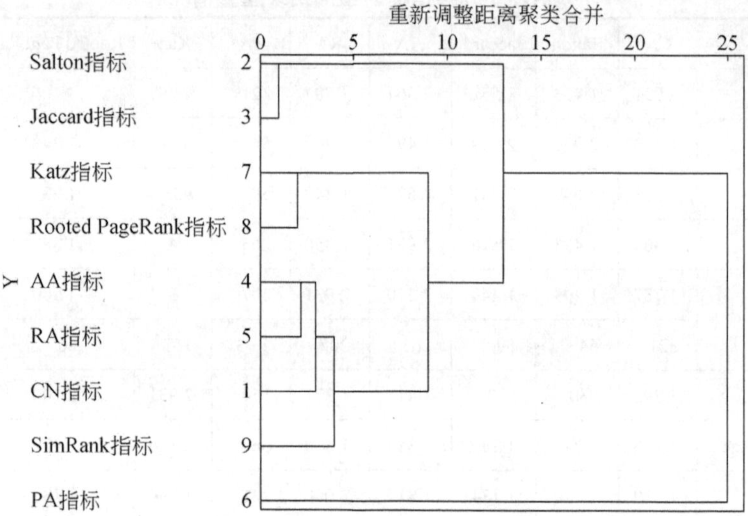

图4-20　九种指标的聚类结果树状图

利用 IBM SPSS Statistics 20 中的多维尺度分析（ALSCAL），用序数（ordinal）作为数据的测度指标，尺度模型选用欧式距离（Euclidean distance），得到相关可视化结果。统计量 Stress = 0.013 84（信度），RSQ = 0.999 58（效度），表明取得了很好的拟合效果。参考分层聚类得到的聚类结果，可以得到它们在二维映射空间中的相对位置，如图 4-21 所示。

显然，PA 指标和其他八种指标非常不一样，这一点也在 4.3.1 节中关于预测指标的适应性中得到了体现。PA 指标的表现是所有预测指标中最差的，仅比完全随机预测的表现略好，意味着该网络中合作关系的建立并不倾向于择优连接，而是由更深层次机制所影响。

基于邻居节点的预测指标（Salton、Jaccard、CN、AA）和基于拓扑结构的预测指标（Katz、Rooted PageRank、SimRank）分别位于维数 2 的两侧，表明从

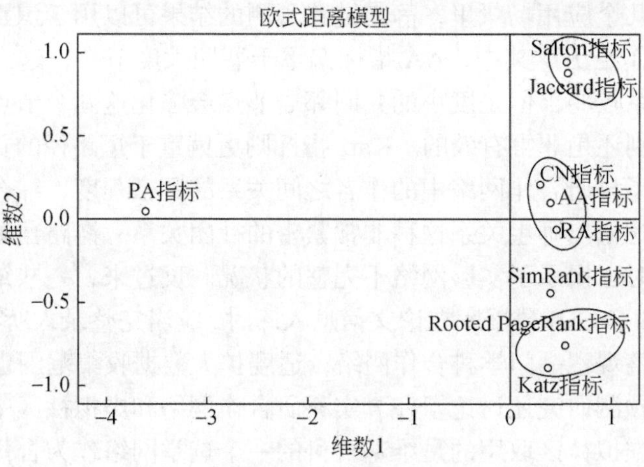

图4-21 九种指标的多维尺度映射图

邻居节点和拓扑结构（包括路径和随机游走）不同角度来考虑相似性计算，可以对预测结果产生重要影响。基于邻居节点的预测指标分布在图示中的右上方区域，基于拓扑结构的预测指标分布在图示中的右下方区域，表明它们内部之间具有相当程度的一致性。在基于邻居节点的预测指标中，RA 指标的预测结果和基于拓扑结构的预测指标最相似。对于这一点，可以从 RA 指标的定义上得到一些启发。RA 指标考虑的是一个网络中没有直接连接的两个节点，从其中一个节点可以传递一些资源到另一个节点，此时，它们的共同邻居就起到了传递媒介的作用，而这个媒介节点会将传递的资源平均分配给它的邻居。显然，这一过程中拓扑结构会起到非常大的作用。而在基于拓扑结构的预测指标中，SimRank 指标的预测结果和基于邻居节点的预测指标最相似。这一现象与 SimRank 指标同时考虑结构等价和一般等价具有很大关系。

4.4 本章小结

本章首先讨论了静态链路预测要解决的主要问题，即从已观察到的不完整的网络出发，得到更加接近于真实的也更加完整的网络。利用收集到的七门学科合作网络，抽取其中的连通巨片作为实验网络，使用基于节点的指标和基于路径的指标（LHN- Ⅱ指标除外）进行节点对之间相似性计算，并使用 AUC 进行预测效果评价。研究认为，在科研合作网络中，AA 指标和 Katz 指标都是很有效的预测指标，可以准确和快速地识别出缺失的连边。

在给出的几个应用场景里，静态链路预测的结果可以用于识别共同兴趣偏好和发现历史合作经历。其中，AA 指标偏重于惩罚大度节点，这意味着即使两个节点之间的联系较弱，但是度小的共同邻居节点会强化这两个节点之间的潜在联系，且这种识别还是非常有效的。Katz 指标则更偏重于短路径的贡献，这种路径的长短反映出了科研合作网络中的作者之间关系的紧密程度，综合得分数值排序表还可以从中挖掘出师生关系这种非常紧密的社团关系。链路预测的结果补充了实验网络，同时也揭示了实验网络不完整的状况。反过来，一些结论可以用于指导实践工作，如 CSSCI 数据库在论文信息入库时，应当完整录入所有作者的信息；而如果想要完整观察一门学科合作网络，适度扩大数据收集范围也是必要的。

静态链路预测研究还讨论了在真实科研合作网络和虚拟社区中合作关系形成的差异。虽然虚拟社区取用的是维基百科的一个选举网络作为合作网络，但其链路预测的结果表明，在相互不认识的互联网中，择优连接机制是首要的。而真实科研合作网络却是一个熟人网络，合作关系的建立受到诸多主客观因素制约，择优连接机制就显得并不那么重要了。

其次，讨论了动态链路预测要解决的主要问题，即考虑不同时序状态下的快照网络，通过比较两者之间的“真实生长”从而挖掘出未来链路，并作为合作组合加以推荐。以推荐为目的时，通常会优先考虑核心作者之间的合作关系。实验网络选择教育学、图书馆情报文献学、经济学和管理学这四门学科核心作者合作网络，同时它们的网络结构还很相似。通过比较它们的 PR 曲线和 ROC 曲线，并结合 fmax 值来辅助观察，可以看出 PA 指标表现依然是最差的，AA 指标和 Katz 指标表现则相对较好。

在高产作者之间的合作关系是否会比低产作者之间的合作关系更容易预测这一问题上，研究针对图书馆情报文献学合作网络，选取了不同的高产作者抽取方案，分别又重新进行了动态链路预测，并以 fmax 值为预测结果的评价指标。研究结果显示，链路预测在高产作者合作网络中确实要更为有效一些。

最后，在考虑链路预测指标之间关系这一问题上，计算不同指标预测结果之间的重合度，并据此构建频数矩阵，利用多元统计分析中的聚类分析和多维尺度分析，可以很直观地观察到这些预测指标之间隐藏的结构关系。显然，就本研究所使用的核心作者合作网络来看，PA 指标和其他指标之间差异性非常大，这再一次表明了作者合作关系的建立不倾向于择优连接机制。因此，可以利用链路预测的结果来反向观察真实网络的生成机制。当然，还可以利用这一研究方法继续在其他合作网络的情形下来验证这些预测指标之间的关系。

第5章　网络结构与链路预测的关系

本书在第 3 章讨论了科研合作网络的结构，分析了不同学科合作网络呈现出的不同的特征和模式。接着，在第 4 章对时序状态下的学科合作网络进行了静态和动态链路预测实验，分析了在相似和相异结构的合作网络中的预测效果差异。对于链路预测来说，基于结构相似性的预测指标的定义能否很好地抓住目标网络的结构特征，会最终决定预测精度的高低，也就是说，网络结构对于预测指标的选择会产生重要影响。同时，链路预测的一个应用方向是识别网络中的异常链路，异常链路在保持网络连通性方面有着重要作用，进而影响网络结构的改变。

本章将在第 3 章和第 4 章研究的基础上，首先研究网络结构特征及其改变如何影响到链路预测指标的选择，反过来说，哪些链路预测指标在什么样的网络结构中会产生比较好的预测效果，从而指导实践工作；接着研究异常链路与网络连通性问题，结合具体的学科背景，以案例形式来说明科研合作网络中的异常链路对保持网络连通性的作用，并总结当前已有研究对该问题的一些认识。

5.1　网络结构对预测效果的影响

如何刻画复杂网络中节点之间的相似性，是数学和物理学里的一个重要的理论问题，且不容易解决。基于结构相似性的链路预测指标和算法，只涉及网络的结构信息。不同的相似性指标会侧重从网络结构的某一个方面来刻画，如果目标网络在此方面的结构特征显著，那么就可以得到较好的预测效果，反之，则较差。同时，对目标网络的不同抽取策略和方案会造成网络结构的扰动，这种扰动会影响链路预测的排序结果。

5.1.1　问题描述

科研合作网络可通过合著论文来呈现，其网络结构形态多样、差异明显。链路预测的预测精度高低，会取决于结构相似性的定义是否能够很好地抓住目标网络的结构特征，因此，网络平均度、数据规模、聚集系数、同配系数、网络效率等结构参数会对不同预测指标的预测结果产生重要影响。Ahn 和 Jung（2015）将六种链路预测指标（CN、AA、RA、Jaccard、PA、SimRank）应用到 WS 模型和

BA 模型中，试图更好地理解预测精度和模型参数之间的相关性。研究发现，网络平均度与预测精度之间存在着正相关性。

由作者出现频次大小可以形成不同规模的合作网络数据集。张金柱和韩涛（2016）对图书情报领域不同规模的合作网络进行链路预测实验，发现数据规模越大，合作关系预测的整体准确率就越高，指标具有数据规模偏好。

贾珺等（2017）通过对美国政治博客网络、美国航空网络、网络科学合作网络等五种真实网络的链路预测实验，发现同配系数和聚集系数对预测指标选择具有关键作用。当同配系数为正且聚集系数大于阈值（约 0.1）时，适用基于局部信息的预测指标，否则适用基于全局信息的预测指标；聚集系数、网络效率与基于局部信息的预测指标的结果成正比，与基于全局信息的预测指标的结果成反比。

Feng 等（2012）针对聚集系数与预测指标之间的关系进行了研究，认为不管是ER网络，还是BA网络，当聚集系数增长时，只考虑最近邻的局部预测指标，如 CN、AA、RA、SRW、Katz、Rooted PageRank，预测效果会得到提升。这一结论在真实网络中同样也是适用的。具体来讲，针对给定的 ER 网络和 BA 网络，在以单一准确率为评价指标下，当聚集系数很低（小于 0.01）时，不存在一个有效的预测指标，而当聚集系数上升到一定程度（0.3）时，AA 指标和 RA 指标的预测效果便凸显出来，它们要好于其他预测指标；而在以 AUC 为评价指标下，聚集系数的上升也会带来类似的效果，此时 SRW 指标的预测效果要更好一些。

他们发现聚集系数与预测效果的这种正向相关特征，不会随着网络规模和密度的变化而改变。当网络规模和聚集系数都一定的情况下，这些预测指标会在稠密的网络中表现得更好一些。这一点会比较容易理解，即稠密网络中会包含有更多的结构信息。但是对于那种低凝聚性的稀疏网络来说，AA、RA、SRW 等指标的预测效果会好于其他指标。当复杂网络的凝聚性上升时，SRW 指标的预测表现在稀疏网络中会比较好，AA 指标和 RA 指标则在稠密网络中会更好一些。特别地，在以单一准确率为评价指标下，RA 指标在高凝聚性的稠密网络中表现得最好。上述关系可以用图 5-1 反映出来。

图5-1　聚集系数与预测指标的关系

与真实网络不同的是，ER 网络和 BA 网络的聚集系数都很小，而真实网络却具有很大的聚集系数，且聚集系数的值不随网络规模的增加而变小，如表 5-1 所示。也就是说，ER 网络和 BA 网络并不能很好地再现真实网络高凝聚性的特征。

表5-1　不同类型网络的主要拓扑特征

网络	平均距离	聚集系数	度分布
规则网络	大	大	函数
随机网络（ER）	小	小	泊松分布
小世界网络（WS）	小	大	指数分布
无标度网络（BA）	小	小	幂律分布
部分真实网络	小	大	近似幂律分布

随后，他们在三个真实网络（科学家合作网络、美国电力网络、政治博客网络）的巨片中进行验证，上述结论得到了一定程度的证实，即在高凝聚性的网络中，最近邻的局部预测指标才会有良好表现。但是，这一结论是否具有普遍性还需要在更多的真实网络中加以验证才行。

5.1.2　网络聚集系数与预测效果

本书在 4.1 节的静态链路预测实验中，已经计算了七门学科合作网络巨片的 AUC 值，选择其中的 CN 指标、AA 指标、RA 指标、SRW 指标和 Katz 指标（SRW 参数选择 3，Katz 参数选择 0.005），和 Feng 等（2012）的三个真实网络放在一起进行对比观察，按聚集系数从小到大排列，如表 5-2 所示。将这十个网络的聚集系数、网络密度与各个指标的 AUC 值进行关联分析，来验证聚集系数与预测效果具有正向相关特征这一结论。

表5-2　真实网络中聚集系数与预测效果（按聚集系数从小到大排列）

真实网络	CN	AA	RA	SRW（3）	Katz（0.005）	聚集系数	网络密度
美国电力网络	0.585 5	0.585 5	0.585 5	0.637 5	0.650 8	0.107	0.000 5
政治博客网络	0.919 7	0.922 3	0.921 9	0.945 9	0.924 4	0.36	0.022 4
法学	0.957 5	0.989 1	0.988 5	0.980 2	0.959 3	0.43	0.044 8
中国文学	0.985 9	0.990 2	0.990 1	0.984 4	0.985 5	0.57	0.039 8
教育学	0.955 6	0.954 8	0.955 8	0.971 2	0.978 1	0.57	0.001 1
经济学	0.920 1	0.918 3	0.920 2	0.935 0	0.956 2	0.59	0.000 2
图书馆情报文献学	0.951 8	0.952 6	0.952 0	0.967 3	0.978 5	0.68	0.000 4
管理学	0.951 7	0.951 8	0.952 1	0.969 4	0.977 1	0.69	0.000 3
网络科学	0.953 2	0.956 8	0.956 9	0.960 7	0.942 4	0.798	0.012 8
历史学	0.847 3	0.898 3	0.898 4	0.974 8	0.829 1	0.91	0.137 7

研究所收集的七门学科合作网络巨片，都具有高凝聚性这一特点，属于高凝聚性网络。将Feng等(2012)收集的三个真实网络加入一起讨论，就网络密度而言，历史学合作网络巨片的密度量级为10^{-1}，其巨片形态近似于一个星形网络，非常特殊，因而对其进行单独讨论。

在对历史学合作网络巨片进行预测的所有指标中，SRW指标的预测效果最好，高达0.9748。SRW这一指标充分考虑了很多真实网络连接上的局域性特点，它给了邻近目标节点的节点有更多的机会与目标节点相连。在一个标准的星形网络中，这种局域性非常强烈，虽然它的聚集系数为0，但除中心节点外，其他节点若想和另外节点进行信息的传输，都会经过该中心节点。在历史学合作网络巨片中，其平均度为3.17，聚集系数为0.91，平均距离为1.86，全局效率为0.568 84，在经过3步的SRW指标的计算下，得到的预测效果很好也就不足为奇了。

网络科学、中国文学、法学这三门学科合作网络以及政治博客网络巨片的密度量级为10^{-2}，教育学合作网络巨片的密度量级为10^{-3}，图书馆情报文献学、经济学、管理学这三门学科合作网络以及美国电力网络巨片的密度量级为10^{-4}。可以将这些网络巨片看成稀疏网络，进一步地还可以通过网络密度的量级将它们区分开，并进行更细致地比较。

绘制这些真实网络的聚集系数与预测效果之间的关系，如图5-2所示，横坐标标签按聚集系数从小到大，从左往右排列。在聚集系数较高的科研合作网络巨片中，这些指标预测表现得都很好。通过观察可以发现，随着聚集系数的增大，各指标的变化趋势并不会呈现出严格的上升关系。也就是说，虽然聚集系数在出现大幅增长时，只考虑最近邻的局部预测指标的预测效果会得到提升，但若聚集系数的增长幅度是在一个有限且很小的范围内，则预测效果会发生扰动。

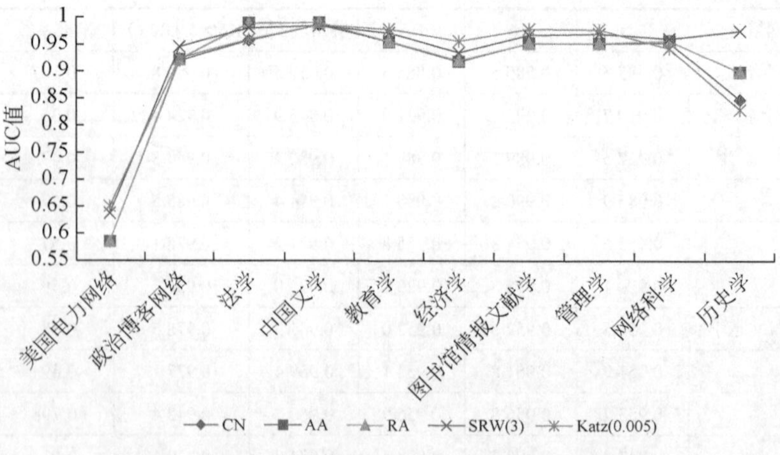

图5-2　真实网络中聚集系数与预测效果之间的关系

比较聚集系数同为 0.57 的中国文学和教育学这两门学科合作网络巨片的预测效果，预测效果会随着网络密度的减小而降低。单从这一比较结果来看，“聚集系数与预测效果的这种正向相关特征，不会随着网络规模和密度的变化而改变”这一结论在本研究中并不成立。同时，这也间接表明了预测效果发生扰动可能与网络规模和密度的变化有关。

随着聚集系数的增大，在不考虑 Katz 指标的情况下，比较 AA、RA、SRW 这三项指标的预测效果。在网络密度量级为 10^{-2} 这一层级上，中国文学、法学显然要比网络科学、政治博客网络相对稠密一些，此时 AA 指标、RA 指标在中国文学、法学合作网络巨片中表现好一些，而 SRW 指标在网络科学、政治博客网络巨片中则要表现好一些。而如果将网络密度量级为 10^{-3}、10^{-4} 的网络都加入进来的话，SRW 指标在这些网络中表现得就更好一些。这也就验证了“当复杂网络的凝聚性上升时，SRW 指标的预测表现在稀疏网络中会比较好，AA 指标和 RA 指标在稠密网络中会更好一些”这一结论，如图 5-3 所示。

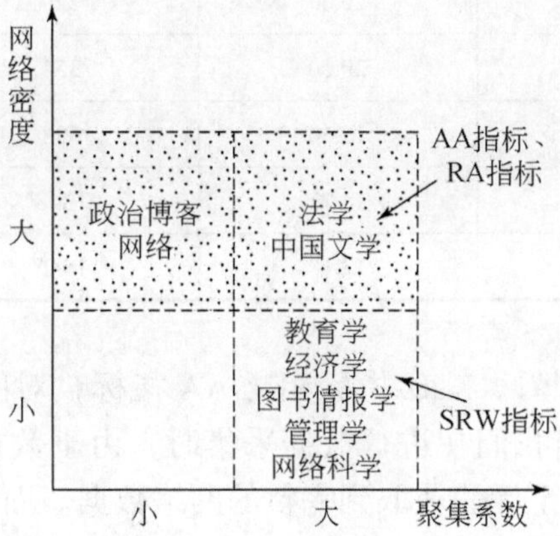

图5-3　真实网络中AA指标、RA指标、SRW指标与网络密度、聚集系数的关系

将上述论述总结为命题形式，如表 5-3 所示。

表5-3　聚集系数与预测效果的命题

命题	是否为真
P1：当聚集系数很大时，最近邻的局部指标预测效果很好	真
P2：随着聚集系数增大，最近邻的局部指标预测效果会得到提升	假
P3：聚集系数与预测效果的正向相关特征，不会随着网络规模和密度的变化而改变	假
P4：随着聚集系数增大，在稀疏网络中，SRW 指标的预测效果会比较好	真
P5：随着聚集系数增大，在稠密网络中，AA 指标和 RA 指标的预测效果会比较好	真

5.1.3 网络结构扰动与排序鲁棒性

在 4.2 节动态链路预测实验中，当抽取核心作者并构建网络时，实验网络会出现结构上的变化。本书进行的链路预测都是基于结构相似性的指标和算法的，网络结构的改变势必会影响最终的预测结果。不妨计算 AA 指标和 Katz 指标在整体作者合作网络 G0 中的预测结果，将其与核心作者合作网络 G0′ 进行比较，计算预测结果在相同规模下的重叠情况，结果如表 5-4 所示。

表5-4 整体作者合作网络与核心作者合作网络预测结果的重叠情况

预测结果规模	AA 指标		Katz 指标	
	重叠数量	重叠比例 /%	重叠数量	重叠比例 /%
50	15	30.00	48	96.00
100	22	22.00	88	88.00
300	60	20.00	229	76.33
500	100	20.00	354	70.80
1000	126	12.60	598	59.80
3000	443	14.77	1348	44.93
5000	609	12.18	1946	38.92

此时，从重叠比例上看，Katz 指标相比 AA 指标，对网络结构的改变更具有抗干扰性。事实上，当我们在进行数据采集时，由于数据源、数据处理等方面的问题，本身就很难甚至无法获取到完整的网络数据。而大型复杂网络的结构往往会随着时间而发生变化，通常表现在两个方面：一是节点数量的增减，二是连边数量的增减。真实网络的演化过程往往还是加速增长的（Dorogovtsev and Mendes，2002；Sen，2004），连边的数量比节点的数量增长得更快。于是，一方面是获取到的网络数据并不完整，另一方面是真实网络在不断演化，这就造成了所构建网络的结构本身会发生扰动。因此，自然希望关于节点对之间相似性的某种排序能够对网络结构的扰动具有一定的鲁棒性。

表 5-5 所示的是 2008 ～ 2013 年图书馆情报文献学合作网络按照节点度值从小到大进行抽取所形成网络的拓扑结构特征，如：“节点度 > 1”表示抽取整体合作网络中节点度大于 1 的节点，即移除掉节点度小于或等于 1 的节点，之后余留下的网络。随着抽取节点度值的增大，网络结构会发生剧烈变化，同时网络的同配性系数也随之增大，这意味着大度节点之间产生联系的概率会升高。这种抽

取网络的行为可以看作一种节点移除策略，即按照节点度值从小到大批量移除指定度值的节点。需要说明的是，研究所使用的实验网络是无标度网络。

表5-5　图书馆情报文献学按不同节点度标准抽取的网络（2008～2013年）

网络	节点数	连边数	成分数量	巨片中作者数量占比 /%	孤立作者数量占比 /%	平均度	网络密度	平均距离	同配性系数
整体网络	17 514	23 391	4 974	54.08	19.82	2.671 1	0.000 15	7.339 8	0.049 6
连通巨片	9 471	19 104	—	—	—	4.034 2	0.000 43	7.339 8	−0.035 8
节点度＞ 1	7 395	11 599	1 714	68.42	18.38	3.137 0	0.000 42	6.812 6	0.080 0
节点度＞ 3	2 888	5 339	503	78.74	14.44	3.697 4	0.001 28	6.120 9	0.117 1
节点度＞ 5	1 548	2 931	228	81.78	12.27	3.786 8	0.002 45	5.747 3	0.148 8
节点度＞ 7	1 006	1 874	139	83.20	11.63	3.725 6	0.003 71	5.579 5	0.197 6
节点度＞ 9	683	1 220	93	84.48	12.01	3.572 5	0.005 24	5.475 7	0.203 9
节点度＞10	571	998	70	86.16	10.86	3.495 6	0.006 13	5.630 8	—
节点度＞20	164	202	40	70.73	20.12	2.463 4	0.015 11	6.429 3	—

相比于随机网络而言，无标度网络对于随机节点故障具有极高的鲁棒性（Albert et al.，2000）。按照表 5-5 的节点移除策略，每次选取的节点都是度值很小的节点，批量移除这些节点对整个网络的连通性不会产生大的影响，如图 5-4 所示，其中 f 为去除的节点数占原始网络总节点数的比例。

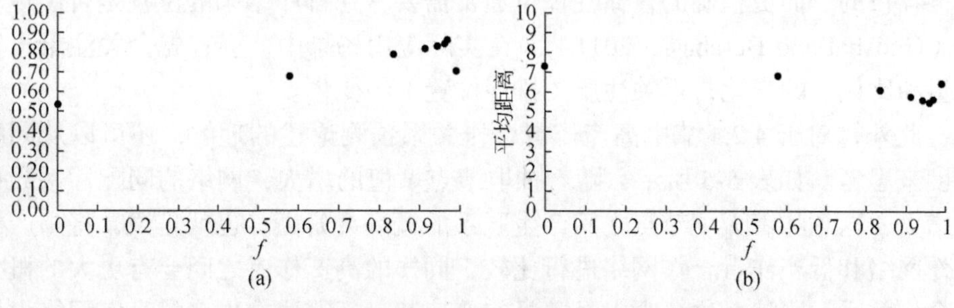

图5-4　批量移除节点后合作网络的鲁棒性

虽然批量移除度值很小的节点仍可以保证网络的基本连通性，但却很容易造成共同邻居节点的缺失，这对基于共同邻居的相似性指标，如：CN、AA，非常不利。将表 5-4 的计算过程重新应用到“节点度＞3”和“节点度＞5”的网络上，以“节

点度 > 5”的网络为基准，计算基于节点的指标（CN、AA、PA）和基于路径的指标（Katz、Rooted PageRank、SimRank）的预测结果的重叠情况，如图 5-5 所示。随着比较规模的扩大，CN 指标、AA 指标、Katz 指标的重叠比例呈现出下降趋势，而 PA 指标、Rooted PageRank 指标、SimRank 指标的重叠比例则呈现出上升趋势。显然，网络结构的扰动对于 Katz 指标的预测结果影响最小，对 Rooted PageRank 指标的预测结果影响最大。

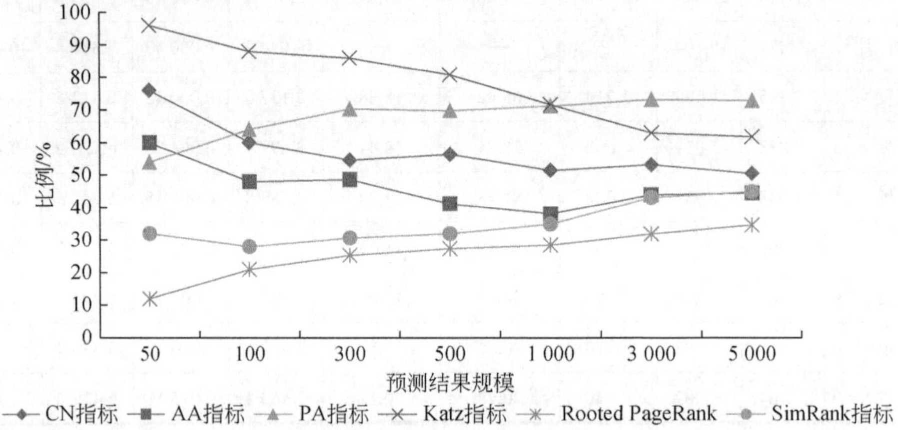

图5-5　不同预测指标排序结果的重叠比例发展趋势

严格来讲，计算重叠比例的方法，对于分析排序结果对网络结构的扰动具有鲁棒性还是显得比较粗糙，但它却具有统计学意义。通过计算重叠比例，可以快速定位出在实验网络中那些特别稳定的且相似性得分数值又很高的节点对，并用作推荐目的。而更精确的鲁棒性评价通常需要考虑排序结果的位置是否出现了变化（Ghoshal and Barabási，2011）。在实际应用场景中，会首先会关注量（重叠数量和比例）的变化，再关注质（排序位置）的变化。

此外，对于 4.2.4 节中高产作者合作关系预测论述的理解，还可以从同配性角度来思考。如表 5-5 所示，随着抽取节点度值的增大，网络的同配性系数也随之增大，这意味着大度节点之间产生联系的概率会升高。也就是说，将高产作者合作网络和低产作者合作网络进行比较，同样的高产作者之间会有更大的概率建立合作关系。当然，这一观点是否具有普遍性，还需要在更多的真实网络中加以检验才行。

5.2　异常链路对网络连通性的影响

针对复杂网络中还未产生连接的节点对而言，利用节点对之间的相似性可以用来预测节点对产生连边的可能性大小。这是链路预测要解决的主要问题，在前面章节中已经重点讨论了。受这一思想的启发，针对复杂网络中已经存在连接的节点对而言，相似性指标还可以用来刻画这些已存在的连边的可信度或者重要性。

衡量连边的可信度评价是指，如果通过链路预测指标和算法得到了一条连边存在的可能性是很低的，但它在实际网络中又被发现了或者观察到，于是有理由怀疑这条连边的存在是否是正确的，也就是说，这条连边有可能是虚假的。而重要性评价是指，如果这条连边的确真实存在，那么这条连边的存在就可能在网络中起到举足轻重的作用。显然，讨论可信度或者重要性评价问题，这都是针对具体应用场景而言的，理论研究中大可不必刻意区分这两个概念。将这些存在可能性很低的连边视为异常链路（anomalous links），它们无疑都是很有价值的，更为重要的是，它们会影响网络的连通性和传输能力。识别异常链路的这一过程称为异常探测（anomaly detection），这就是本节要讨论的内容。

5.2.1　边度与边介数

本书已在 2.2.3 节里介绍了节点权力，节点中心性可以用来衡量节点的重要程度，它会影响所要关注的网络的结构和功能。其中，度中心性是衡量节点重要性最简单且最直接的方法。一般来讲，大度节点意味着这个节点很重要，但需要指出的是，并不是所有的大度节点都是最重要的。

Kitsak 等（2010）认为，节点的传播影响力与节点所处的位置往往有关。如果节点处于网络的边缘位置，即使它的度值很大，也不会有高的影响力；而如果节点处于网络的核心位置，即使它的度值很小，也往往具有非常高的影响力。中介中心性就是为了刻画这类节点的重要性而产生的，它用于衡量某一节点在基于最短路径的路由策略时信息的吞吐量。中介中心性高的节点，对于网络的连通性起到了关键性的作用（Yan et al.，2006）。与中介中心性衡量节点对网络中信息流动的控制力不同，接近中心性可以理解为利用信息在网络中传播时间来确定节点的重要性。接近中心性高的节点对于信息流动提供了最佳的观察视野。除了这三种常见的中心性指标，还有如 PageRank 这样可以用于节点排序的算法，它所给出的节点的分数值也可以当作一种中心性来看待（任晓龙和吕琳媛，2014）。

与节点度中心性类似，边度是用来衡量网络连边重要性最简单且最直接的方法。一条连边的边度是指与该连边有关联的所有连边的数量。设节点 v_i 和 v_j 的度为 k_i 和 k_j，一条连边 $e=\{v_i, v_j\}$ 的边度就是 $d_e = k_i + k_j - 2$。有时候，复杂网络的研究者也会使用乘积的形式，即用 $k_i k_j$ 来表示边度。需要注意的是，乘积形式的边度定义与择优连接相似性的定义是一致的。因此，从这个角度来讲，从节点对的相似性来衡量连边的重要性是可行的。

同时，与节点中介中心性类似，还可以定义出一条连边的边介数：

$$B(e)=\sum_{s\neq t}\frac{n_{st}^{e}}{g_{st}}$$

式中，n_{st}^{e} 为从节点 s 到节点 t 的最短路径中经过连边 e 的数目；g_{st} 为从节点 s 到节点 t 的所有最短路径数目。边介数衡量了连边的连通能力，边介数越大的连边对网络的连通性所起的作用也就越大。

通常情况下，连接两个社团的连边的边介数会比较大，而处于社团内部的边介数会比较小。因此，边介数可以用于进行社团分析。Girvan 和 Newman（2002）就提出了一种基于分裂的社团结构检测算法，它的基本思想就是每次选择一条边介数最大的连边，将其从网络中断开，以此类推，就可以凸显出整个网络的社团结构。

表 5-6 为 2008 ～ 2013 年图书馆情报文献学合作网络按照不同边度抽取的网络的拓扑结构特征。显然，按照边度值从小到大批量移除指定边度值的节点，网络的规模会快速缩小，而且不会产生孤立节点，但同时这种节点移除策略会严重破坏网络的连通性。图书馆情报文献学合作网络的同配性系数为 0.0496，虽然网络具有一定的同配性，但强度却很低，从某种意义上讲，该网络倾向是中性的。因此，即便移除的是小度连边，也会对网络的连通性造成很严重的影响。

表5-6　图书馆情报文献学按不同边度标准抽取的网络（2008 ~ 2013年）

网络	节点数	连边数	成分数量	巨片中作者数量占比 /%	孤立作者数量占比 /%	平均度	网络密度	平均距离
整体网络	17 514	23 391	4 974	54.08	19.82	2.671 1	0.000 15	7.339 8
连通巨片	9 471	19 104	—	—	—	4.034 2	0.000 43	7.339 8
边度 > 1	4 038	4 600	699	43.86	0.00	2.278 4	0.000 56	11.501 8
边度 > 3	938	856	244	2.99	0.00	1.825 2	0.001 95	2.265 5
边度 > 5	667	604	175	3.90	0.00	1.811 1	0.002 72	2.224 1
边度 > 7	173	116	68	4.62	0.00	1.341 0	0.007 80	1.394 3
边度 > 9	73	51	29	9.59	0.00	1.397 3	0.019 41	1.400 0

5.2.2　异常间隙与异常链路

如前所述，对链路预测结果进行评价可以被视为类信息检索评价（Guns，2009），这就意味着对每一种预测指标都可以计算准确率和召回率，如表 5-7 所示。其中，准确率 $=A/(A+B)$，召回率 $=A/(A+C)$。在该表中，情形 A 是正常状态的链路预测（LP），情形 B 是异常间隙发现（anomalous gap discovery，AGD），情形 C 是异常链路发现（anomalous link discovery，ALD）。

表5-7　预测网络和测试网络中的连边之间可能存在的四种关系

		测试网络	
		相关的	不相关的
预测网络	预测到的	$A=E^{\text{Pred}}\cap E^{\text{Test}}$	$B=E^{\text{Pred}}\cap\neg E^{\text{Test}}$
	未预测到的	$C=\neg E^{\text{Pred}}\cap E^{\text{Test}}$	$D=\neg E^{\text{Pred}}\cap\neg E^{\text{Test}}$

对于情形 A 来讲，链路预测的目的就是通过预测指标和算法得到那些出现连接的可能性值高的，会在测试网络中形成实际的连边的节点对。不管是否加入时序因素，这些节点对都是我们最想要的预测结果，代表了探索和认识真实网络的微观层面。

对于情形 B 来讲，异常间隙是指预测网络中的那些出现连接的可能性值高的，但没有在测试网络中形成实际的连边的节点对。这意味着，该链路可能会在更远的未来的某个时间点出现，或者节点对间形成了某种边界。针对合作网络来说，如果作者 a 和作者 b 之前合作过多次，那么在测试网络中再次合作的可能性也很高；但如果合作没有发生，则有可能是其中某个作者的研究课题发生了改变，或者是某种外在因素打断了两者之间长期保持的合作关系。

对于情形 C 来讲，异常链路是指在测试网络中真实存在，但通过预测方法认为其存在可能性很低的连边。一方面，这些异常链路可能是“不稳定的”或者在未来很可能会消失，于是有理由怀疑它们可能是虚假连接。另一方面，如果这些异常链路的确存在，那么势必在网络中具有特定功能和作用。对于合作网络来说，Rattigan 和 Jensen（2005）就利用异常链路发现，对 DBLP 数据库①中的作者合作关系进行了分析，识别出了两个作者共用了一个相同的名字从而连接在了一起。而对于引证网络来说，如果一篇论文在理论方法部分借鉴了其他学科，那

① DBLP(database system and logic programming) 是计算机领域内对研究的成果以作者为核心的一个计算机类英文文献的集成数据库系统。

么它所在的引证网络中这条意想不到的引证关系就有可能是跨学科或交叉学科的标志。

实际上，在特定的某些时候，关注异常链路会多于异常间隙，这主要是因为异常间隙比异常链路具有更多的不确定性，无法简单地推断出形成异常间隙的原因。当然，这些异常间隙对我们也很重要，可以作为推荐建议给出。另外，在社会网络分析中，通常默认连边是缺失的，所构建的网络也就是不完整的，这是由研究工作本身性质所决定的。相对地，一些错误的数据就有可能加入进网络，并极大地影响研究结果。如果错误数据导致产生了不该出现的连边，类似在网络中插入了一条完全随机产生的连边，单单依靠链路预测算法在很大程度上不太可能挑出这些虚假连边。

5.2.3 异常链路识别与分析

识别异常链路的方法是，将每一条连边当作测试集，专门来预测该连边存在的可能性大小。对于一个复杂网络，给定一种预测指标和算法，就可以得到所有未知边的分数值，这其中包括了所有不存在的连边以及一条测试边。观察该测试边在所有未知边的分数值排序中的位置，得分越低表明该测试边越异常。显然，在这一过程中，与使用 2.4.2 节中所述的逐项遍历的数据集划分方法，之后进行链路预测是一致的。

具体而言，给定一个网络 $G=(V, E)$，其中 V 为节点集合，E 为连边集合。对每一条连边 $e \in E$，令测试集 $E^{\text{Test}}=\{e\}$，训练集 E^{Training}，未知边集合（$U-E^{\text{Training}}$）中连边的数量为 H，使用某一链路预测指标和算法，计算连边 e 的得分在未知边集合中的得分排名，即

$$\text{RS}_e=\frac{r_e}{H}$$

在预测时，RS_e 越小，表明预测越准确。而在识别异常链路时，RS_e 越大表明连边越异常。但这种方法的问题在于，使用逐项遍历的数据集划分方法，每次都需要重新进行计算，计算复杂度会随着网络规模的增大而变得非常高，因此不适用于那些规模很大的网络。

因此，这种精确识别异常链路的方法并不实用。通常采用的方法是，直接将整个网络 G 当作训练集，不进行数据集的划分，使用不同预测指标和算法计算节点对之间的相似性。由于相似性计算的结果中会包含了当前训练集中所有可能出现的连边，也自然包括了已存在的连边。此时，观察这些已存在的连边在所有可能出现的连边得分数值排序表中的位置，设定得分数值低于某一阈值

或者排序位置低于某一位置或者倒数排序前 n 位的“已存在的连边”，将它们视为潜在的异常链路。此时，还可以利用 2.4.4.3 节介绍的排序分来评价预测指标的表现。

对于识别出来的潜在的异常链路，在不考虑时序状态时，可以结合预测指标的定义来探讨这些潜在的异常链路对我们的启示。而在考虑时序状态时，还可以多出一步确认的过程。对于前一个快照网络识别出来的潜在的异常链路，如果在后一个快照网络中又出现了，则这个潜在的异常链路就被加强了，值得着重关注并分析产生的原因。可以将这一过程总结如下的操作流程：①利用预测指标计算节点对的相似性以识别出潜在的异常链路；②如果不存在后续快照，则结合预测指标侧重刻画的网络结构来分析这些潜在的异常链路；③如果存在后续快照，则判断这些潜在的异常链路是否出现，重点分析又出现的异常链路。

以 2008 ～ 2011 年图书馆情报文献学的核心作者合作网络为实验网络，采用 AA 指标和 Katz 指标进行相似性计算，以 AA 指标计算出的 10 223 条结果为排序列表的基准规模，选择在 2012 ～ 2013 年的核心作者合作网络中出现，且倒数排序前 5 位的“已存在的连边”，如表 5-8 所示。值得注意的是，不同的连边也会有相同的得分值。计算 AA 指标和 Katz 指标的排序分，分别是 81.73 和 64.04，可以得知 Katz 指标的预测表现比 AA 指标要好，这和 4.2.3.1 节得出的结论是一致的。

表5-8　异常链路识别结果

排序	AA 指标				Katz 指标			
5	8 966	钟永恒	杨志萍	0.339 623 272	2 593	郑春厚	王娟	0.001 000 004
4	9 456	韩正彪	周鹏	0.323 515 453	2 595	顾烨青	吴稌年	0.001 000 004
3	9 513	郑建程	李欣	0.323 515 453	2 614	王丽	吴鸣	0.001 000 003
2	10 108	杨思洛	宋艳辉	0.310 667 467	2 619	黄颖	孙波	0.001 000 003
1	10 166	李峰	吴思竹	0.310 667 467	2 656	汤建民	余丰民	0.001 000 001

图 5-6 所示的为 AA 指标下异常链路得分数值排名倒数第一的作者组合所在局域网络，设邻居网络的深度为 1，过滤出来的子网络包含 6 个节点 8 条连边。作者节点“李峰”和“吴思竹”归属于同一个社区，并且和“张智雄”一起构成了三角形结构。吴思竹与李峰或张智雄合作的论文信息如表 5-9 所示。

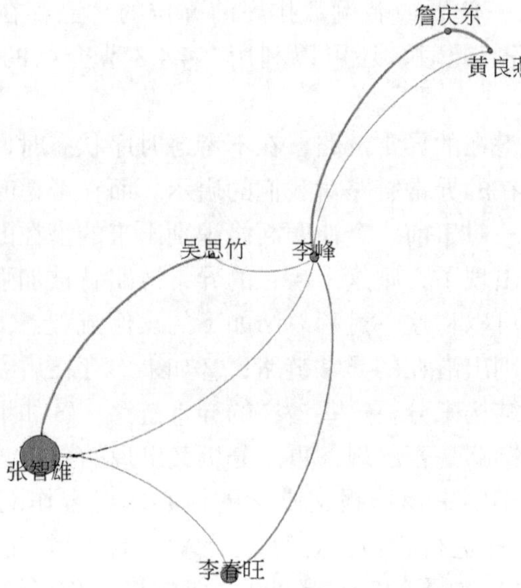

图5-6 “李峰”和“吴思竹”的合作关系

表5-9 “吴思竹”与“李峰”或“张智雄”合作的论文信息（CSSCI）

序号	题目	期刊	年份	关键词	所有作者
1	网络中心度计算方法研究综述	图书情报工作	2010	中心度；网络分析；中介中心度	吴思竹；张智雄
2	科研机构动态监测的网络资源重要性排序方法研究	情报理论与实践	2011	科研机构；网络资源；重要性排序	吴思竹；张智雄；李峰
3	基于网页特征识别的噪音网页过滤方法研究	情报理论与实践	2011	网络资源；噪音网页；过滤方法	吴思竹；张智雄
4	知识资源的语义表示和出版模式研究——以 Nanopublication 为例	中国图书馆学报	2013	知识资源；纳米出版物；语义网；语义出版；语义表示	吴思竹；李峰；张智雄
5	基于语言网络的文本表示模型研究	情报科学	2013	文本表示模型；语言网络；网络图；语义网络	吴思竹；张智雄；钱庆

显然，由于吴思竹和李峰在 2008 ～ 2011 年有合作的论文只有一篇，这种合作关系非常微弱，因而被当作异常链路识别出来。但从形成三角形结构的角度讲，这一合作关系又恰好非常重要，是形成这一基本微观单元所必需的。两人在 2012 ～ 2013 年又发生了一次合作关系，两人之前的弱连接关系被加强了。

Pan 和 Saramäki（2012）在研究科研合作网络时，发现稠密的近邻主要构成弱连接，而强连接则桥接于各个社区之间。与此同时，Pajevic 和 Plenz（2012）通过调查多种真实网络，发现存在两种不同的状况：①在脑神经网络、基因表达网络、社交网络和语言类的网络中，强连接更优先产生在拥有重叠邻居的节点之间，即社区内部；②在美国航空网络、科研合作网络中，强连接却完全相反，产生于社区之间。

与 AA 指标所识别出的异常链路不同的是，Katz 指标所识别出的异常链路则基本上都处于网络的边缘位置，这里的边缘位置是指异常链路所代表的作者组合之间并没有其他路径相连，这种合作关系虽然很异常，但是对于他们来说却很重要，是唯一的，无法替代。图 5-7 和表 5-10 为“郑春厚”和“王娟”的合作关系示意图，以及他们在 2008 ～ 2013 年合作发表的论文信息。

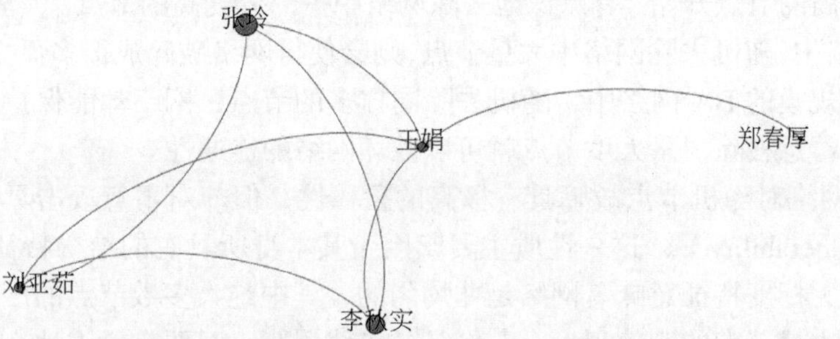

图5-7　“郑春厚”和“王娟”的合作关系

表5-10　“郑春厚”和“王娟”合作的论文信息（CSSCI）

序号	题目	期刊	年份	关键词	所有作者
1	基于共链分析的高校图书馆网络结构研究	图书情报工作	2011	共链分析；高校图书馆；网络结构	岳增慧；王娟；郑春厚
2	JCR5 年期影响因子实证分析	图书情报工作	2012	5 年期影响因子；期刊评价指标；被引半衰期；离散系数	王娟；郑春厚
3	知识网格环境下文本分类模式构建	情报科学	2012	知识网格；文本分类；模式构建	范少萍；郑春厚；王娟
4	国内期刊引文量及引文聚散特征研究	情报杂志	2012	国内期刊；引文；聚散特征；重要期刊聚合度；中国期刊引证报告扩刊版	张振康；王娟；郑春厚
5	基于惩罚性矩阵分解的文本聚类分析	情报学报	2012	文本软聚类；PMD；模式选择	王娟；范少萍；郑春厚

5.2.4　异常链路的移除

给定一个网络，当每次从该网络中移走一个节点时，同时也就移走了与该节点相连接的所有连边，从而有可能造成网络中其他节点之间的一些路径发生中断。

当然，如果两个节点之间有多条路径相通，中断其中的一条虽然不会改变两个节点相连通的性质，但却有可能造成两个节点之间的距离增大，从而使得整个网络的平均距离也会增大。当两个节点之间所有的路径都被中断时，两个节点自然也就不连通了。此时，如果在移走少量节点后，网络中的绝大部分节点仍然是连通的，那么就可以称该网络的连通性对节点故障具有鲁棒性。

Albert 等（2000）比较了 ER 网络和 BA 网络的连通性对节点去除的鲁棒性。他们考虑了两种节点去除策略：第一种是随机故障策略，即完全随机的去除网络中的一部分节点；第二种是蓄意攻击策略，即按照网络中节点度从大到小排列，从度数最高的节点开始，有意识地去除网络中一部分度高的节点。实验结果显示，在ER网络中，随机去除网络中大量节点，则会使得网络破碎成很多孤立的子网络；而在同样规模的 BA 网络中，随机去除同样多的节点，网络却能保持基本的连通性，但若蓄意去除少量大度节点就可以破坏网络的连通性。

BA 网络对随机节点故障具有极高的鲁棒性，但却对蓄意攻击具有高度的脆弱性（vulnerability），这一性质主要归因于其本身所具有的结构特征。BA 网络度分布的无标度特征意味着网络是非均匀的，其中绝大多数节点的度值都很小，但却存在少量节点的度值很大，它们是“集线器”。只要有意识地去除这些大度节点，就会对整个网络的连通性产生破坏性作用。

随后，Albert 等（2000）在 Internet 和 WWW 这两个真实网络中也进行了上述实验，得到了与 BA 网络相类似的结果。由于很多真实网络的节点度分布都近似于幂律分布，因此无标度网络对随机节点故障具有鲁棒性这一特性在真实网络中应该具有普遍性。

受 Albert 等（2000）关于网络的鲁棒性与脆弱性研究的启发，可以将这一思路应用到评价节点重要性排序算法优劣上，即将节点重要性排序算法（如度中心性、中介中心性、接近中心性等）得出的重要节点作为研究对象，通过考察这些节点对网络某种结构和功能以及其他节点状态的影响程度，来判断该排序算法是否是合适的（任晓龙和吕琳媛，2014）。

具体而言，首先按照某种节点重要性排序算法计算各个节点的得分数值，并从大到小进行排序，依次将这些节点从网络中移除，设去除的节点数占原始节点总数的比例为 i/n，最大连通片（巨片）所含节点数目占原始网络节点总数的比例为 $\sigma(i/n)$，则网络的鲁棒性可用 R 来刻画（Schneider et al.，2011）：

$$R=\frac{1}{n}\sum_{i=1}^{n}\sigma\left(\frac{i}{n}\right)$$

对于星形网络来讲，$R=\frac{1}{n}\left(1-\frac{1}{n}\right)$；对于全局耦合网络来讲，$R=\frac{1}{2}\left(1-\frac{1}{n}\right)$；

当 n 较大时，$R \in (0, 0.5)$。同时，定义 V=0.5 – R，用来表示网络对于指定节点移除策略的脆弱性。使用 R 和 V 可以从整体上反映各种节点重要性排序算法的有效性。

基于这一思路，Iyer 等（2013）考察了在无标度网络、指数网络以及部分真实网络中，按照度中心性、中介中心性、接近中心性、特征向量中心性四种节点排序算法，以及随机移除节点方法，进行节点移除后对网络巨片的影响。结果显示，在高能物理合作网络和网络科学合作网络中，度中心性和中介中心性在识别重要节点上都比较有效。

参考上述方法，可以很自然地得出利用网络的鲁棒性和脆弱性来评价连边重要性排序算法。此时，各种链路预测指标和算法所计算出来的“已存在的连边”的相似性得分数值就可以用来衡量连边的重要程度。5.2.1 节中介绍的边度和边介数也是计算连边重要性排序算法的一种。需要注意的是，利用相似性得分数值评价连边的重要性是一个相对的概念。因为移除节点和移除连边所起到的效果差别很大，移除节点时会将跟该节点相连的所有连边一起移除，而移除连边时最多只会将两端节点一起移除。严格来讲，链路预测指标和算法是为计算节点对之间的相似性而设计的，只是基于异常链路视角具有对“已存在的连边”进行重要性评价的功能。

具体而言，参考排序分的评价方法，计算出每条连边的 RS_e 数值，并按照从大到小的顺序依次移除，并观察在此过程中，最大连通片（巨片）所含节点数目占原始网络节点总数的比例的变化情况。有实验证实，利用基于共同邻居的相似性指标，如：CN、Jaccard、AA、RA，挖掘出来的异常链路，从最异常的开始依次移除，网络破碎的速度比起边介数的方法更快（吕琳媛和周涛，2013）。这也表明了异常链路对保持网络的连通性具有重要意义。但同时也得指出，利用移除异常链路的方法来观察网络的连通性的改变，其结果会非常复杂。特别是，基于路径的相似性指标（如 Katz）所识别出来的异常链路，更多的是处于网络的边缘位置，移除它们会呈现出逐步“剪枝”的情形。

5.3　本章小结

本章首先讨论了网络结构对预测指标的影响。研究所选择的七门学科合作网络，从整体结构上都具有高聚集系数这一特点，同时它们的网络密度还非常低。因此，属于高凝聚性的稀疏网络。在这种类型的网络中，当聚集系数很大时，最近邻的局部指标预测效果会很好。当然，这一性质是否具有普遍性还需要使用更多的真实网络加以验证才行。在所使用的实验网络中，历史学合作网络巨片是非常特殊的，它近似于星形网络，存在一个中心节点，另有一些节点都能在很短的步数之内达到中心节点，平均度和平均距离都很小，聚集系数很高。此时，使用具有叠加效应的局部随机游走指标（SRW）会取得非常好的预测效果。

在实际操作中，由于获取到的网络数据通常并不完整，同时真实网络也在不断演化,这会造成实验网络的结构发生扰动。因此,通常希望进行链路预测实验时,预测指标能够对网络结构的扰动具有一定的鲁棒性。通过比较在网络结构发生扰动时，不同预测指标的预测结果在相同规模下的重叠情况可以粗略判断出排序鲁棒性的好坏。研究结果显示，网络结构的扰动对于Katz指标的预测结果影响最小，对 Rooted PageRank 指标的预测结果影响最大。

其次，讨论了异常链路与网络连通性的相关问题。与节点中心性相仿，连边也有边度和边介数的定义，它们分别用以衡量网络中连边的重要性和连通能力，当依边度进行连边批量删除时，网络规模会快速减小，连通性会受到很大影响。接着，讨论了异常间隙和异常链路，以及异常链路的识别和分析的相关内容。链路预测的一个重要应用是对识别出的异常链路进行分析，如果算法认为的并非真实存在的链路确实存在，则这些异常链路很可能有一些特别的价值。研究微观分析了两个具体场景，一个是利用 AA 指标识别出来的异常链路，可以发现这些链路是用以构成微观基本单元三角形结构的；另一个是利用 Katz 指标识别出来的异常链路，可以发现那些只存在唯一合作组合关系的情况。研究还总结了利用网络的鲁棒性和脆弱性来评价连边重要性排序算法的基本思路。基于异常链路的视角，有些异常链路可能是网络的重要连接，而且越异常越重要。因此，可以通过逐步移除异常链路，来观察网络破碎的速度从而判断异常链路对网络连通性的影响。通常来讲，异常链路对保持网络的连通性有重要贡献。但由于链路预测指标和算法是如此之多，这一方法目前仍需要在大量真实网络中进行实证分析才行。

第6章 网络演化与链路预测的关系

在情报学理论研究中，科研合作网络兼具社会网络和知识网络的双重属性，其网络演化的内在驱动因素，包括人际交往、知识交流等机制。科研个人或组织是知识单元的存储载体，在社会关系的基础上，交流、转移、共享知识资源特别是隐性知识后形成合作关系。这种合作关系由知识交流所驱动，突出表现为知识载体间的引证关系和共现关系。

网络演化主要考虑的是节点的出现和消失、节点间连边的改变这两个方面，其内在的演化机制决定了它所呈现出的纷繁复杂且有趣的特征。为此，学者从不同角度提出了许多网络模型以揭示这些内在演化机制是如何作用的（Dorogovtsev and Mendes，2002）。网络演化模型的关键往往是如何确定两个节点之间产生连边的概率大小，而这也是链路预测所关心的内容，通过链路预测的指标和方法可以找到影响网络中连接建立的主要特征。在构建网络演化模型之后，随之而来的一个问题是，如何说明所提出的演化模型能够描述真实网络的演化过程，也就是模型好坏的评价问题，而链路预测则可以提供一个比较平台。

鉴于科研合作网络具有知识网络的典型特征，本章首先从知识网络的角度，研究了知识交流的驱动因素，这些驱动因素经过合适改造，对于科研合作网络也是适用的；之后研究了合作网络的演化模型及机理；最后从链路预测的角度探讨了网络模型的评价问题。

6.1 小世界结构与不均匀连接

知识网络属于复杂网络的一种，可以进行网络抽象。众多真实网络一方面具有各不相同的特异性，另一方面又会表现出很多相似的地方。人们在认识网络形成机制时，历经了不同的认识阶段，总结出了一些带有普遍性的规律，并将其用网络模型来进行刻画。最基本的几种网络模型有规则网络、随机网络、小世界网络、无标度网络。其中，小世界网络（Watts and Strogatz，1998）和无标度网络（Barabási and Albert，1999）的发现，再现了真实网络的部分拓扑性质和功能，从而掀起了网络科学研究的新一轮的高潮（Barabási，2009）。

绝大多数真实网络具有小的平均距离和大的聚集系数的特征。Watts 和 Strogatz（1998）应用断边重连机制，构造出了一种介于规则网络和随机网络之间的单参数模型网络（WS 网络），使得网络同时具有上述特征。随后，为了避免 WS 网络在断边重连的过程中，有可能导致网络出现不连通的情形，Newman 和 Watts（1999a，1999b）应用随机加边机制取代了断边重连机制，构造了一种新的网络，即 NW 网络：在他们的网络中，原有的连边并不会被破坏，平均距离的缩短源于以一个很小的概率在原来的规则网络中尚未产生连接的节点对之间添加一条新的连边。在一定条件下，WS 网络和 NW 网络的性质几乎一致，WS 网络的度分布形式与随机网络很相似（Barrat and Weigt，2000）；但是，小世界结构与知识网络的演化过程还是存在着很大的差异（刘向等，2011）。具体而言，知识网络是一个动态增长的网络，而且网络中连边的产生是基于特定的知识空间，并不像 WS 和 NW 网络中简单的随机连接。

针对网络的动态增长，早在 20 世纪六七十年代，de Solla Price（1965，1976）研究了科学文献之间的引用关系网络，发现入度分布服从幂律，并给出了最初的增长模型，称这种“贫者愈贫，富者愈富”的现象为“累积优势”，在社会学当中人们也称为“马太效应”。在 de Solla Price 模型中，增长机制指的是论文的数量是不断增长的，新发表的论文会引用以前发表的一些论文作为参考文献；积累优势机制指的是以前发表的论文被一篇新论文引用的概率与该论文已经被引用的次数成正比，这实际上就是择优。在 20 世纪末，Barabási 和 Albert 使用了更为简洁的增长和择优机制来构建具有幂律度分布的 BA 模型，使得它能体现真实网络动态增长的特性。

事实上，de Solla Price 模型是一个典型的有向无标度网络模型，而 BA 模型可以被视为 de Solla Price 模型无向化后的一个特例。de Solla Price 模型和 BA 模型都把实际复杂网络的无标度特性归结为增长和择优这两个机制，它们可以在一定程度上揭示出知识网络不均匀连接的形成机理，但是与真实知识网络仍然存在着很大不同，如它们考虑到了知识节点的结构信息对于连边形成的影响，却忽略了本身所具有的一些外部属性对连边形成的贡献。知识网络的演化模型的关键是增长和择优机制的有效实现，于是经典的演化模型需要改进和扩展。

6.2 知识交流的驱动因素

知识网络中的引证关系非常明确地体现出了知识的流动，因此很多研究使用引证网络来探索知识交流的驱动因素。在真实引证网络中，不同论文的参考文献数量是有差异的，这与该篇论文所属研究领域、发表时间等因素息息相关。研究显示，真实引证网络中篇均参考文献数量随着发表时间呈现出增长趋势（Biglu，2008），即出度随时间增长。同时，一篇论文在新发表时被引用的次数为 0，即入度为 0。

de Solla Price 模型对上述情况进行了简化，假设每篇论文的参考文献数量为一常数 m，同时假设一篇已有论文被新论文引用的概率与该篇论文已经被引用的次数再加上一个正常数 a 成正比，从而使得任何一篇论文都有被引用的可能。这样，de Solla Price 模型的入度分布近似服从于幂指数 $\gamma=2+a/m$ 的幂律分布。通常，$a \leqslant m$，于是，$\gamma \in (2, 3]$，因而 de Solla Price 模型属于非均匀网络。

6.2.1　择优机制

BA 模型沿用了 de Solla Price 模型类似的度择优机制 $\Pi(k_i)=k_i/\sum_j k_j$，其中 k_i 是旧节点 i 的度数，新节点倾向于与具有较高度数的旧节点相连接。但更为一般的择优概率是采用 $\Pi(k_i)=g(k_i)/\sum_j g(k_j)$ 来表达，$g(\cdot)$ 是预先设定的函数。Liu 等（2002）提出了 $g(k_i)=(1-p)k_i+p$ 的随机和择优混合模型，其中 p 是随机连接的概率；而 Krapivsky 等（2000）提出了 $g(k_i)=k^r_i$ 的非线性择优模型，其中 $r \geqslant 0$ 是非线性指数。Jeong 等（2003）对很多实际网络进行了测量，发现：因特网和引证网络，$r \approx 1$，呈线性关系；而演员合作网络和科研合作网络，$r \approx 0.8$，呈亚线性关系；当 $r>1$ 时，为超线性关系（Golosovsky and Solomon，2012）。对于有向网络，Dorogovtsev 等（2000）提出了 $g(k_i^{\text{in}})=k_i^{\text{in}}+A$ 的原始吸引模型，其中 k_i^{in} 是旧节点 i 的入度，$A \geqslant 0$，称为原始吸引强度。显然，原始吸引模型与 de Solla Price 模型中的择优过程是一致的，同时它也有对应无向化的表达形式。

6.2.1.1　时间因素

在 BA 模型中，由于时间因素，越早加入的节点具有越高的度，也越容易通过度择优机制而被连接。对于庞大且复杂的知识系统来讲，新加入的节点不太可能会获得网络中所有节点度数的完整信息。Fortunato 等（2006）提出了一个基于部分信息的秩次择优增长模型来替代 BA 模型，将节点进入的顺序规定为秩次 $R_i=i$，并以此定义“年龄”为从旧到新，新节点按照年龄择优概率 $\Pi(i)=i^{-r}/\sum_j j^{-r}$ 进行选择，其中 $r \geqslant 0$。秩次择优增长模型没有改变度分布的性质，可以将它理解为对度择优和年龄择优进行了某种转换或映射。

现实中人们对知识的继承和发展的行为表现是：一方面会倾向于利用经典知识和文献，另一方面会追逐科学前沿，吸收最新的研究成果。de Solla Price（1965）很早就指出约有 50% 的引证与论文发表时间有关，人们偏好于引用经典文献和近期文献，而其他部分的引用则是随机的。刘向和马费成（2012）通过引入度择优和时间择优以反映科学知识的继承与更新过程，其中度择优保证对经典科学理论的继承，而时间择优促使对新近知识的吸收。他们认为度择优所体现出的马太效应的作用是全局性的，时间效应所体现出的后发优势的影响则是局部性的，时间效应会在一定程度上平抑度择优所导致的马太效应的负面效应。结合秩次择优增长模型来看，度择优和时间择优其实可以统一在时间维度上进行整体考虑。然而，de Solla Price（1965）提到的随机引用又该如何去刻画和解释呢？

6.2.1.2　空间因素

在知识的创造过程中，一般是基于有限知识领域的，不仅会受到时间因素制约，还会受到空间因素制约，表现为视阈受限。人们倾向于选择接收“距离”自己较近的知识，这种“距离”表现在时间上，是对经典文献和近期文献的继承和吸收；而表现在空间上，是知识会以分门别类的形式出现，跨领域的知识继承和创造相对较少，以及新加入的知识节点会倾向于模仿或复制已有知识节点的行为。

在实际引证网络中，通常人们在引用一篇文献时，有很大可能性会引用这篇文献的参考文献，而不是独立寻找流行文献。针对这种情况，Krapivsky 和 Redner（2001，2005）提出了平稳增长复制模型和加速增长复制模型，如图 6-1 所示。平稳增长复制模型假设会随机选择一个旧节点复制为新节点，而新节点或者以 $1-r$ 的概率与旧节点相连接，亦或以 r 的概率与旧节点指向的节点相连接。值得注意的是，该模型的复制操作等价于度择优机制。而加速增长复制模型则假设新节点不仅与旧节点相连接，还会与旧节点指向的节点相连接。在该模型中，新节点的连接数会随着时间的推移而缓慢增加，网络的平均连接数按对数增长。他们统计了 *Physical Review* 杂志 110 年里发表的论文数据，发现每篇论文的引文数量随时间呈对数增长，很好地符合了上述结论。

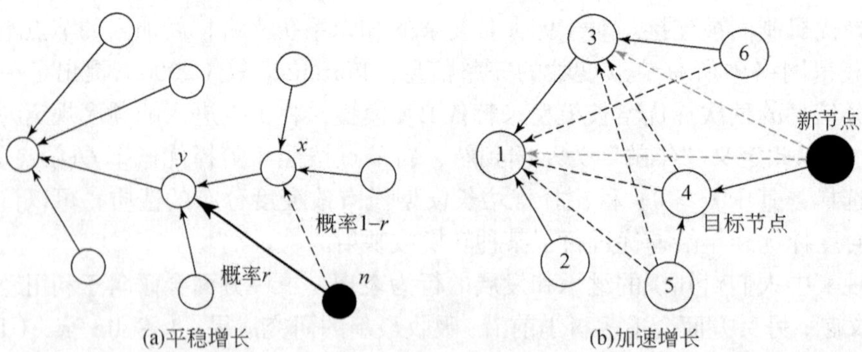

图6-1　平稳增长和加速增长复制模型

上述模仿或复制行为很好地体现了视阈受限，这说明一个独立的知识创造者的知识基础往往是受到限制的。Li 和 Chen（2003）提出的局域世界（local-world）演化模型可以在一定程度上解释这种受限行为，在每一时间间隔，新增节点会从规模为 m_0 的网络中随机选择 M 个旧节点作为其局域世界，并在这个局域世界中按照度择优原则建立 m 条连接。显然，在 t 时刻，$m \leqslant M \leqslant m_0+t$；当 $M=m$ 时，意味着新增节点与选择的局域世界中的所有节点都建立连接，同时也表明了择优机制失效，网络度分布服从指数分布；当 $M=m_0+t$ 时，局域世界即整体网络，模型也就等于是 BA 模型，网络度分布服从幂律分布。于是，当 $m<M<m_0+t$ 时，该模型的度分布会呈现出从指数分布到幂律分布的演化，局域世界的思想可以很自然地应用在社会网络和知识网络中。

除了视阈受限，知识创造者通常还可以在若干个领域之间进行知识创造。针对这种跨领域的知识继承和创造，Price（1965）指出参考文献中的外部连接的占比约为 10%。马费成和刘向（2013）在度择优和时间择优的基础上，又增加了交叉连接机制，使得新节点会随机选择另一个局域世界以度择优方式进行连接，这种跨领域交叉满足了学科知识交叉引用的要求，同时还能形成一定的聚集拓扑特征。在该演化模型中，所构建的局域世界的数量是一定的，意味着一般学科所包含的知识领域是稳定的，短期之内不会出现全新的知识领域。但是随着网络规模的逐渐扩大，这种静态预定局域世界数量的设定无法避免整个网络的聚集性呈现出下降的趋势。于是，刘向等（2013）考虑到知识网络兼具小世界结构和不均匀连接的特征，构造了一个特定结构形成的过程模型，他们引入了核心知识节点和相关知识节点这两个概念，相关知识节点为核心知识节点的邻居节点。当一个新节点加入时，会从网络中以度择优方式选择 x 个核心知识节点进行知识领域定位，从这 x 个核心知识节点的邻居节点中选择 $m-x$ 个相关知识节点以表现知识领域受限。当 $x>1$ 时，表明定位了多个知识领域，从而体现出了跨领域交叉。显然，这一模型是基于局域范围的混合择优机制进行构建的。

6.2.1.3　节点的异质性

在知识网络中，节点的度及其增长速度与该节点的“距离”有关，反映在时空维度下的不同择优机制中，但更为深刻地看，这还与节点的内在属性息息相关，即节点本身具有异质性。以论文引证网络为例，尽管每个月都有大量的论文刊发出来，但不同期刊所刊载的论文在质量上的差距却很大。有很多论文即使发表出来很长时间也很难获得引用，而一些高质量的论文却可以在较短时间内引起关注，并获得大量引用。一般认为，论文质量是影响引证网络形成的内在动力，而网络结构信息只是外在表现。

Bianconi 和 Barabási（2001）将节点的内在属性称为适应度（fitness），记为 η，

预先设定函数 $g(k_i)=\eta_i k_i$，择优概率与节点的度和适应度的乘积成正比。适应度模型假设每个节点加入网络时就有一个固定的适应度，服从分布 $\rho(\eta)$。尽管从形式上看，适应度模型与 BA 模型差别不大，但对于适应度模型的分析则要复杂得多，取决于适应度的分布情况。实际上，不同节点表现出的适应度是异质的，而且还会随着时间而衰减。以往基于择优的模型将它们分开看待，Medo 等（2011）同时考虑了这两种因素，并构建了相应的模型，依据不同的输入假设，度分布可以呈现出指数、对数正态，或者幂律衰减，从而更好地模拟真实知识系统。

适应度模型及其改进可能会有以下特征：①先到者赢特征，若网络中节点的适应度相同且不为零，即节点是同质的，那就退化为 BA 模型，呈现出无标度特征，越早加入的节点具有越高的度，也越容易被连接；②适者更富特征，若网络中节点的适应度不同，即节点是异质的，那不论节点的年龄大小，适应度较高的节点会越容易被连接，但适应度会随时间而衰减；③赢者通吃特征，随着时间的演化，新节点不断加入，适应度最高的那些节点会获得网络中一定比例的连接数，从而表现出“赢者通吃”现象。

6.2.2 增长机制

和 de Solla Price 模型一样，BA 模型也假设网络每次新加入一个节点，新增节点的连接数为一常数 m。为了和实际网络连接数加速增长的情形相符，需要使用增长函数来替代常数 m，这些扩展模型称为变 m 模型。Dorogovtsev 和 Mendes（2001）假设第 i 时间间隔加入 $m(i)=[mi^{\theta}]$ 条新连边，$\theta \in [0, 1]$，通常对 $m(i)$ 取整替代常数 m。显然，$m(i)$ 是按幂律增长的，但这种增长往往太快，于是 Shi 等（2005）又提出了比较缓慢的对数函数，即 $m(i)=[m \ln i]+1$。但对于大多数真实网络，连接数的增加往往是开始比较快，之后逐渐变慢且往往会有一个上限值，这种情况可以用一个饱和函数 $m(i)=[M(1-e^{-ri})]+1$ 来反映，M 为最多增加的连接数（Shi et al.，2010）。研究显示，在初始网络的确定和择优实现方法与 BA 模型一致的情况下，变 m 模型的网络度分布会依赖于演化时间或网络规模。

Barabási 和 Albert 在提出 BA 模型时，强调网络度分布应独立于演化时间或网络规模。虽然变 m 模型的网络度分布对特定时间都是幂律的，但却是时间相依的，这点和 BA 模型有很大不同。事实上，变 m 模型加入了对实际网络演化历史的抽象。通常，将 BA 模型称为平稳的无标度网络，而变 m 模型则称为非平稳的无标度网络。因此，可将网络中新增节点的连接数表示为关于时间 t 的增长函数，以此来表现这种与时间相依的非平稳特性。

在知识网络中，新增节点的连接情况可描述为人们对知识的继承和发展，而网络中节点的被连接情况随时间的变化可以反映为知识的历时老化过程。Avramescu（1979）认为文献老化与其本身的质量和价值密切相关，不同质量、不同种类文献的老化趋势可以描述为四种典型曲线，这些曲线可以从知识节点的历时被连接数的单调性和曲线拐点来粗略判断。马费成和刘向（2011c）考虑了新增节点出度增长为线性函数和对数函数两种情况，择优机制选择度择优和时间择优两种方式来构建演化模型，数理分析和实验仿真结果表明：出度增长会使得度分布更加均匀，且增长速度越快，度分布越平坦；当出度线性增长时，若度择优较强，知识节点的历史被连接数单调上升，不表现为老化现象，若度择优较弱，则是单调下降的，表现为老化现象；当出度对数增长时，一直表现为老化现象；时间效应使得新加入的节点获得了较多地利用，会自动平抑马太效应的负面影响。

上述模型对增长机制的考虑都是基于均匀的单节点增长，事实上还可以将这一限制放开，考虑非均匀的多节点增长模式。马费成和刘向（2011a，2011b）分别讨论了在新增节点数量是时间 t 的线性、对数、指数、阶跃、logistic 等函数，择优机制为度择优时，网络演化模型的度分布和节点的历时被连接数的变化情况。他们认为如果以节点的历时被连接数来表征知识利用效率，那么知识利用效率与其所属知识领域的发展趋势有关，随着扩张而增加，随衰退而减小。在这些增长模式中，指数增长模式下的度分布的幂指数相对较小，较为平坦，此时马太效应的影响相对较弱，还没有表现出“赢者通吃”，更有利于知识传播和利用，适合于新生的知识领域；而 logistic 增长模式下的度分布的幂指数为 2+1/m，代表了更为成熟的知识领域，logistic 增长的前端可以看成是指数增长，中部可以看成是线性增长，尾端可以看成是对数增长，直至最后的零增长，相应地展现了事物产生、发展、成熟直至衰老的过程。

6.3　合作网络的演化模型

引证网络体现了知识的前后承接关系，是最早被提出的一种知识网络形态；而合作网络则体现了知识创造主体间的合作关系，以合著论文为基本表现形式，对理解知识交流的模式、跨领域合作的建立等有很重要的意义。

学者对合作网络的结构（Newman，2001d）和演化（Barabási et al.，2002）以及合作行为模式（Newman，2004）进行了统计和建模分析，可以总结为以下一些特征：①网络具有小世界结构，具有较高的聚集系数，形成了明显的合作小团体；②网络具有无标度特征，度分布符合幂律分布；③不管是领域内，还是领域间，合作的建立都遵循度择优机制；④不同学科领域的合作行为有着明显差别，如生物科学家往往比数学家或物理学家拥有更多的合作者，但却并不容易形成“拥有共同合作者的两个科学家也将成为合作者”这一现象。

更广泛的统计结果发现：在合作规模上，科学与工程领域高于社会科学领域高于艺术与人文领域，科学与工程以及社会科学领域团队合作增长趋势明显，而艺术与人文领域则没有显著变化（Wuchty et al.，2007；Ma et al.，2014）；在合作方式（单个作者、校内合作、校际合作）上，这些领域也存在着结构性的差异（Jones et al.，2008）。

对不同学科合作网络的研究，主要包含了对这样三个问题的回答：①影响建立合作关系的主要特征有哪些？②能否利用这些特征来构建网络模型，进而分析合作网络的演化过程？③知识又是如何通过科研合作行为得到传播、转移和扩散的？它们都涉及对网络演化机理的讨论。

6.3.1 局部结构特征

识别影响建立合作关系的主要特征，可以从利用节点之间的相似性进行链路预测入手。这一研究思路假设两个节点之间的相似性越大，它们之间存在连接的可能性也就越大。这里，相似性表达的是一种接近程度，它有很多刻画的方法。其中，最为直接的就是利用节点的外部属性信息，如果两个人具有相同的专业领域、研究兴趣等，就说明他们很相似，在满足一定的条件下，他们就可能产生合作。虽然应用节点的外部属性信息可以得到一些主要特征，如基金支持、地理距离、社会距离、研究领域等显著影响科研合作（贾茜等，2014），但在很多情况下想获得这些信息并不容易。

与节点的外部属性信息相比较，已观察到的网络的局部结构特征或者节点的历史行为信息则更容易获取且更为可靠。就合作网络来说，它通常具有高聚集性，这意味着如果两个科学家都和第三个科学家合作过，则这两个科学家之间的合作概率相比于随机概率要高一些，即三元闭包（triadic closure）原则，体现出了传递性（transitivity）（Rapoport，1953）。也就是说，新连接的产生依赖于网络的局部结构特征。通过节点局部信息，如节点的共同邻居和度，可以计算出两个节点之间的相似性，不妨称为结构相似性。Liben-Nowell 和 Kleinberg（2007）在对大型合作网络的实证研究中，发现仅考虑节点共同邻居的方法和 Adamic/Adar 指标就可以取得非常好的预测效果。因此，可以通过结构相似性指标来观察在合作网络中的链路预测效果，从而分析关于影响连接建立的主要特征。

辨识网络局部结构特征可以增强对合作机制的理解。具有相似全局结构统计特征的网络，可能由于其生成机理的不同，从而反映出不同的局部结构。Milo 等（2002）引入模体（motif）来刻画网络中反复出现的相互作用的基本模式，它们在真实网络中出现的概率远高于相应的随机网络。使用模体分析合作网络的局部结构，有助于准确理解合作网络演化机理（缪莉莉等，2012）。科学家会根据自身所具有的科研合作资本来选择合作伙伴，与网络分析结合起来，体现出关系嵌入和结构嵌入。关系嵌入行为可以理解为科学家倾向于建立和保持长期合作关系；而结构嵌入行为可以理解为科学家倾向于通过第三方共同伙伴与新合作者建立合作关系。这两种行为反映了一种组织惯例和成长路径，强化了对已有网络结构的依赖，也导致了网络模体和反模体形式的共同特征，从而体现出受信息不对称和人力资本条件约束下科研合作全局演化的社会选择机制，也可以视为科研合作成本与效率择优的结果。

6.3.2　网络模型构建

统计物理、计算机、图书情报等领域从各自角度构建了不同类型的网络模型，这些模型大致可分为节点属性模型和网络演化模型两大类（Toivonen et al.，2009）。在节点属性模型中，新连接的产生依赖于节点的外部属性信息，表现为同质性（homophily）（McPherson et al.，2001；Centola et al.，2007），往往通过机器学习的方式来确定针对不同网络的各自不同的属性参数组合，以达到较好地预测新连接的效果，但很少考虑网络演化问题。而网络演化模型的基本假设是特殊的网络演化机制促使形成了特殊的网络结构特征，关注的重点是网络演化机制与过程。

进一步的，网络演化模型还可以细分为动态模型（dynamical model）和增长模型（growing model）。动态模型通常起始于一个空的网络，重复对一组固定规模的节点添加和删除连边，直至网络结构特征在统计学意义上不再变化；而增长模型通常起始于一个小的种子网络，添加节点和连边，直至网络达到一个预期规模。增长模型假设当网络规模足够大时，网络结构特征的相关统计结果会保持不变。与动态模型相比，增长模型较少考虑删除连边的问题，同时增长模型也不用试图模拟网络从无到有的全部演化过程，而是模拟一个已存在网络的后续演化前景。

对知识网络而言，不管是引证关系还是合作关系，基本上都是从出版物记录中抽取出来，连接一旦形成便保留下来，很少进行删除处理，新连接不断形成并加入网络中来，同时也很难追溯网络的形成原点。显然，从研究对象上看，增长模型更为适用一些。de Solla Price 模型和 BA 模型都是典型的增长模型。

6.3.2.1　BA模型及其改进

构建演化模型时，当前最流行的择优机制依然是 BA 模型所提出的度择优，即新节点以正比于已存在节点的度数的概率，不断加入网络中，并建立连接。但是，Abbasi 等（2012）认为：相比于度中心性和接近中心性，中介中心性是反映择优过程的更为显著的一个指标，随着网络的增长，择优过程从局部的度中心性过渡到全局的中介中心性。对此，一个现实的解释是博士生导师或者博士后合作导师会被一个科研新人作为优先合作对象。正是由于他们的中介作用，科研合作网络可以优先选择那些具有高的中介中心性的节点，朝着不同方向延展。此外，在本章的 6.2 节中，关于驱动知识交流的增长和择优机制的讨论在进行相应的无向化处理后，对合作网络也是适用的。

BA 模型只考虑了增加节点和连边的情形，这很好地体现出了从复杂现象中抽象提取出简洁特征。但是，这也使得 BA 模型与真实网络相比，存在着很多限制。很多基本事件的发生都会影响着网络的度分布等拓扑性质。实际上，与引证网络在时序上单向无回路的特征不同，合作网络在每一时间间隔，除了有新节点加入网络，旧节点也可以尝试建立新的连接，或者断边重连，或者对现有连接进行重复连接。Albert 和 Barabási（2000）就提出过一个扩展的 BA 模型，考虑了随机重连对网络拓扑的影响，这样得到的模型具有幂律度分布，且幂指数可以通过对若干参数的选取而取值为（2, 3）上的实数。

两个节点之间重复连接的频次可以很自然地转换为连边的权重，这提供了表示连边权重演化的一种方式，同时也暗含着权重会在连接建立上起到重要作用。定义节点的强度为与该节点连接的所有连边的权重之和，即 $s_i=\sum_j w_{ji}$。早期的网络模型将 BA 模型中的度择优扩展到点强度择优，即择优概率正比于节点的强度（Antal and Krapivsky，2005）；还认为点强度高的节点在吸引新增节点连接的同时，与其相连的连边的权重会增加一个改变量 Δw（Barrat et al.，2004b）。这些模型再现了真实加权网络中节点度、强度、连边权重三者服从幂律分布的特征（Barrat et al.，2004a）。为了反映现实存在的局域世界，Pan 等（2006）提出过一个加权的局域世界演化模型，将点强度择优驱动、连边权重逐渐加强，以及局域世界等机制放在一起考虑，来反映指数分布加权网络向幂律分布加权网络过渡的全过程。但是，这些模型依然存在一个很大的不足，即无法再现很多真实网络具有大的聚集系数这一特征。

6.3.2.2　加入节点的外部属性信息

如前所述，除了网络的局部结构特征（拓扑结构、连边权重等）外，节点的外部属性信息也会影响连接的形成，于是很多网络模型在构造演化机制时也会将节点属性考虑进去。需要说明的是，我们通常将只考虑节点属性信息而构建的网络模型，称为节点属性模型，如术语空间模型（Boguñá et al.，2004；Wong et al., 2006），每个节点通过各自的属性信息来确定在社会或地理空间中的“位置”，以最（次）邻近原则进行择优，即“近水楼台先得月”。

很多学者在构建演化模型上，对融合网络结构和节点属性进行了一些尝试。Rosvall 和 Sneppen（2009）为了研究信息流在团队形成过程中的作用，使用交流和社交导航机制来对人们的兴趣和社交结构进行建模。现实中的一个案例就是博士生和他的导师。在经历多年的学习和研究工作后，博士生的科研技能和兴趣会和他的导师非常相似。于是，当该博士生在确定毕业去向时，不可避免地会受到他的导师的影响。经验表明，他有很高的可能性去他的导师的科研伙伴那里，这样比较容易建立联系。也就是说，当该博士生为了更容易地获得他感兴趣的信息而扩展他的朋友圈时，他会使用到在网络中流动的信息，而这种信息流代表的是对整个社会系统的整合。

当前大多数研究都是基于仿真实验进行的，但却忽略了实际社交活动对网络拓扑结构的影响。Sun 等（2015a）将人们表现出的兴趣搜索和朋友推荐这两种社交行为进行了形式化表达，然后据此来构建网络演化模型，并进行仿真模拟。演化过程分为三个阶段。第一，初始化网络阶段。第二，增长阶段。首先根据新增节点 i 的兴趣向量（hobbies vector）选择一个合适的节点集合 Similar(i)，并从该集合中由点强度择优驱动与节点 j 建立连接；其次是推荐更多的节点，这里由两部分所构成，即以概率 p 从节点 j 的邻居节点集合中由点强度择优驱动建立连接，以概率 $1-p$ 从剔除节点 j 及其邻居节点之后的节点集合 Similar(i) 中由点强度择优驱动建立连接。第三，权重的动态演化阶段。实验结果显示出该演化模型能够再现真实网络的一些关键性拓扑结构特征。

张学义等（2010）提出过一个基于兴趣的科研合作网络演化模型。他们构建了科研工作者的研究兴趣模型，将兴趣向量映射到兴趣全空间中，并据此来计算兴趣相似度；之后按照度择优机制选取节点集合并根据相似度来确定是否建立连接。仿真实验结果表明，构造出来的网络的度分布服从幂律分布。但该模型对于相关仿真参数的设定过于理想化，演化模型的适用对象和环境并不明确。

Sun 等（2015b，2015c）将影响建立合作关系的主要特征分为了三类：基于邻居节点的、基于路径的及基于外部属性的。具体来说，基于邻居节点的预测指标选取了 CN 和 Adamic-Adar；基于路径的预测指标选取了 Distance 和 Katz；而基于外部属性的预测指标选取了兴趣相似度（interest similarity）和 PA。其中，兴趣相似度计算的是作者已发表论文题目的余弦相似度。针对物理学（PRE）、计算机科学（DBLP）和图书情报学（LIS）这三个学科领域数据集，在使用决策树算法对各项指标的预测效果进行分析后，发现基于路径的和基于外部属性的预测指标效果非常好。

于是，他们设计了一个融合网络路径和节点属性的合作网络演化模型，称为基于事件和兴趣的模型（event-interest model，EIM）。与以往的BA模型及其改进不同，该网络模型在演化过程中，择优机制被分解为两个部分：第一，事件。认为连边的产生最初是由事件驱动的。事件主要是指作者之间的科学交流活动，包括正式的会议或者非正式的会面等。在这样的事件中，作者之间有机会认识彼此或者加强双方的联系，从而为将来合作创造前提条件。第二，兴趣。认为研究兴趣会最终决定作者之间是否会真的进行合作。

进一步地，对事件的模拟采用随机游走和随机连接两种机制相结合，从两个不同角度来反映建立合作关系的特征。随机游走过程可以采用转移概率矩阵来描述，在这一过程中，每一个被访问到的节点都成为事件的参与者，从而反映出：①以前合作过的作者之间可能会再度合作；②拥有共同邻居的作者之间可能会进行合作；③有积极合作意愿的作者会更容易建立合作关系。而随机连接则反映了科研工作者选取合作者的随机性，这样就赋予他有一定概率接触到所从事领域之外的人，从而产生跨领域合作。对兴趣的模拟，采用了术语空间模型，将节点以均匀概率投影到空间中，"位置"远近表示兴趣的相似程度。模型为增长模型，达到预期网络规模即可停止模拟。实验结果生成了真实网络所具有的主要拓扑结构和分布特征。

尽管很多学者都有着相似的融合动机，但对于网络结构和节点属性的理解会根据待解决的问题而显得千差万别，所构建的网络模型的类型和方法也是不同的。这些加入了节点的外部属性信息的演化模型颇为复杂，不仅考虑了随机性驱动机制，还考虑了确定性驱动机制。虽然仿真实验结果可以部分反映真实网络所具有的主要特征和性质，但是仍然很不全面。究其原因，是由于这些模型与自然界和人类社会中普遍存在的随机性和确定性机制还有着一定差距。因此，对于由多种机制混合择优而构建的网络演化模型还需要进一步探讨，也是网络模型理论研究工作的重要方向之一（方锦清，2006；毕桥和方锦清，2011）。

6.3.2.3 模型的适应性解释

需要注意的是，合作网络还是一种社会网络，它的节点是参与科研合作的人。随着信息技术的发展和全球化的影响，引证网络将人类知识在时空上构成了一个无限延展的关联系统，但合作网络却可能受到时空、经济、政治等因素的严重局限，虽然科学界一直在努力削弱这些不利情况的影响。与此同时，不可避免地还有人的科研寿命是有限的，而且重大科学发现也受到了年龄因素的制约（梁立明和赵红州，1991；赵红州等，1992）。总之，这些因素都会在一定程度上影响所构建的网络模型的适应性。

以往在构建合作网络时，假设科学家在相当长的一段时间内保持着活跃性，至少在观察时间窗口内是如此的。但实际上，就算合作关系已经确定，合作终止或者不再保持活跃性的概率也不是可以忽略不计的。随着时间的推移，科学家会改变自己的研究领域或者是退休，从而使得他们并不能有效地进行再度合作，于是这种联系也就不应该再被计算在内。换句话说，合作网络中的连接都应该是过去的、短暂的，但从形式上却被永远记录下来了，从而导致对任何给定时间下的网络的相关描述可能是不准确的。

为了克服上述限制，其中的一种做法是滑动不同长度的时间窗口以得到实验数据（Tomassini and Luthi, 2007）。如果两个作者在一个给定的时间窗口产生合作，但却没有在该窗口长度下持续合作，那么可以认为该合作已经终止，即使它可能在稍后的时间里重新出现。这意味着，一个有效的合作网络是通过在观察时间窗口内累积的所有节点和连边所构成的。这种对有效网络的处理方式，虽然可能会影响一些网络的结构特征，如凝聚性，但却更加接近于社会学家的观点。特别地，如果对合作网络的演化模型进行适应性解释，在节点和连边的老化问题上则要更为谨慎一些。

6.3.3　合作行为与知识交流

科学知识是第一生产力，而知识扩散对知识的产生和发展起着非常重要的作用。我们可以将合作网络演化与个体知识交流结合起来进行知识扩散研究，最终拓展到传播动力学分析上。关于合作行为与知识交流的传统研究思路是，通过对合作网络的时序演化、拓扑结构量变与质变等进行观察和统计分析，据此来探讨知识扩散的模式和机制（陈柏彤和张斌，2014），但其缺点是难以深入至动力学分析。知识传播动力学分析的难点在于包含知识因素的网络模型的构建和研究。这里总结另外两种研究思路：第一，基于科研团队的演化而引起的整个合作网络“自底向上”的涌现；第二，将合作网络结合引证网络进行协同演化来研究知识的增长与扩散。

6.3.3.1　科研团队演化

合作网络的生成和演化，实际上是一个个科研团队在一定的合作机制下反复组合、解散的过程。从这种动态重组的角度来构建演化模型，要比从单一的择优机制建立连接，显得更符合实际情况。团队的组合和结构的变迁影响着团队内部知识共享、创造以及可能的跨团队知识交互，同时后者也会反作用于前者。可以将这一研究思路归纳为：科研团队演化是整个网络演化的基础，个体间的知识交流是整个网络中知识增长和扩散的基础，进而考察在不同的团队机制下的网络宏观统计特征。

Guimera 等（2005）提出过一个很简洁的团队自组织模型，它由三个参数所决定，即团队规模、新成果中的新成员部分、现有成员再次进行合作的倾向。该模型表明一个大型的连通的社区结构的出现可以描述成一个相变过程。研究发现，对艺术和科学领域的团队来说，这一团队自组织机制决定了合作网络的结构和团队绩效。夏昊翔等（2010）在这一研究基础上，结合网络中知识增长和扩散现象，建立了一个仿真实验平台原型。他们引入了四个实体类（个体类、团队类、网络类、知识类）、两个活动类（知识传播类、协作类）和部分辅助类，从而实现了三个加入知识因素的网络模型，对基于团队自组织机制的科研合作网络建模框架进行了初步尝试。

进一步地，团队自组织机制会使得知识与网络处于协同演化状态。Luo 等（2015）设计了一个仿真实验来研究这一协同演化动力学命题。首先，初始化一组 Agent，使之相互连接从而形成一个随机网络；之后，这些 Agent 可以与其邻居之间交流知识，或者沿着连边移动到一个新的位置。其中，知识转移规则是，两个已连接的 Agent，只有在它们的知识距离小于一个给定阈值的情况下，才能进行知识交流。特别地，在阈值范围内，知识距离越大，知识交流的效果则越好。而邻居调整规则是，Agent 可以向着长程位置移动或者驻留在局部的群落之中。仿真结果表明，知识转移和邻居调整之间的双向影响使得网络结构和知识扩散在全局范围内协同演化，而且在知识转移过程中，可以很明显地观察到小世界结构的出现与消失。

Yang 等（2015）提出了一种基于局域世界的非均匀合作网络的知识扩散模型。该模型引入了择优扩散机制和知识吸收能力，其中知识吸收能力与节点的度数相关。在每一个时间间隔，随机选择节点 i 作为知识的发送者，从节点 i 之前的合作者中，以正比于合作发文数量的择优概率选择知识接收者。采用平均知识存量、存量的方差和方差系数来衡量知识的增长、扩散和扩散效果。在进行了三组对比实验后，发现网络规模和知识演化机制影响着知识扩散。之后，Wang 等（2015）还将知识吸收过程作为一个重要影响因素考虑进来，对上述知识扩散模型进行了优化和改进。

此外，还可以将合作网络结合传染病模型进行知识传播动力学方面的探索（陈柏彤和张斌，2014）。李盛庆和蔡国庆（2013）就针对复杂网络研究领域的合作网络进行了尝试，将网络划分为四个阶段，来观察科研合作网络演化和知识传播的特点；之后，采用普通的 SI 模型和基于知识传播的无条件主动假设的改进 SI 模型（Cowan and Jonard，2004），分别针对合作网络的四个阶段进行了仿真分析。实际上，知识的发送和接收并不是无条件主动这么简单，通常都会存在一些限制。

特别地，传统的传染病模型适用对象最好是有向网络，由于合作网络在知识扩散方面，更多地体现为知识共享，因此在实际研究工作中需要对传统的传染病模型进行改造。当然，在科研团队合作关系中，似乎可以进一步分析谁处于主导地位，谁处于次要地位，将无向网络改造为有向网络，从而明确出知识的发送方和接收方，但这需要对科研团队的演化动态进行更加细致的分析，这点尚未产生很好的研究成果，可以作为一个令人感兴趣的研究命题有待进一步解决。

6.3.3.2 网络协同演化

引证网络是一类非常典型的知识扩散网络，从基础知识到研究前沿的扩散路径可以反映出知识范式转变和知识创新的主要进程。科学计量学家很早就开始利用引证网络进行科学知识的扩散研究，较为著名的如 Garfield（1964）利用引证时序图来表征知识扩散的历史网络，用以分析遗传学领域的知识扩散过程。正是由于引证网络的这种特殊作用，如果将合作网络结合引证网络，分析它们的协同演化，就有可能得到一些促进科学知识发展的新模式。

2004 年，Börner 等（2004）提出了一个一般过程模型，命名为 TARL（topics, aging, and recursive linking）模型，用来模拟作者合作网络和论文引证网络的同时生长。TARL 模型试图捕捉作者和论文在知识生产、存储、传播过程中所起的作用。其中，假设信息扩散直接发生在作者合作过程中，间接发生在阅读他人的论文中。对每个作者和每篇论文都赋予一个单一主题，并根据主题的特异性进行层次化组织。TARL 模型综合考虑同质网络内的连接和异质网络间的连接，并结合主题的层次化，来表现知识的增长与扩散。利用该模型生成网络统计特征，对发表在 *Proceedings of the National Academy of Sciences of the United States of America* 上长达 20 年的文献数据进行了验证，分析后得到了一些很有趣的结论，如作者偏好引用最近发表的论文，作者倾向引用他们以前阅读过的论文中所引用的论文等。

Liu 等（2013b）将网络分层的思想拓展到“文章 – 作者 – 机构 – 国家”这样的结构上，称为“瀑布”模型，利用路径分析来识别在各个实体层次上的重要节点，认为它们是观察由合作关系而导致的知识扩散的重要指标。显然，我们可以参照之前 Börner 等的做法，将引证关系引入这些实体层次之上或者之间，这样或许能得到一些新的结论。

当前大多数对于合作网络的研究都是基于由论文合著所体现出的合著关系来进行的，或者进一步将合著论文频次转化为权重。而当关注点集中在合作行为和知识交流上时，仅仅考虑合著关系就显得比较单薄了。Li 等（2005）和 Zhang 等（2006b）所在研究小组收集过一个经济物理学家合作网络，在该网络中，将作者之间的合作、引用和致谢等三种基本关系综合在一起考虑。当然，从网络构造上讲，可以分别构造出三个不同的网络来进行研究，但也可以将这三种不同层次上的知识交流以连边权重的方式融合在一起，从而得到相似权或者相异权。后者的做法实际上是将合作网络结构和知识扩散耦合在一起，而产生一个加权网络。

受该经济物理学家合作网络实证分析的启发，Li 等（2007）还构造了一个与该真实网络性质一致的加权网络演化模型，利用局部结构信息去提升网络的聚集系数，并将之命名为局部路径相关（local-path-related）的择优机制，择优概率的数学表达为

$$\Pi_{n\to i}=(1-p)\frac{k_i}{\sum_j k_j}+(p-\delta)\frac{s_i}{\sum_j s_j}+\delta\frac{l_{ni}}{\sum_{j\in\partial_n^d} l_{nj}}$$

式中，i、j、n 表示节点，节点 n 连接到节点 i 的概率由三部分组成，k_i 为节点 i 的度数；s_i 为节点 i 的点强度；l_{ni} 为节点 n 和节点 i 的相似距离；∂_n^d 表示距离节点 n 第 d 近以内的所有近邻节点的集合，如 ∂^1_n 表示最近邻的集合，∂^2_n 表示最近邻和次近邻的集合。对 p 和 δ 的不同取值可使得择优机制退化到 6.3.2.1 中讨论的 BA 模型及其改进上去。特别地，该模型考虑了局部路径对演化过程的影响，当 $\delta\neq 0$ 时，能够明显提升网络的聚集系数，这无疑是对 BA 模型的一个非常有意义的改进。

将合作网络结合引证网络进行协同演化研究并不容易，究其原因是要找到一个合适的融合途径比较困难，它们毕竟代表了两种有区别但又有联系的研究思路。对合作网络和引证网络按照某种方式进行分层组织，再对同质网络内和异质网络间的连接所构成的路径进行分析是非常有效的，而在一定的规则下，将分层网络整合为单一网络也不失为另一种选择。

6.4 基于链路预测的网络模型评价

众多学者对真实网络的实证研究表明：真实网络既不是规则网络，也不是随机网络，而是确定性和随机性混合而形成的网络，同时兼具小世界结构和无标度特征，反映出了复杂性与多样性。其中，真实网络中蕴含的规律，原则上都可以被建模。构建网络模型的关键往往是确定两个节点之间产生连边的机制。于是，一个重要的待解决问题是，网络模型及其演化机制在解释真实网络方面所能达到的程度，即网络模型评价，而这点与链路预测的功能是相符的。

传统评价网络模型的思路是，根据演化模型仿真生成模拟网络，将模拟网络的主要结构特征的统计结果与真实网络进行对比，相关指标越接近真实网络，就

表明模型的解释程度越好。但问题是，刻画网络结构特征的统计量非常多，学者在提出不同的演化机制时，所关注的角度和期望要解释的内容也并不相同。因此，对所要比较的指标的选取也常常陷入学术争论中。

利用链路预测来评价网络模型的一种直观方法是，在给定的真实网络演化环境下，把在某个时间点之后出现的连边作为测试集，之后将各种演化机制应用到当前已知的网络结构上，利用 PR 曲线、ROC 曲线、AUC、排序分等评价方法来比较新生成的连边和测试集中的连边（Sun et al.，2015b）。需要说明的是，这一方法有时会受制于采集到的真实网络数据，因为这些数据可能本身就存在缺失，从而对评价结果造成扰动。

于是，在理论研究层面，开始尝试将链路预测应用在已提出的网络理论模型上。Ahn 和 Jung（2015）将六种链路预测指标（CN、AA、RA、Jaccard、PA、SimRank）应用到 WS 模型和 BA 模型中，试图更好地理解预测精度和模型参数之间的相关性。研究发现，网络的平均度与预测精度之间存在正相关性。

在知道网络演化情况的基础上，可以考虑利用仿真生成模拟网络，参考似然分析法来量化比较各种不同机制对网络的增长行为（王文强和张千明，2011；Wang et al.，2012）。具体来讲，给定一个网络在两个临近时间点 t_1、t_2 时刻的数据，并得到在 t_1 和 t_2 之间所有新边 E_{new} 出现的概率：

$$P(E_{\text{new}})=P(e_1, e_2,\cdots, e_k)=\prod_{e_k \in E_{\text{new}}} P(e_k)$$

式中，$P(e_k)$ 为该模型下连边 e_k 出现的概率；$P(E_{\text{new}})$ 为网络遵照演化模型从时刻 t_1 演化到 t_2 的似然。根据演化模型，可以得到新边增加时每个节点被选择的概率。假设节点 v_i 被选为新边一个端点的概率是 $F_i=f(G, a)$，其中 G 为网络，a 为模型定义的参数集合，那么连边 $e_{ij}=\{v_i, v_j\}$ 产生的概率为 $P(e_{ij})=F_i \cdot F_j$。参数 a 取不同值时，计算得到的似然也不同。不妨认为使得似然取得最大值时的参数为最优参数，则就可以对演化模型进行量化比较。同时，还可以对相似性指标进行耦合（刘宏鲲等，2011），之后利用链路预测评价耦合算法的精确性，从而分析和推断网络演化机制。

Lü 等（2015）认为在随机去除网络中一小部分连边的前后，能保持一致性的结构特征可以反映网络中蕴含的规律，基于这一假设，通过邻接矩阵的扰动设计了一个通用的结构一致性指标，且这一指标不需要针对网络的任何先验知识。之后，他们在大量真实网络中进行实验，结果表明该指标在评价链路预测的准确性和网络结构的鲁棒性上表现都很优秀。进一步地，该指标还能用于监测网络演化机制的突然变化。

虽然与传统的直接比较网络结构特征的统计量的方法相比，利用链路预测的原理来设计评价网络模型的方法更为复杂，对数理知识的运用也更为高深，但后者在量化比较层次上则更有说服力，应当是今后重点的一个研究方向。

6.5 本章小结

本章对网络演化与链路预测的关系进行了研究。首先，强调了小世界结构和不均匀连接，以及经典的de Solla Price模型和BA模型，它们是理解知识网络形成和演化的基础。之后，研究了知识交流的驱动因素。知识网络中的引证关系非常明确地体现出了知识的流动，时空因素、节点的异质性等会影响择优机制，新增节点和连边的函数表达可以模拟增长机制。这些驱动因素在经过合适改造后，对于科研合作网络也是适用的。

科研合作网络则体现了知识创造主体之间的合作关系，对理解知识交流的模式、跨领域合作的建立等有很重要的意义。利用结构相似性指标来观察在合作网络中的链路预测效果，可以有效地找出影响连接建立的主要特征，这为构建演化模型打下了基础。当前大多数研究都还是利用BA模型及其改进来研究演化机理问题，但也可以加入节点的外部属性信息来建立混合择优模型，而这将是一个重要的研究方向。对科研合作网络而言，合作行为中包含着知识交流环节，总结了基于科研团队演化和基于网络协同演化的两种研究思路和相关成果。

最后，总结了利用链路预测原理进行量化评价网络模型的一些进展。需要指出的是，关于演化模型和链路预测的进行结合研究上，可以遵循以下步骤：①在不明确网络的演化机制情况下，通过对真实网络的物理统计分析以及观察链路预测效果后，可以找到影响该网络中连接建立的主要特征；②根据这些主要特征，再结合相关理论模型中的研究成果，能构造出针对特定网络对象的演化模型，从而揭示出其中蕴含的规律；③可以利用链路预测理论设计量化评价方法，来评价所构建的网络模型及其演化机制的优劣。

第7章　总结与展望

7.1　内容总结

在大数据时代，面对海量的科技文献信息，借助网络科学的理论与方法，知识网络和信息计量研究在最近十年取得了很大进展。链路预测作为一种新兴的兼具理论研究和实践应用的技术手段应被图书情报学界借鉴和吸收。科研合作网络中的拓扑结构如何？链路预测又是怎么样的？存在哪些待解决的问题？基于这一思考，全书重点探讨了以下几个具体内容：

1）总结了链路预测的基本问题，包括预测类型、数据集划分方法、基于相似性的预测指标、评价指标等。预测类型可以分为两种，即静态链路预测（未知链路预测）和动态链路预测（未来链路预测）。两者对应的数据集划分方法也有所不同，前者多采用随机抽样，后者需要考虑时序状态。

2）分析了科研合作网络的结构。科研合作的形成受到地理距离、经济环境、社会信任等因素的影响。由于研究领域相对稳定，因此从CSSCI数据库中选取了中国文学、历史学、法学、教育学、图书馆情报文献学、经济学、管理学七门学科并构建了合作网络。从宏观层面上探讨了不同学科合作程度及网络结构的差异。研究发现，真实科研合作网络是非连通的、稀疏的、高凝聚性的无标度网络。科研合作网络中合作关系的形成并不是随机的，对这些合作网络结构的分析，为后续进行的链路预测的实施和分析创造了可能。

3）对不同学科合作网络实施了链路预测，并分析和比较了预测效果。

首先，考虑进行静态链路预测的目的是为了从已观察到的不完整的网络出发，得到更加接近于真实的也更加完整的网络，以连通巨片作为实验对象。研究发现，在基于节点的指标和基于路径的指标中，AA指标和Katz指标分别是很有效的预测指标，可以准确和快速地识别出缺失的连边。此时，评价指标使用的是AUC。利用链路预测的预测结果可以识别共同兴趣偏好和发现历史合作经历。同时，预测结果还补充了实验网络的结构信息，揭示出了实验网络不完整的状况。研究认为，PA指标表现最差意味着在真实科研合作网络中，合作关系的建立并不倾向于择优连接机制。

其次，考虑进行动态链路预测的目的是为了将挖掘出来的合作组合进行推荐，以识别出来的核心作者合作网络作为实验对象。研究发现，在基于节点的指标和基于路径的指标中，AA 指标和 Katz 指标同样是很有效的预测指标，同时 PA 指标表现依然是最差的。此时，评价指标使用的是 PR 曲线和 ROC 曲线以及 fmax 值。此外，研究针对图书馆情报文献学合作网络，选取了不同的高产作者抽取方案，分别又重新进行了动态链路预测，并以 fmax 值作为预测结果的评价指标。研究认为，链路预测在高产作者合作网络中要更为有效一些。

最后，考虑预测指标之间的关系，通过计算不同指标预测结果之间的重合度，并据此构建频数矩阵，利用多元统计分析中的聚类分析和多维尺度分析，来观察这些预测指标之间隐藏的结构关系。研究发现，对真实科研合作网络而言，PA 指标和其他指标之间差异性非常大，而基于邻居节点的预测指标和基于拓扑结构的预测指标在各自内部之间具有相当程度的一致性。

4）网络结构的改变对链路预测指标及其预测结果的影响及影响程度。科研合作网络属于高凝聚性的稀疏网络，当聚集系数很大时，最近邻的局部指标预测效果会很好。随着聚集系数增大，在稀疏网络中，SRW 指标的预测效果会比较好；在稠密网络中，AA 指标和 RA 指标的预测效果会比较好。在实际操作中，不同抽取网络的方法，如核心作者合作网络，会使得网络结构发生扰动。通过比较在网络结构发生扰动时，不同预测指标的预测结果在相同规模下的重叠情况可以粗略判断出排序鲁棒性的好坏。研究发现，网络结构的扰动对于 Katz 指标的预测结果影响最小，对 Rooted PageRank 指标的预测结果影响最大。

链路预测的一个重要应用是对识别出的异常链路进行分析，本书总结了异常链路的识别和分析方法。结合具体场景，研究发现，利用 AA 指标识别出来的异常链路，可以发现这些链路是用以构成微观基本单元三角形结构的；而利用 Katz 指标识别出来的异常链路，可以发现那些只存在唯一合作组合关系的情况。因此，在对异常链路的识别和分析上需要结合相应具体实际情况来考虑，而且也应当理解识别出的异常链路只是给我们提了个醒，至于如何解读还需要更多的信息来加以判断。同时，还研究了利用网络的鲁棒性和脆弱性来评价连边重要性排序算法的基本思路。这一思路对于异常链路也是适用的，异常链路在保持网络的连通性方面有着重要贡献。

5）网络演化模型与链路预测之间有着天然的相关性。网络演化模型的关键是给出新增节点择优连接的概率生成机制，其核心问题就是两个节点之间如何产生连边。链路预测的本质是挖掘产生连边的原因，这同时也是网络演化模型所关心的问题。本书从知识网络的角度，研究了知识交流的驱动因素，这些驱动因素经过合适改造，对于科研合作网络也是适用的。同时，重点总结了合作网络在演化模型方面的研究成果，特别是合作行为和知识交流融合的两种思路，即科研团队演化和网络协同演化。原则上，一个演化模型可以对应于一种链路预测方法，但目前采用链路预测思想对演化模型的表现进行定量比较的研究成果还比较少。一个可以遵循的步骤是：首先，在不明确网络的演化机制情况下，通过对真实网络的物理统计分析以及观察链路预测效果后，可以找到影响该网络中连接建立的主要特征；其次，根据这些主要特征，再结合相关理论模型中的研究成果，能构造出针对特定网络对象的演化模型，从而揭示出其中蕴含的规律；最后，可以利用链路预测理论设计量化评价方法，来评价所构建的网络模型及其演化机制的优劣。

7.2 存在的局限性

本书在研究方法和研究内容等方面还存在一些局限性。这些受局限的地方同时也可作为后续研究工作的切入点。

1）在研究方法上。本书所采用的链路预测指标都是基于结构相似性的，而这类指标会受到诸多局限。首先，这些指标只考虑到了网络拓扑结构特征，而忽略了社会、认知以及其他的间接因素，这些因素也可能会影响网络的形成及演化过程。虽然这些因素在一定程度上都会反映到网络拓扑结构特征中，但却并不是那么完美。其次，在给定的情形下，“哪种链路预测指标是最好的”这一问题其实是很难去回答的。本书使用了七门学科合作网络，在大多数情况下，AA 指标和 Katz 指标都表现得很好，Katz 指标甚至会是第一选择。但是情况并不总是如此，如历史学合作网络里的连通成分就近似于一个星形网络，此时 SRW 指标的预测效果才是最好的。通常的做法是，在进行实际预测之前，选择一个可比较的数据集，测试不同预测指标的适应性以确定最好的预测指标。最后，在分析链路预测结果时，还需要在预测准确性和不平凡性之间取得平衡，简单来讲，就是一个好的预测指标往往是指预测结果是可预测的，但人们对这样的结果却并不一定感兴趣。换句话说，在对预测指标的评价和推广上，还需要结合研究问题的具体情况来考虑。

2）在研究内容上。本书从 CSSCI 数据库中选取了中国文学、历史学、法学、教育学、图书馆情报文献学、经济学、管理学七门学科作为代表，并构建了合作网络。这些合作网络在结构上存在着很多相似或相异的特征，从而为静态链路预测和动态链路预测提供了很好的观察角度。相关的结论可以反映出我国人文社会科学领域的合作现状，如不倾向于择优连接。但同样地，这些结论的普遍性还需要在更多的真实科研合作网络中验证才行。尤其是，本书所使用的实验网络没有涉及自然科学领域。在我们日常的认知中，自然科学领域中的合作现象是很常见的，合作程度也很高，因此，链路预测方法用于自然科学领域可能更加具有现实价值。最后，本书在实证分析中，还有一些技术手段问题尚未解决，如考虑排序结果位置的鲁棒性评价，移除连边后的快速统计方法等。同时，也有一些研究内容问题尚需跟进，如本书刻意不考虑作者名字歧义性识别问题，因为这在构建任何真实复杂网络时，都会遇到命名消歧的问题，而这也是异常链路分析会涉及的研究内容，本书并未展开细致论述。当然，这在很多商业数据库中已经开始着手解决了，如科研人员与投稿身份识别码（ORCID）。

7.3 进一步的研究方向

关于科研合作网络的链路预测，后续可以进一步研究的方向包括如下几个方面：

1）网络结构生成和演化的模型及机理研究。链路预测在理论层面的一个重要应用是用来测试和评价网络结构生成和演化模型。链路预测指标的定义通常来源于一个网络中连边是怎么产生以及为什么产生的显性或隐性的假设。也就是说，预测指标的表现可以帮助检验这些假设的有效性。如果某一个链路预测指标的表现在不同网络中有着明显差异，则可能暗示着一些因素的变化在网络演化过程中扮演着非常重要的角色。于是，就可以根据预测表现来设计演化模型。

但不可否认的是，不同类型的链路预测指标都有着自身的优势和弊端，如基于共同邻居相似性的指标和算法不能预测很多没有共同合作者的作者对之间的合作关系，会导致产生很高的漏报率；同样，基于路径相似性的指标和算法也不能预测那些以前没有路径相连的作者对之间的合作关系。这很容易理解，因为基于共同邻居和路径的预测指标都是为连通网络设计的。

网络演化模型反映了复杂网络的内在作用模式和作用过程的抽象表达。虽然原则上一个演化模型可以对应于一种链路预测方法，但是找到合适的、通用的链路预测方法来评价演化模型依然是当前面临的一个问题。

2）科研合作网络的二分网络形式的链路预测研究。在获得与作者相关的信息后，还可以将科研合作网络转化为二分网络形式。相比于单一类型节点的网络，二分网络比较特殊，其演化模型和链路预测方法也有所区别。以科学家－论文二分网络为例，它体现了知识创造主体和客体之间的关联，这一过程促使了知识创造者的协同工作，也能体现出知识创新趋势。基于链路预测来探讨知识创造的主体和客体之间相互作用的机理，从新的角度去观察知识网络中知识热点和发展趋势的涌现过程和规律，可能会得到一些新的结论。

参考文献

安新颖，冷伏海. 2006. 基于非相关文献的知识发现原理研究. 情报学报，25(1): 87-93.

毕桥，方锦清. 2011. 网络科学与统计物理方法. 北京：北京大学出版社.

陈柏彤，张斌. 2014. 科学知识扩散研究框架. 图书情报工作，58(15): 48-57.

陈红. 2005. 知识创新导向的组织知识网络研究. 天津：天津大学博士学位论文.

黛安娜·克兰. 1988. 无形学院——知识在科学共同体的扩散. 刘珺珺等，译. 北京：华夏出版社.

邓三鸿，金莹. 2008. 我国人文社会科学学术期刊的学科对比——基于CSSCI的分析. 东岳论丛，29(1): 43-50.

方锦清. 2006. 网络科学的理论模型探索及其进展. 科技导报，24(12): 67-72.

郝丽云，郭启煜. 2006. 非相关文献知识发现研究进展. 情报学报，25(3): 342-348.

黄立威，李德毅，马于涛，等. 2014. 一种基于元路径的异质信息网络链路预测模型. 计算机学报，37(4): 848-858.

贾珺，胡晓峰，贺筱媛. 2017. 网络结构特征与链路预测算法关系研究. 复杂系统与复杂性科学，14(1): 28-37.

贾茜，李亚婷，张斌. 2014. 科学合作的形成及其影响因素. 情报理论与实践，37(6): 40-45.

康文杰，郑倩冰，陈侃. 2014. 基于社会网络分析的学术合作关系研究. 计算机技术与发展，24(5): 1-5.

李纲，巴志超. 2017. 共词分析过程中的若干问题研究. 中国图书馆学报，43(4): 93-113.

李盛庆，蔡国永. 2013. 复杂网络领域科研合著网络演化及知识传播特点研究. 现代图书情报技术，(5): 64-72.

李亚婷，马费成. 2013. 我国人文社会科学的合作关系分析. 社会科学管理与评论，(3): 3-12.

梁立明，赵红州. 1991. 科学发现年龄定律是一种威布尔分布. 自然辩证法通讯，13(1): 28-36.

林聚任. 2009. 社会网络分析：理论、方法与应用. 北京：北京师范大学出版社.

刘宏鲲，吕琳媛，周涛. 2011. 利用链路预测推断网络演化机制. 中国科学(物理学 力学 天文学)，41(7): 816-823.

刘建国，周涛，郭强，等. 2009. 个性化推荐系统评价方法综述. 复杂系统与复杂性科学，6(3): 1-10.

刘军. 2004. 社会网络分析导论. 北京：社会科学文献出版社.

刘军. 2014. 整体网分析：UCINET 软件实用指南. 2 版. 上海：格致出版社，上海人民出版社.

刘向，马费成. 2012. 科学知识网络的演化与动力——基于科学引证网络的分析. 管理科学学报，15(1): 87-94.

刘向，马费成，陈潇俊，等. 2011. 知识网络的结构与演化——概念与理论进展. 情报科学，29(6): 801-809.

刘向，马费成，王晓光. 2013. 知识网络的结构及过程模型. 系统工程理论与实践，33(7): 1836-

1844.
吕琳媛 . 2010. 复杂网络链路预测 . 电子科技大学学报 , 39(5): 651-661.
吕琳媛 , 周涛 . 2013. 链路预测 . 北京 : 高等教育出版社 .
马德辉 . 2006. 企业知识网络能力研究 . 北京 : 北京大学博士学位论文 .
马德辉 , 包昌火 . 2008. 知识网络的兴起与发展 // 中国国防科学技术信息学会 . 情报学进展 . 第 7 卷 . 北京 : 国防工业出版社 .
马费成 . 2012. 网络信息序化原理——Web 2.0 机制 . 北京 : 科学出版社 .
马费成 , 刘向 . 2011a. 知识网络的演化 (I): 增长与老化动态 . 情报学报 , 30(8): 787-795.
马费成 , 刘向 . 2011b. 知识网络的演化 (II): 增长老化与知识产生时点的关系 . 情报学报 , 30(9): 916-921.
马费成 , 刘向 . 2011c. 知识网络的演化 (III): 连接机制 . 情报学报 , 30(10): 1015-1021.
马费成 , 刘向 . 2013. 科学知识网络的演化模型 . 系统工程理论与实践 , 33(2): 437-443.
缪莉莉 , 韩传峰 , 刘亮 , 等 . 2012. 基于模体的科学家合作网络基元特征分析 . 科学学研究 , 30(10): 1468-1475.
彭陶 , 王建冬 , 孙慧明 . 2012. 基于关键词共现网络的我国图书情报领域近三十年学科发展脉络分析 . 大学图书馆学报 , (2): 29-34.
任晓龙 , 吕琳媛 . 2014. 网络重要节点排序方法综述 . 科学通报 , 59(13): 1175-1197.
苏金燕 . 2013. 我国人文社会科学合作的地域倾向研究——基于经济学期刊论文的计量分析 . 现代图书情报技术 , (10): 43-52.
苏新宁 . 2012. 中文社会科学引文索引 (CSSCI) 的设计与应用价值 . 中国图书馆学报 , 38(5): 95-102.
孙晓玲 . 2014. 作者合作网络的结构及其演化与预测研究 . 大连 : 大连理工大学博士学位论文 .
汤易兵 , 余晓 . 2013. 区域学术科研合作影响因素研究 . 科技管理研究 , 33(1): 221-224.
滕立 , 沈君 , 高继平 . 2013. 共词知识网络中的认知结构 : 理论、方法与实证 . 情报学报 , 32(9): 976-989.
汪小帆 , 李翔 , 陈关荣 . 2012. 网络科学导论 . 北京 : 高等教育出版社 .
王文强 , 张千明 . 2011. 链路预测的网络演化模型评价方法 . 电子科技大学学报 , 40(2): 174-179.
夏昊翔 , 王国秀 , 宣照国 , 等 . 2010. 针对科研合作网络演化建模的基于 Agent 实验平台原型 . 情报学报 , 29(4): 634-640.
杨思洛 . 2011. 基于网络引证关系的知识交流规律研究 . 武汉 : 武汉大学博士学位论文 .
姚灿中 , 杨建梅 . 2012a. 基于复杂网络的大众生产社区的演化机制研究 . 计算机工程与应用 , 48(23): 1-5.
姚灿中 , 杨建梅 . 2012b. 基于相似性链路预测的大众生产演化特征 . 计算机工程 , 38(16): 263-266.
叶鹰 , 张力 , 赵星 , 等 . 2013. 用共关键词网络揭示领域知识结构的实验研究 . 情报学报 , 31(12): 1245-1251.
于琦 . 2014. 生物医学领域科研合作现状及预测研究——以心血管病、肿瘤和健康管理研究领域为例 . 太原 : 山西医科大学博士学位论文 .

约翰·斯科特 . 2007. 社会网络分析方法 . 刘军，译 . 重庆 : 重庆大学出版社 .

张斌 . 2014. 共词网络的结构与演化 : 概念与理论进展 . 情报杂志 , 33(7): 103-109.

张斌 , 贾茜 . 2014a. 国内外图书情报学认知结构比较研究 . 图书情报工作 , 58(9): 69-77.

张斌 , 贾茜 . 2014b. 我国图书情报学的认知结构及其演化 . 中国图书馆学报 , 40(4): 30-47.

张金柱 , 韩涛 . 2016. 数据规模对合著关系预测的影响研究 . 情报杂志 , 35(9):80-85.

张金柱 , 韩涛 , 王小梅 . 2012. 复杂网络在图情领域的研究和应用综述 . 情报学报 , 31(9): 907-914.

张学义 , 胡兴雨 , 吴俊 , 等 . 2010. 基于兴趣的科研合作网络演化模型 . 计算机工程与应用 , 46(30): 104-107, 111.

张云秋 , 冷伏海 . 2008. 非相关文献知识发现的关键技术研究 . 情报学报 , 27(4): 521-527.

赵红州 , 梁立明 , 王元 . 1992. 重大科技成果威布尔分布的普遍性 . 科学学与科学技术管理 , 13(3): 5-12.

赵蓉英 . 2007. 知识网络研究 (II)——知识网络的概念、内涵和特征 . 情报学报 , 26(3): 470-476.

赵蓉英 , 邱均平 . 2007. 知识网络研究 (I)——知识网络概念演进之探究 . 情报学报 , 26(2): 198-209.

赵蓉英 , 张洋 , 邱均平 . 2007. 知识网络研究 (III)——知识网络的特征探析 . 情报学报 , 26(4): 583-587.

朱郁筱 , 吕琳媛 . 2012. 推荐系统评价指标综述 . 电子科技大学学报 , 41(2): 163-175.

祝清松 , 冷伏海 . 2014. 基于引文内容分析的高被引论文主题识别研究 . 中国图书馆学报 , 40(1): 39-49.

Abbasi A, Hossain L, Leydesdorff L. 2012. Betweenness centrality as a driver of preferential attachment in the evolution of research collaboration networks. Journal of Informetrics, 6(3): 403-412.

Abbasi A, Hossain L, Uddin S, et al. 2011. Evolutionary dynamics of scientific collaboration networks: multi-levels and cross-time analysis. Scientometrics, 89(2): 687-710.

Acosta M, Coronado D, Ferrándiz E, et al. 2011. Factors affecting inter-regional academic scientific collaboration within Europe: the role of economic distance. Scientometrics, 87(1): 63-74.

Adamic L A, Adar E. 2003. Friends and neighbors on the web. Social Networks, 25(3): 211-230.

Ahn M W, Jung W S. 2015. Accuracy test for link prediction in terms of similarity index: the case of WS and BA models. Physica A: Statistical Mechanics and its Applications, 429(1): 177-183.

Ahn Y Y, Bagrow J P, Lehmann S. 2010. Link communities reveal multiscale complexity in networks. Nature, 466(7307): 761-764.

Albert R, Barabási A L. 2000. Topology of evolving networks: local events and universality. Physical Review Letters, 85(24): 5234-5237.

Albert R, Barabási A L. 2002. Statistical mechanics of complex networks. Reviews of Modern Physics, 74(1): 47.

Albert R, Jeong H, Barabási A L. 1999. Internet: diameter of the world-wide web . Nature, 401(6749): 130-131.

Albert R, Jeong H, Barabási A L. 2000. Error and attack tolerance of complex networks. Nature, 406(6794): 378-382.

Amaral L A N. 2008. A truer measure of our ignorance. Proceedings of the National Academy of Sciences, 105(19): 6795-6796.

Antal T, Krapivsky P L. 2005. Weight-driven growing networks. Physical Review E, 71(2): 026103.

Avramescu A. 1979. Actuality and obsolescence of scientific literature. Journal of the American Society for Information Science, 30(5): 296-303.

Balog C. 1980. Multiple authorship and author collaboration in agricultural research publications. Journal of Research Communication Studies, 2(3): 159-168.

Barabási A L. 2009. Scale-free networks: a decade and beyond. Science, 325(5939): 412-413.

Barabási A L, Albert R. 1999. Emergence of scaling in random networks. Science, 286(5439): 509-512.

Barabási A L, Jeong H, Néda Z, et al. 2002. Evolution of the social network of scientific collaborations. Physica A: Statistical Mechanics and its Applications, 311(3-4): 590-614.

Barrat A, Barthelemy M, Pastor-Satorras R, et al. 2004a. The architecture of complex weighted networks. Proceedings of the National Academy of Sciences, 101(11): 3747-3752.

Barrat A, Barthélemy M, Vespignani A. 2004b. Weighted evolving networks: coupling topology and weight dynamics. Physical Review Letters, 92(22): 228701.

Barrat A, Weigt M. 2000. On the properties of small-world network models. The European Physical Journal B-Condensed Matter and Complex Systems, 13(3): 547-560.

Bianconi G, Barabási A L. 2001. Bose-Einstein condensation in complex networks. Physical Review Letters, 86(24): 5632-5635.

Biglu M. 2008. The influence of references per paper in the SCI to impact factors and the matthew effect. Scientometrics, 74(3): 453-470.

Boccaletti S, Latora V, Moreno Y, et al. 2006. Complex networks: structure and dynamics. Physics Reports, 424(4): 175-308.

Boguñá M, Pastor-Satorras R, Díaz-Guilera A, et al. 2004. Models of social networks based on social distance attachment. Physical Review E, 70(5): 056122.

Bollobás B, Riordan O. 2004. The diameter of a scale-free random graph. Combinatorica, 24(1): 5-34.

Börner K, Contractor N, Falk-Krzesinski H J, et al. 2010. A multi-level systems perspective for the science of team science. Science Translational Medicine, 2(49): 49cm24.

Börner K, Maru J T, Goldstone R L. 2004. The simultaneous evolution of author and paper networks. Proceedings of the National Academy of Sciences, 101(suppl 1): 5266-5273.

Bozeman B, Corley E. 2004. Scientists' collaboration strategies: implications for scientific and technical human capital. Research Policy, 33(4): 599-616.

Brookes B C. 1980. The foundations of information science: Part I. Philosophical aspects . Journal of Information Science, 2(3-4): 125-133.

Brookes B C. 1981. The foundations of information science: Part IV. Information science: the changing paradigm. Journal of Information Science, 3(1): 3-12.

Brzozowski M J, Romero D M. 2011. Who Should I Follow? Recommending People in Directed Social Networks. Menlo Park: The AAAI Press.

Callon M, Courtial J P, Turner W A, et al. 1983. From translations to problematic networks: an introduction to co-word analysis. Social Science Information, 22(2): 191-235.

Centola D, Gonzalez-Avella J C, Eguiluz V M, et al. 2007. Homophily, cultural drift, and the co-evolution of cultural groups. Journal of Conflict Resolution, 51(6): 905-929.

Chen B, Ding Y, Wild D J. 2012. Assessing drug target association using semantic linked data. Plos Computational Biology, 8(7): e1002574.

Cheng X Q, Ren F X, Zhou S, et al. 2009. Triangular clustering in document networks. New Journal of Physics, 11(3): 033019.

Choi S. 2012. Core-periphery, new clusters, or rising stars: international scientific collaboration among advanced' countries in the era of globalization. Scientometrics, 90(1): 25-41.

Choudhury N, Uddin S. 2016. Time-aware link prediction to explore network effects on temporal knowledge evolution. Scientometrics, 108(2): 745-776.

Chua F C T, Lim E P. 2011. Modeling Bipartite Graphs Using Hierarchical Structures. Kaohsiung, Taiwan: 2011 International Conference on Advances in Social Networks Analysis and Mining (2011).

Clauset A, Moore C, Newman M E J. 2008. Hierarchical structure and the prediction of missing links in network. Nature, 453(7191): 98-101.

Clauset A, Shalizi C R, Newman M E J. 2009. Power-law distributions in empirical data. SIAM Review, 51(4): 661-703.

Cowan R, Jonard N. 2004. Network structure and the diffusion of knowledge. Journal of economic Dynamics and Control, 28(8): 1557-1575.

de Solla Price D J. 1963. Little Science, Big Science. New York: Columbia University Press.

de Solla Price D J. 1965. Networks of scientific papers. Science, 149(3683): 510-515.

de Solla Price D J. 1976. A general theory of bibliometric and other cumulative advantage processes. Journal of the American Society for Information Science, 27(5): 292-306.

de Solla Price D J, Beaver D. 1966. Collaboration in an invisible college. American Psychologist, 21(11): 1011-1018.

Ding Y, Song M, Han J, et al. 2013. Entitymetrics: measuring the impact of entities. Plos One, 8(8): e71416.

Ding Y, Zhang G, Chambers T, et al. 2014. Content-based citation analysis: the next generation of citation analysis. Journal of the Association for Information Science and Technology, 65(9): 1820-1833.

Dorogovtsev S N, Mendes J F F. 2001. Effect of the accelerating growth of communications networks on their structure. Physical Review E, 63(2): 025101.

Dorogovtsev S N, Mendes J F F. 2002. Evolution of networks. Advances in Physics, 51(4): 1079-1187.

Dorogovtsev S N, Mendes J F F, Samukhin A N. 2000. Structure of growing networks with preferential linking. Physical Review Letters, 85(21): 4633-4636.

Easterby-Smith M, Malina D. 1999. Cross-cultural collaborative research: toward reflexivity. Academy of Management Journal, 42(1): 76-86.

Edge D. 1979. Quantitative measures of communication in science: a critical review. History of Science, 17(2): 102-134.

Erdös P, Rényi A. 1959. On random graphs I. Publicationes Mathematicae Debrecen, 6: 290-297.

Erdös P, Rényi A. 1960. On the evolution of random graphs. Publ Math Inst Hung Acad Sci, 5: 17-61.

Erdös P, Rényi A. 1961. On the strength of connectedness of a random graph. Acta Mathematica Hungarica, 12(1-2): 261-267.

Faloutsos, M, Faloutsos P, Faloutsos C. 1999. On power-law relationships of the internet topology. Computer Communications Review, 29(4): 251-262.

Fawcett T. 2006. An introduction to ROC analysis. Pattern Recognition Letters, 27(8): 861-874.

Feng X, Zhao J C, Xu K. 2012. Link prediction in complex networks: a clustering perspective. The European Physical Journal B-Condensed Matter and Complex Systems, 85(1): 1-9.

Fortunato S, Flammini A, Menczer F. 2006. Scale-free network growth by ranking. Physical Review Letters, 96(21): 218701.

Frame J D, Carpenter M P. 1979. International research collaboration. Social Studies of Science, 9(4): 481-497.

Freeman L C. 1979. Centrality in social networks: conceptual clarification. Social Networks, 1(3): 215-239.

Friedkin N E. 1981. The development of structure in Random networks: an analysis of the effects of increasing network density on five measures of structure. Social Networks, 3(1): 41-52.

Garfield E. 1955. Citation indexes for science: a new dimension in documentation through association of ideas. Science, 122(3159): 108-111.

Garfield E. 1964. The use of citation data in writing the history of science. http: // www. scimaps. org/ exhibit/docs/Gar fied1964 use. pdf[2016-05-20].

Getoor L, Diehl C P. 2005. Link mining: a survey. ACM SIGKDD Explorations Newsletter, 7(2): 3-12.

Ghoshal G, Barabási A L. 2011. Ranking stability and super-stable nodes in complex networks. Nature Communications, 2: 394.

Girvan M, Newman M E J. 2002. Community structure in social and biological networks. Proceedings of the National Academy of Sciences, 99(12): 7821-7826.

Goh K I, Cusick M E, Valle D, et al. 2007. The human disease network. Proceedings of the National Academy of Sciences, 104(21): 8685-8690.

Goldstein M L, Morris S A, Yen G G. 2005. Group-based Yule model for bipartite author-paper networks. Physical Review E, 71(2): 026108.

Golosovsky M, Solomon S. 2012. Stochastic dynamical model of a growing citation network based on a self-exciting point process. Physical Review Letters, 109(9): 098701.

Gordon M D. 1980. A critical reassessment of inferred relations between multiple authorship, scientific collaboration, the production of papers and their acceptance for publication. Scientometrics, 2(3): 193-201.

Guimerà R, Sales-Pardo M. 2009. Missing and spurious interactions and the reconstruction of complex networks. Proceedings of the National Academy of Sciences, 106(52): 22073-22078.

Guimera R, Uzzi B, Spiro J, et al. 2005. Team assembly mechanisms determine collaboration network structure and team performance. Science, 308(5722): 697-702.

Guns R. 2009. Generalizing link prediction: collaboration at the University of Antwerp as a case study. Proceedings of the American Society for Information Science and Technology, 46(1): 1-15.

Guns R. 2011. Bipartite networks for link prediction: can they improve prediction performance. Santa Clara: Proceedings of the ISSI 2011 Conference: 249-260.

Guns R. 2012. Missing links: Predicting Interactions Based on A Multi-Relational Network Structure with Applications in Informetrics. Belgium: University Antwerpen.

Guns R. 2014. Link Prediction//Ding Y, Rousseau R, Wolfram D. Measuring Scholarly Impact. New York: Springer.

Guns R, Rousseau R. 2014. Recommending research collaborations using link prediction and random forest classifiers. Scientometrics, 101(2): 1461-1473.

Hanley J A, McNeil B J. 1982. The meaning and use of the area under a receiver operating characteristic (ROC) curve. Radiology, 143(1): 29-36.

Hennemann S, Rybski D, Liefner I. 2012. The myth of global science collaboration: collaboration patterns in epistemic communities. Journal of Informetrics, 6(2): 217-225.

Herlocker J L, Konstan J A, Terveen L G, et al. 2004. Evaluating collaborative filtering recommender systems. ACM Transactions on Information Systems, 22(1): 5-53.

Hoekman J, Frenken K, Tijssen R J W. 2010. Research collaboration at a distance: changing spatial patterns of scientific collaboration within Europe. Research Policy, 39(5): 662-673.

Holland P W, Laskey K B, Leinhardt S. 1983. Stochastic blockmodels: first steps. Social Networks, 5(2): 109-137.

Howells J R L. 2002. Tacit knowledge, innovation and economic geography. Urban Studies, 39(5-6): 871-884.

Iyer S, Killingback T, Sundaram B, et al. 2013. Attack robustness and centrality of complex networks. Plos One, 8(4): e59613.

Jeong H, Néda Z, Barabási A L. 2003. Measuring preferential attachment in evolving networks. Europhysics Letters, 61(4): 567-572.

Jeong S, Choi J Y, Kim J. 2011. The determinants of research collaboration modes: exploring the effects of research and researcher characteristics on co-authorship. Scientometrics, 89(3): 967-983.

Jones B F, Wuchty S, Uzzi B. 2008. Multi-university research teams: shifting impact, geography, and stratification in science. Science, 322(5905): 1259-1262.

Katz J S. 1994. Geographical proximity and scientific collaboration. Scientometrics, 31(1): 31-43.

Katz J S, Martin B R. 1997. What is research collaboration. Research Policy, 26(1): 1-18.

Katz L. 1953. A new status index derived from sociometric analysis. Psychometrika, 18(1): 39-43.

Kim M, Leskovec J. 2011. The network completion problem: inferring missing nodes and edges in networks. Physical Review D, 90(4): 2338-2341.

Kitsak M, Gallos L K, Havlin S, et al. 2010. Identifying influential spreaders in complex networks. Nature Physics, 6(11): 888-893.

Kossinets G. 2006. Effects of missing data in social networks. Social Networks, 28(3): 247-268.

Krapivsky P L, Redner S. 2001. Organization of growing random networks. Physical Review E, 63(6): 066123.

Krapivsky P L, Redner S. 2005. Network growth by copying. Physical Review E, 71(3): 036118.

Krapivsky P L, Redner S, Leyvraz F. 2000. Connectivity of growing random networks. Physical Review Letters, 85(21): 4629-4632.

Kretschmer H. 2004. Author productivity and geodesic distance in bibliographic co-authorship networks, and visibility on the Web. Scientometrics, 60(3): 409-420.

Latora V, Marchiori M. 2001. Efficient behaviour of small-world networks. Physical Review Letters, 87(19): 198701.

Laudel G. 2002. What do we measure by co-authorships. Research Evaluation, 11(1): 3-15.

Lee D, Goh K I, Kahng B, et al. 2010. Complete trails of coauthorship network evolution. Physical Review E, 82(2): 2365-2376.

Leicht E A, Holme P, Newman M E J. 2006. Vertex similarity in networks. Physical Review E, 73(2): 026120.

Leskovec J, Kleinberg J, Faloutsos C. 2007. Graph evolution: densification and shrinking diameters. ACM Transactions on Knowledge Discovery from Data (TKDD), 1(1): 1-41.

Li M, Fan Y, Chen J, et al. 2005. Weighted networks of scientific communication: the measurement and topological role of weight. Physica A: Statistical Mechanics and its Applications, 350(2): 643-656.

Li M, Wu J, Wang D, et al. 2007. Evolving model of weighted networks inspired by scientific collaboration networks. Physica A: Statistical Mechanics and its Applications, 375(1): 355-364.

Li X, Chen G. 2003. A local-world evolving network model. Physica A: Statistical Mechanics and Its Applications, 328(1): 274-286.

Liben-Nowell D, Kleinberg J. 2007. The link-prediction problem for social networks. Journal of the American Society for Information Science and Technology, 58(7): 1019-1031.

Liu P, Chen F L, Ma Y L, et al. 2013a. Research community detection from multi-relation researcher network based on structure/attribute similarities. Chinese Journal of Library and Information Science, 6(1): 14-32.

Liu X, Bollen J, Nelson M L, et al. 2005. Co-authorship networks in the digital library research community. Information Processing & Management, 41(6): 1462-1480.

Liu Y, Rousseau R, Guns R. 2013b. A layered framework to study collaboration as a form of knowledge sharing and diffusion. Journal of Informetrics, 7(3): 651-664.

Liu Z H, Lai Y C, Ye N, et al. 2002. Connectivity distribution and attack tolerance of general networks with both preferential and random attachments. Physics Letters A, 303(5): 337-344.

Liu Z, Zhang Q M, Lü L, et al. 2011. Link prediction in complex networks: a local naïve Bayes model. Europhysics Letters, 96(4): 48007.

Logan E L, Shaw W M. 1991. A bibliometric analysis of collaboration in a medical specialty. Scientometrics, 20(3): 417-426.

Lorrain F, White H C. 1971. Structural equivalence of individuals in social networks. The Journal of Mathematical Sociology, 1(1): 49-80.

Lü L, Zhou T. 2011. Link prediction in complex networks: a survey. Physica A: Statistical Mechanics and Its Applications, 390(6): 1150-1170.

Lü L, Medo M, Yeung C H, et al. 2012. Recommender systems. Physics Reports, 519(1): 1-49.

Lü L, Pan L, Zhou T, et al. 2015. Toward link predictability of complex networks. Proceedings of the National Academy of Sciences, 112(8): 2325-2330.

Lundberg J, Tomson G, Lundkvist I, et al. 2006. Collaboration uncovered: exploring the adequacy of measuring university-industry collaboration through co-authorship and funding. Scientometrics, 69(3): 575-589.

Luo S, Du Y, Liu P, et al. 2015. A study on coevolutionary dynamics of knowledge diffusion and social network structure. Expert Systems with Applications, 42(7): 3619-3633.

Luukkonen T, Persson O, Sivertsen G. 1992. Understanding patterns of international scientific collaboration. Science, Technology & Human Values, 17(1): 101-126.

Ma F, Li Y, Chen B. 2014. Study of the collaboration in the field of the Chinese humanities and social sciences. Scientometrics, 100(2): 439-458.

Mann H B, Whitney D R. 1947. On a test of whether one of two random variables is stochastically larger than the other. The Annals of Mathematical Statistics, 18(1): 50-60.

Martin B R, Skea J E F. 1992. Academic research performance indicators: an assessment of the possibilities. Brighton: University of Sussex, Science Policy Research Unit.

Mayhew B H, Levinger R L. 1976. Size and the density of interaction in human aggregates. American Journal of Sociology, 82(1): 86-110.

McPherson M, Smith-Lovin L, Cook J M. 2001. Birds of a feather: homophily in social networks. Annual Review of Sociology, 27(1): 415-444.

Medo M, Cimini G, Gualdi S. 2011. Temporal effects in the growth of networks. Physical Review Letters, 107(23): 238701.

Merton R K, Gaston J. 1977. The Sociology of Science in Europe. Carbondale: Southern Illinois University Press.

Milgram S. 1967. The small world problem. Psychology Today, 2(1): 60-67.

Milo R, Shen-Orr S, Itzkovitz S, et al. 2002. Network motifs: simple building blocks of complex networks. Science, 298(5594): 824-827.

Milojević S, Sugimoto C R, Yan E, et al. 2011. The cognitive structure of library and information science: analysis of article title words. Journal of the American Society for Information Science and Technology, 62(10): 1933-1953.

Montoya J M, Solé R V. 2002. Small-world patterns in food webs. Journal of Theoretical Biology, 214(3): 405-412.

Moody J. 2004. The structure of a social science collaboration network: disciplinary cohesion from 1963 to 1999. American Sociological Review, 69(2): 213-238.

Morris S A, Goldstein M L. 2007. Manifestation of research teams in journal literature: a growth model of papers, authors, collaboration, coauthorship, weak ties, and Lotka's law. Journal of the American Society for Information Science and Technology, 58(12): 1764-1782.

Newman M E J. 2001a. Clustering and preferential attachment in growing networks. Physical Review E, 64(2): 025102.

Newman M E J. 2001b. Scientific collaboration networks. I. Network construction and fundamental results. Physical Review E, 64(1): 016131.

Newman M E J. 2001c. Scientific collaboration networks. II. Shortest paths, weighted networks, and centrality. Physical Review E, 64(1): 016132.

Newman M E J. 2001d. The structure of scientific collaboration networks. Proceedings of the National Academy of Sciences, 98(2): 404-409.

Newman M E J. 2002. Assortative mixing in networks. Physical Review Letters, 89(20): 208701.

Newman M E J. 2003. The structure and function of complex networks. SIAM Review, 45(2): 167-256.

Newman M E J. 2004. Coauthorship networks and patterns of scientific collaboration. Proceedings of the National Academy of Sciences, 101(suppl 1): 5200-5205.

Newman M E J. 2006. Finding community structure in networks using the eigenvectors of matrices. Physical Review E, 74(3): 036104.

Newman M E J, Girvan M. 2004. Finding and evaluating community structure in networks. Physical Review E, 69(2): 026113.

Newman M E J, Watts D J. 1999a. Renormalization group analysis of the small-world network model. Physical Letters A, 263(4-6): 341-346.

Newman M E J, Watts D J. 1999b. Scaling and percolation in the small-world network model. Physical Review E, 34(12): 7332-7342.

Nomaler Ö, Frenken K, Heimeriks G. 2013. Do more distant collaborations have more citation impact. Journal of Informetrics, 7(4): 966-971.

Numprasertchai S, Igel B. 2005. Managing knowledge through collaboration: multiple case studies of managing research in university laboratories in Thailand. Technovation, 25(10): 1173-1182.

Nyden P, Wiewel W. 1992. Collaborative research: harnessing the tensions between researcher and practitioner. The American Sociologist, 23(4): 43-55.

O'Madadhain J, Hutchins J, Smyth P. 2005. Prediction and ranking algorithms for event-based network data. Acm Sigkdd Explorations Newsletter, 7(2): 23-30.

Ortega J L, Aguillo I F. 2013. Institutional and country collaboration in an online service of scientific profiles: google scholar citations. Journal of Informetrics, 7(2): 394-403.

Pajevic S, Plenz D. 2012. The organization of strong links in complex networks. Nature Physics, 8(5): 429-436.

Palla G, Barabási A L, Vicsek T. 2007. Quantifying social group evolution. Nature, 446(7136): 664-667.

Palla G, Derényi I, Farkas I, et al. 2005. Uncovering the overlapping community structure of complex networks in nature and society. Nature, 435(7043): 814-818.

Pan R K, Saramäki J. 2012. The strength of strong ties in scientific collaboration networks. Europhysics Letters, 97(1): 18007.

Pan Z, Li X, Wang X. 2006. Generalized local-world models for weighted networks. Physical Review E, 73(5): 056109.

Pavlov M, Ichise R. 2007. Finding Experts by Link Prediction in Co-authorship Networks. http://www. ceur_ws. org/Vol_290/paper01.pdf[2016-07-28].

Perianes-Rodríguez A, Olmeda-Gómez C, Moya-Anegón F. 2010. Detecting, identifying and visualizing research groups in co-authorship networks. Scientometrics, 82(2): 307-319.

Plotnikova T, Rake B. 2014. Collaboration in pharmaceutical research: exploration of country-level determinants. Scientometrics, 98(2): 1173-1202.

Ponds R, Van Oort F, Frenken K. 2007. The geographical and institutional proximity of research collaboration. Papers in Regional Science, 86(3): 423-443.

Popescul A, Ungar L H, Lawrence S, et al. 2003. Statistical relational learning for document mining. IEEE International Conference on Data Mining, 5249: 275-282.

Popescul A, Ungar L H. 2003. Statistical Relational Learning for Link Prediction. http://Wenku. baidu. com/view/fa5e06d950e252rde5187e41?pu[2016-07-28].

Rapoport A. 1953. Spread of information through a population with socio-structural bias: I. Assumption of transitivity. The Bulletin of Mathematical Biophysics, 15(4): 523-533.

Rattigan M J, Jensen D. 2005. The case for anomalous link discovery. Acm Sigkdd Explorations Newsletter, 7(2): 41-47.

Rosvall M, Sneppen K. 2009. Reinforced communication and social navigation generate groups in model networks. Physical Review E, 79(2): 026111.

Sarukkai R R. 2000. Link prediction and path analysis using markov chains. Computer Networks, 33(1): 377-386.

Schneider C M, Moreira A A, Andrade J S, et al. 2011. Mitigation of malicious attacks on networks. Proceedings of the National Academy of Sciences, 108(10): 3838-3841.

Schubert T, Sooryamoorthy R. 2010. Can the centre–periphery model explain patterns of international scientific collaboration among threshold and industrialised countries: the case of South Africa and Germany. Scientometrics, 83(1): 181-203.

Sen P. 2004. Accelerated growth in outgoing links in evolving networks: deterministic versus stochastic picture. Physical Review E, 69(4): 046107.

Seufert A, Von Krogh G, Bach A. 1999. Towards knowledge networking. Journal of Knowledge Management, 3(3): 180-190.

Shi D H, Chen Q H, Liu L M. 2005. Markov chain-based numerical method for degree distributions of growing networks. Physical Review E, 71(3): 036140.

Shi D H, Zhou H J, Liu L M. 2010. A discussion of Barabási-Albert's 1999 paper. Physics Procedia, 3(5): 1767-1774.

Shibata N, Kajikawa Y, Sakata I. 2012. Link prediction in citation networks. Journal of the American Society for Information Science and Technology, 63(1): 78-85.

Simon H A. 1955. On a class of skew distribution functions. Biometrika, 42(3/4): 425-440.

Smith M. 1958. The trend toward multiple authorship in psychology. American Psychologist, 13(10): 596-599.

Snijders T A B. 1981. The degree variance: an index of graph heterogeneity. Social Networks, 3(3): 163-174.

Stumpf M P H, Thorne T, de Silva E, et al. 2008. Estimating the size of the human interactome. Proceedings of the National Academy of Sciences, 105(19): 6959-6964.

Subramanyam K. 1983. Bibliometric studies of research collaboration: a review. Journal of Information Science, 6(1): 33-38.

Sun X, Dong J, Tang R, et al. 2015a. Topological evolution of virtual social networks by modeling social activities. Physica A: Statistical Mechanics and Its Applications, 433: 259-267.

Sun X, Lin H, Xu K, et al. 2015b. How we collaborate: characterizing, modeling and predicting scientific collaborations. Scientometrics, 104(1): 43-60.

Sun X, Lin H, Xu K. 2015c. A social network model driven by events and interests. Expert Systems with Applications, 42(9): 4229-4238.

Sun Y, Barber R, Gupta M, et al. 2011. Co-author relationship prediction in heterogeneous bibliographic networks.Kaohsiung, Taiwan: International Conference on Advances in Social Neworks Analysis and Mining(2011).

Sun Y, Han J, Aggarwal C C, et al. 2012. When will it happen: relationship prediction in heterogeneous information networks. http: //www. nd. edu/~dial/publications/sun2012when. pdf[2016-07-28].

Sun Y, Han J. 2013a. Meta-path-based search and mining in heterogeneous information networks. Tsinghua Science and Technology, 18(4): 329-338.

Sun Y, Han J. 2013b. Mining heterogeneous information networks: a structural analysis approach. ACM SIGKDD Explorations Newsletter, 14(2): 20-28.

Toivonen R, Kovanen L, Kivelä M, et al. 2009. A comparative study of social network models: network evolution models and nodal attribute models. Social Networks, 31(4): 240-254.

Tomassini M, Luthi L. 2007. Empirical analysis of the evolution of a scientific collaboration network. Physica A: Statistical Mechanics and its Applications, 385(2): 750-764.

Traore N, Landry R. 1997. On the determinants of scientists' collaboration. Science Communication, 19(2): 124-140.

van Eck N J, Waltman L. 2014. CitNetExplorer: a new software tool for analyzing and visualizing citation networks. Journal of Informetrics, 8(4): 802-823.

Wagner C S, Leydesdorff L. 2005. Network structure, self-organization, and the growth of international collaboration in science. Research Policy, 34(10): 1608-1618.

Wal T, Anne LJ.. 2014. The dynamics of the inventor network in German biotechnology: geographic proximity versus triadic closure. Journal of Economic Geography, 14(3): 589-620.

Wang J P, Guo Q, Yang G Y, et al. 2015. Improved knowledge diffusion model based on the collaboration hypernetwork. Physica A: Statistical Mechanics and its Applications, 428: 250-256.

Wang W Q, Zhang Q M, Zhou T. 2012. Evaluating network models: a likelihood analysis. Europhysics Letters, 98(2): 28004.

Watts D J, Strogatz S H. 1998. Collective dynamics of 'small-world' networks. Nature, 393(6684): 440-442.

Wilcoxon F. 1945. Individual comparisons by ranking methods. Biometrics Bulletin, 1(6): 80-83.

Wong L H, Pattison P, Robins G. 2006. A spatial model for social networks. Physica A: Statistical Mechanics and its Applications, 360(1): 99-120.

Wuchty S, Jones B F, Uzzi B. 2007. The increasing dominance of teams in production of knowledge. Science, 316(5827): 1036-1039.

Yan E, Ding Y. 2009. Applying centrality measures to impact analysis: a coauthorship network analysis. Journal of the American Society for Information Science and Technology, 60(10): 2107-2118.

Yan E, Guns R. 2014. Predicting and recommending collaborations: an author-, institution-, and country-level analysis. Journal of Informetrics, 8(2): 295-309.

Yan G, Zhou T, Hu B, et al. 2006. Efficient routing on complex networks. Physical Review E, 73(4): 046108.

Yang G Y, Hu Z L, Liu J G. 2015. Knowledge diffusion in the collaboration hypernetwork. Physica A: Statistical Mechanics and its Applications, 419: 429-436.

Yang Y, Chawla N, Sun Y, et al. 2012. Predicting Links in Multi-relational and Heterogeneous Networks. Brussels, Belgium: 2012 IEEE 12th International Conference on Data Mining.

Yu H, Braun P, Yildirim M A, et al. 2008. High-quality binary protein interaction map of the yeast interactome network. Science, 322(5898): 104-110.

Yu Q, Long C, Lv Y, et al. 2014. Predicting co-author relationship in medical co-authorship networks. Plos One, 9(7): e101214.

Zhang J. 2017. Uncovering mechanisms of co-authorship evolution by multirelations-based link prediction. Information Processing & Management, 53(1): 42-51.

Zhang P P, Chen K, He Y, et al. 2006a. Model and empirical study on some collaboration networks. Physica A: Statistical Mechanics and its applications, 360(2): 599-616.

Zhang P, Li M, Wu J, et al. 2006b. The analysis and dissimilarity comparison of community structure. Physica A: Statistical Mechanics and its Applications, 367(C): 577-585.

Zhang Q M, Lü L, Wang W Q, et al. 2013. Potential theory for directed networks. Plos One, 8(2): e55437.

Zhou T, Lü L, Zhang Y C. 2009. Predicting missing links via local information. The European Physical Journal B-Condensed Matter and Complex Systems, 71(4): 623-630.

Zhou T, Ren J, Medo M, et al. 2007. Bipartite network projection and personal recommendation. Physical Review E, 76(4): 046115.

Zhu J, Hong J, Hughes J G. 2002. Using Markov Chains for Link Prediction in Adaptive Web Sites. http: //www. doc88. com/p-9991503168347. html[2016-07-28].

Zhu Y X, Lü L, Zhang Q M, et al. 2012. Uncovering missing links with cold ends. Physica A: Statistical Mechanics and its Applications, 391(22): 5769-5778.

附　录

附录A　不同阶段的学科合作网络的拓扑结构

研究使用的实验网络，只考虑无权无向的情况。其中，N 为节点数量；E 为连边数量；W 为成分数量；G 为巨片中所含节点数量；G_r 为巨片中所含节点数量占所有节点的比例；NI 为孤立节点数量；NI_r 为孤立节点数量占所有节点的比例；NC 为产生联系的节点数量；NC_r 为产生联系的节点数量占所有节点的比例；$\langle k \rangle$ 为网络的平均度；$\langle k \rangle_{NC}$ 为去除孤立节点之后网络的平均度；ρ 为网络密度；C 为网络聚集系数；$\langle d \rangle$ 为网络平均距离；D 为网络直径；γ 为节点度服从幂律分布的幂指数；r 为同配性系数。

附表A-1　七门学科合作网络的拓扑结构（1998～2013年）

网络参数	中国文学	历史学	法学	教育学	图书馆情报文献学	经济学	管理学
N	9934	10 251	11 384	23 034	30 441	51 803	39 363
E	2832	2 907	6 108	18 651	39 370	58 570	49 318
W	7740	7 738	6 324	10 291	9 538	15 702	10 470
G	446	76	2 452	7 911	16 988	29 962	23 388
G_r/%	4.49	0.74	21.54	34.34	55.81	57.84	59.42
NI	6713	6 515	4 918	7 686	7 372	11 813	7 220
NI_r/%	67.58	63.55	43.20	33.37	24.22	22.80	18.34
NC	3221	3 736	6 466	15 348	23 069	39 990	32 143
NC_r/%	32.42	36.45	56.80	66.63	75.78	77.20	81.66
$\langle k \rangle$	0.570 2	0.567 2	1.073 1	1.619 4	2.586 6	2.261 3	2.505 8
$\langle k \rangle_{NC}$	1.758 5	1.556 2	1.889 3	2.430 4	3.413 2	2.929 2	3.068 7
ρ	5.74×10^{-5}	5.53×10^{-5}	9.43×10^{-5}	7.03×10^{-5}	8.50×10^{-5}	4.37×10^{-5}	6.37×10^{-5}

续表

网络参数	中国文学	历史学	法学	教育学	图书馆情报文献学	经济学	管理学
C	0.49	0.47	0.46	0.65	0.66	0.59	0.68
$\langle d\rangle$	4.937 3	3.700 0	11.981 5	9.545 2	6.764 6	7.606 5	7.414 5
D	14	16	37	25	21	21	23
γ	2.12	2.35	2.54	2.29	2.24	2.36	2.41
r	0.362 6	0.136 6	0.032 0	0.051 4	0.042 6	0.005 8	-0.028 2

附表A-2　七门学科合作网络的拓扑结构（2008～2013年）

网络参数	中国文学	历史学	法学	教育学	图书馆情报文献学	经济学	管理学
N	6405	5644	5662	12 561	17 514	27 669	21 355
E	1472	1372	1915	9 358	23 391	30 284	25 266
W	5155	4447	3968	5 744	4 974	7 560	5 323
G	91	24	56	2 556	9 471	14 900	10 878
G_r/%	1.42	0.43	0.99	20.35	54.08	53.85	50.94
NI	4419	3730	3082	3 874	3 472	4 736	2 789
NI_r/%	68.99	66.09	54.43	30.84	19.82	17.12	13.06
NC	1986	1914	2580	8 687	14 042	22 933	18 566
NC_r/%	31.01	33.91	45.57	69.16	80.18	82.88	86.94
$\langle k\rangle$	0.459 6	0.486 2	0.676 4	1.490 0	2.671 1	2.189 0	2.366 3
$\langle k\rangle_{\mathrm{NC}}$	1.482 4	1.433 6	1.484 5	2.154 5	3.331 6	2.641 1	2.721 7
ρ	7.18×10^{-5}	8.62×10^{-5}	1.19×10^{-4}	1.19×10^{-4}	1.53×10^{-4}	7.91×10^{-5}	1.11×10^{-4}
C	0.48	0.53	0.50	0.68	0.71	0.63	0.72
$\langle d\rangle$	3.382 4	1.784 6	2.881 1	16.099 9	7.339 8	9.325 1	9.987 0
D	10	7	10	44	22	26	27
γ	2.10	2.33	2.58	2.58	2.19	2.53	2.41

附表A-3　七门学科合作网络的拓扑结构（2008～2011年）

网络参数	中国文学	历史学	法学	教育学	图书馆情报文献学	经济学	管理学
N	5062	4291	4367	9225	13 289	20 927	15 757
E	1057	934	1313	6010	15 338	19 910	16 952
W	4168	3478	3202	4755	4 328	6 895	4 524
G	46	15	46	404	5 929	8 401	6 094
G_r/%	0.91	0.35	1.05	4.38	44.62	40.14	38.67
NI	3588	2944	2504	3184	2 903	4 105	2 249
NI_r/%	70.88	68.61	57.34	34.51	21.85	19.62	14.27
NC	1474	1347	1863	6041	10 386	16 822	13 508
NC_r/%	29.12	31.39	42.66	65.49	78.15	80.38	85.73
$\langle k \rangle$	0.417 6	0.435 3	0.601 3	1.303 0	2.308 4	1.902 8	2.151 7
$\langle k \rangle_{\mathrm{NC}}$	1.434 2	1.386 8	1.409 6	1.989 7	2.953 6	2.367 1	2.509 9
ρ	8.25×10^{-5}	1.01×10^{-4}	1.38×10^{-4}	1.41×10^{-4}	1.74×10^{-4}	9.09×10^{-5}	1.37×10^{-4}
C	0.55	0.58	0.55	0.70	0.73	0.65	0.74
$\langle d \rangle$	2.540 5	1.526 1	2.260 9	11.957 5	8.271 5	11.655 6	11.955 4
D	8	6	7	35	24	30	34
γ	1.94	2.28	2.58	2.68	2.26	2.42	2.48

附表A-4　七门学科合作网络的拓扑结构（2012～2013年）

网络参数	中国文学	历史学	法学	教育学	图书馆情报文献学	经济学	管理学
N	2658	2496	2690	5718	7860	12 901	9516
E	442	457	646	3732	9256	11 709	9427
W	2275	2096	2118	2978	2560	4 522	3199
G	24	13	10	47	2898	2 272	242
G_r/%	0.90	0.52	0.37	0.82	36.87	17.61	2.54
NI	1983	1782	1714	1759	1529	2 038	1152
NI_r/%	74.60	71.39	63.72	30.76	19.45	15.80	12.11

续表

网络参数	中国文学	历史学	法学	教育学	图书馆情报文献学	经济学	管理学
NC	675	714	976	3959	6331	10 863	8364
NC_r/%	25.40	28.61	36.28	69.24	80.55	84.20	87.89
$\langle k\rangle$	0.332 6	0.366 2	0.480 3	1.305 4	2.355 2	1.815 2	1.981 3
$\langle k\rangle_{NC}$	1.309 6	1.280 1	1.323 8	1.885 3	2.924 0	2.155 8	2.254 2
ρ	1.25×10^{-4}	1.47×10^{-4}	1.79×10^{-4}	2.28×10^{-4}	3.00×10^{-4}	1.41×10^{-4}	2.08×10^{-4}
C	0.56	0.70	0.62	0.75	0.77	0.72	0.81
$\langle d\rangle$	1.712 9	1.208 3	1.276 7	2.480 2	10.685 4	1.623 1	6.848 8
D	5	3	4	11	30	47	23
γ	2.00	2.10	2.55	2.59	2.21	2.84	2.57

附录B 学科合作网络静态链路预测效果比较

附表B-1 相似性算法在七门学科合作网络中的预测精确度（划分比例1：9）

	指标	中国文学	历史学	法学	教育学	图书馆情报文献学	经济学	管理学
1	CN	0.985 9	0.847 3	0.957 5	0.955 6	0.951 8	0.920 1	0.951 7
2	Salton	0.975 8	0.531 0	0.917 3	0.954 4	0.951 6	0.918 1	0.951 6
3	Sørensen	0.978 2	0.493 5	0.914 7	0.954 6	0.952 1	0.918 9	0.950 9
4	Jaccard	0.978 4	0.495 4	0.914 4	0.954 5	0.952 7	0.919 3	0.952 0
5	LHN-I	0.956 4	0.395 1	0.892 3	0.954 6	0.950 9	0.918 3	0.950 9
6	HDI	0.978 0	0.491 6	0.915 9	0.954 1	0.951 6	0.918 5	0.952 7
7	HPI	0.958 3	0.608 1	0.920 7	0.954 0	0.951 7	0.919 3	0.952 0
8	AA	0.990 2	0.898 3	0.989 1	0.954 8	0.952 6	0.918 3	0.951 8
9	RA	0.990 1	0.898 4	0.988 5	0.955 8	0.952 0	0.920 2	0.952 1
10	PA	0.829 4	0.822 0	0.801 7	0.702 7	0.733 2	0.724 0	0.686 1
11	LNB-CN	0.987 9	0.899 3	0.929 9	0.955 8	0.952 3	0.919 1	0.952 3
12	LNB-AA	0.989 3	0.899 9	0.928 2	0.955 6	0.951 7	0.918 6	0.951 8

续表

	指标	中国文学	历史学	法学	教育学	图书馆情报文献学	经济学	管理学
13	LNB-RA	0.989 4	0.900 5	0.926 1	0.955 3	0.952 3	0.919 0	0.952 2
14	LP(3)	0.986 7	0.817 7	0.963 0	0.970 3	0.967 9	0.935 2	0.968 1
15	Katz(0.01)	0.986 7	0.818 5	0.953 5	0.979 8	0.980 3	0.955 6	0.977 3
16	Katz(0.001)	0.986 1	0.818 8	0.954 2	0.978 9	0.979 6	0.955 8	0.976 2
17	ACT	0.963 3	0.811 9	0.959 4	0.979 4	0.849 3	0.891 4	0.910 3
18	Cos+	0.968 4	0.543 4	0.960 4	0.973 7	0.969 8	0.928 2	0.966 9
19	RWR(0.85)	0.984 0	0.906 7	0.988 8	0.980 7	0.980 5	0.955 2	0.977 2
20	RWR(0.95)	0.979 8	0.887 6	0.987 6	0.980 1	0.983 0	0.959 9	0.978 1
21	LRW(3)	0.977 8	0.932 2	0.952 7	0.970 4	0.966 8	0.934 4	0.968 9
22	LRW(4)	0.982 1	0.907 8	0.982 9	0.972 9	0.972 4	0.937 6	0.969 9
23	LRW(5)	0.981 9	0.910 0	0.966 8	0.972 8	0.975 8	0.939 6	0.970 6
24	SRW(3)	0.984 4	0.974 8	0.980 2	0.971 2	0.967 3	0.935 0	0.969 4
25	SRW(4)	0.984 3	0.952 8	0.982 7	0.972 7	0.972 5	0.936 5	0.970 9
26	SRW(5)	0.984 3	0.945 2	0.983 8	0.973 2	0.976 3	0.939 3	0.971 3
27	MFI	0.980 0	0.857 8	0.968 7	0.979 0	0.977 8	0.950 9	0.974 0

附表B-2　相似性算法在七门学科合作网络中的预测精确度（划分比例2：8）

	指标	中国文学	历史学	法学	教育学	图书馆情报文献学	经济学	管理学
1	CN	0.960 0	0.772 9	0.761 1	0.917 2	0.914 5	0.874 6	0.914 3
2	Salton	0.947 0	0.498 1	0.747 1	0.916 1	0.915 4	0.874 9	0.915 0
3	Sørensen	0.951 5	0.501 8	0.746 1	0.917 2	0.914 6	0.874 6	0.914 8
4	Jaccard	0.950 5	0.499 2	0.746 1	0.916 2	0.915 2	0.875 8	0.914 9
5	LHN-I	0.936 2	0.425 4	0.746 5	0.917 8	0.914 6	0.875 3	0.914 9
6	HDI	0.952 9	0.511 3	0.746 7	0.917 4	0.914 6	0.876 1	0.915 8
7	HPI	0.938 1	0.607 1	0.755 5	0.916 0	0.914 0	0.875 4	0.914 2
8	AA	0.963 2	0.913 0	0.798 4	0.917 5	0.915 0	0.873 8	0.914 6
9	RA	0.962 9	0.913 6	0.797 9	0.917 7	0.915 1	0.873 9	0.916 0

续表

	指标	中国文学	历史学	法学	教育学	图书馆情报文献学	经济学	管理学
10	PA	0.841 1	0.849 4	0.642 6	0.697 7	0.739 8	0.729 8	0.698 9
11	LNB-CN	0.965 9	0.902 1	0.762 0	0.916 6	0.914 4	0.875 3	0.914 5
12	LNB-AA	0.964 0	0.908 3	0.764 2	0.917 5	0.914 8	0.875 1	0.914 2
13	LNB-RA	0.964 3	0.909 3	0.763 0	0.917 8	0.914 2	0.874 8	0.913 9
14	LP(3)	0.981 7	0.810 7	0.830 7	0.966 5	0.950 4	0.907 5	0.949 4
15	Katz(0.01)	0.982 0	0.798 4	0.789 0	0.982 5	0.970 6	0.940 3	0.966 6
16	Katz(0.001)	0.981 3	0.798 1	0.791 1	0.981 9	0.971 0	0.940 0	0.965 2
17	ACT	0.969 8	0.784 9	0.844 1	0.982 2	0.865 3	0.911 9	0.935 9
18	Cos+	0.944 2	0.576 8	0.961 6	0.975 0	0.954 2	0.902 2	0.950 9
19	RWR(0.85)	0.972 3	0.955 0	0.978 5	0.981 7	0.972 1	0.937 3	0.965 4
20	RWR(0.95)	0.969 2	0.931 8	0.979 4	0.982 6	0.973 9	0.939 5	0.967 5
21	LRW(3)	0.965 5	0.951 3	0.882 1	0.966 3	0.950 2	0.908 0	0.951 3
22	LRW(4)	0.971 5	0.951 8	0.929 7	0.974 9	0.957 2	0.912 7	0.953 9
23	LRW(5)	0.969 8	0.949 7	0.941 0	0.976 3	0.962 5	0.914 0	0.954 5
24	SRW(3)	0.973 3	0.971 0	0.902 0	0.966 6	0.951 1	0.908 6	0.950 8
25	SRW(4)	0.972 8	0.974 4	0.936 6	0.975 1	0.957 7	0.913 9	0.954 2
26	SRW(5)	0.973 5	0.974 9	0.954 2	0.976 5	0.962 5	0.915 7	0.953 8
27	MFI	0.969 3	0.815 4	0.939 4	0.982 4	0.967 6	0.932 1	0.962 4